Über dieses Buch Der Film noir – der Name stammt von französischen Kritikern, die die besondere Qualität dieses Filmstils als erste erfaßten – ist eine der kreativsten und geschlossensten Perioden des Hollywood-Kinos. Er umfaßt die düsteren und pessimistischen Kriminaldramen der 40er und frühen 50er Jahre, die Geschichten des Scheiterns und der Verzweiflung, die voll sind von Detektiven und Kriminellen, von gejagten Unschuldigen und scheinbar anständigen Bürgern, von selbstbewußten Schönheiten und skrupellosen Verbrecherinnen.
Im Film noir, der heute immer wieder in Programmkinos und im Fernsehen neue Zuschauergruppen begeistert, vereinigt sich die Spannung der »hartgesottenen« Krimischreiber wie Hammett, Chandler und Cain mit dem alptraumhaften Licht- und Schattenstil des deutschen Expressionismus. Die besten Regisseure des Film noir waren nach Hollywood geflüchtete Emigranten wie Fritz Lang, Robert Siodmak und Billy Wilder – neben Amerikanern wie Orson Welles und John Huston und dem berühmtesten Briten in Hollywood: Alfred Hitchcock.
Dieses Buch liefert eine ausführliche Geschichte des Film noir, zeigt dessen literarische und filmische Ursprünge auf, schildert die Eigenarten des Stils und beschreibt die »Macher«. Eine mehr als 150 Filme umfassende Filmographie mit Inhaltsangabe und Kommentar erschließt jeden einzelnen Film noir.
Wim Wenders, der über Hammett einen Film im Stil des Film noir drehte, urteilt: »Der Film noir ist für das Kino das, was der Blues in der Musik ist – das einzige, das zählt.«

Der Autor Paul Werner, geboren 1951, ist Filmjournalist. Buchpublikationen: »Roman Polanski« (Fischer Cinema, Bd. 3671) und »Göttinnen der Leinwand. Die Filmstars der ›wilden Zwanziger‹«.

Paul Werner

Film noir

Die Schattenspiele der »schwarzen Serie«

Fischer
Taschenbuch
Verlag

Lektorat: Ingeborg Mues

7.–8. Tausend: September 1985

Originalausgabe
Veröffentlicht im Fischer Taschenbuch Verlag GmbH,
Frankfurt am Main, Januar 1985

Umschlagentwurf: Jan Buchholz / Reni Hinsch
Foto: Alan Ladd als »Raven«
in *This Gun For Hire* (Archiv Werner)
Gesamtherstellung: Clausen & Bosse, Leck
Printed in Germany
1280-ISBN-3-596-24452-8

Inhalt

Vorspann: Cast & Credits

Er ist ein seltsamer Bastard, der Film noir – und wie alle Bastarde interessanter, vielschichtiger, robuster und liebenswerter als jede reinrassige Hochzüchtung.

So vereint der Film noir in sich ein ganzes Sammelsurium paradoxer Eigenschaften: Er gilt als amerikanisches »Genre«, das eigentlich keins ist, sondern verschiedene Genres sich unterwirft: Kriminalfilm, Gangsterfilm, Detektivfilm, Thriller, Melodram – ja selbst seine Antithese, den Western, hat er zu seiner Zeit nicht unbeeinflußt gelassen.

Von seinen Landsleuten und Zeitgenossen ist er jahrelang weder erkannt noch beachtet worden – von Wertschätzung ganz zu schweigen. Nach dem Zweiten Weltkrieg wurde er erst von den Franzosen entdeckt und getauft, während ihm seine Väter, bis heute, keinen eigenen Namen gaben.

Dabei stellt er eine der fruchtbarsten und fesselndsten Perioden der amerikanischen Filmgeschichte dar und ist wahrscheinlich die einzige wirkliche Stilrichtung oder künstlerische Bewegung, die Hollywood je hervorgebracht hat.

Seine Wurzeln reichen vom deutschen expressionistischen Stummfilm der Weimarer Republik über den französischen Poetischen Realismus bis hin zur Schule der hartgesottenen amerikanischen Krimischreiber der 30er und 40er Jahre.

Zwar ist der Film noir uramerikanisch, aber seine besten Regisseure waren Europäer, meist Deutsche und Österreicher, die vor dem in ihrer Heimat wütenden Naziterror in Hollywood Zuflucht suchten. Viele Filmschaffende, Einheimische wie Immigranten, Regisseure wie Darsteller, erzielten in ihm die besten Leistungen ihrer Karriere oder bekamen durch ihn die Chance, eine lange Karriere zu beginnen.

Er blühte auf zu einer Zeit, in der durch Kriegs- und Nachkriegsdesillusion und durch das Trauma des Kalten Kriegs seine Zuschauer ihre Ängste und Wünsche auf der – recht dunklen – Leinwand dargestellt haben wollten.

Er heißt »schwarz«; und nicht nur, weil er mehr Schatten- als Lichtspiel ist, auch wegen seiner Antihelden: Detektive und Kriminelle, zu Unrecht verfolgte Unschuldige und scheinbar anständige Bürger, selbstbewußte Schönheiten und skrupellose Verbrecherinnen – weil all diese Nachtgeschöpfe »dunkel« sind, weil sie sich nur im Dunkeln ausleben können und das Licht scheuen wie die Vampire die Sonne.

Der Film noir ist ein fruchtbares Betätigungsfeld für Filmhistoriker und läßt etliche von ihnen bei ihren absurden Bemühungen verzweifeln, die Geschichte des Films fein säuberlich in Genre-Schubladen zu sortieren, und auch den Vertretern der »Autorentheorie« leistet er beharrlich Widerstand.

Und er erobert sich immer neue Anhänger, auch heute noch. Die Filmreihen der dritten Fernsehprogramme kommen ohne ihn nicht aus, und die Mitternachtsvorstellungen der Kommunalen und Programmkinos auch nicht. Viele dieser nicht selten mit äußerst beschränkten Budgets gedrehten Filme werden noch in den Kinos und in den Köpfen der Zuschauer lebendig sein, wenn die Farben der teuren A-Produktionen dieser Zeit schon längst in den Archiven verblaßt sind ...

Für die Bereitstellung von Fotos möchte ich danken: ARD-Filmredaktion (Abb. 9, 24, 30, 36, 44, 46), Atlas Film (31), Bayerischer Rundfunk (7, 26), Cinerama (51), Ekkehard Dieterle (4, 10, 15), Fischer Taschenbuch Verlag (32, 33), Gloria Filmverleih (55), The Greenback Collection (16, 17, 23, 25, 47), Rolf-Rüdiger Hamacher (1, 11, 28, 35, 41), Tom Katt (13), Neue Constantin Film (19, 52), Norddeutscher Rundfunk (5, 21, 29, 37, 38), Österreichischer Rundfunk (3), Saarländischer Rundfunk (27), Schweizerische Radio- und Fernsehgesellschaft (8, 39, 40), Scotia (53), Uta van Steen (2, 6, 12, 48), Warner-Columbia (54), Westdeutscher Rundfunk (43, 49).

1 Im Dickicht der Städte: Die negativen Helden des Film noir

Außen/Nacht
Eine enge, verlassene Straße in der Hafengegend. Die in großen Abständen gesetzten Straßenlaternen spiegeln sich verschwommen im naßglänzenden Asphalt und werfen kleine Lichtinseln auf den Boden – alles andere wird vom Dunkel der Nacht verschluckt, und selbst die Lampen am Ende der Straße haben Mühe, sich gegen den dichter werdenden Nebel zu behaupten. Aus der Ferne hört man von Zeit zu Zeit das Rattern einer Hochbahn und dazwischen, wie einen gelegentlichen Akzent, das Nebelhorn eines ein- oder auslaufenden Schiffes.
Mit schnellen, harten Schritten nähert sich eine Gestalt: ein Mann, der in einem Hauseingang eine Zigarette entzündet und die Gelegenheit nutzt, sich unauffällig umzusehen. Er glaubt sich verfolgt.
Der Mann biegt in eine breitere Straße ein. Hier herrscht Leben; Autos fahren vorbei, durch die sich gelegentlich öffnenden Portale der Bars und Nachtklubs fällt für einen Moment ein Lichtkegel auf den Bürgersteig, und heraus dringt das Gelächter der Gäste und ihrer professionellen Begleiterinnen.

Innen/Nacht
Ein Zimmer im ersten Stock, zur Straße hin. Von der gegenüberliegenden Häuserreihe drängt sich in immer gleichen Zeitabständen der Schein einer Neonreklame durch die Jalousie und zeichnet ein Streifenmuster aus Licht und Schatten auf Boden und Wand des Raumes.
Im hinteren Teil schläft eine junge Frau unruhig auf einer Liege. Sie schrickt auf, zündet sich hastig eine Zigarette an und bewegt sich wie in Trance zum Fenster. Sie ist überraschend gutaussehend und hochgewachsen. Eine Zeitlang beobachtet die Frau durch die Schlitze der Jalousie nervös die Straße. Endlich sieht sie den Mann rasch herankommen und bemerkt gleichzeitig, wie sich von hinten – fast wie in Zeitlupe und völlig geräuschlos – ein schwerer schwarzer Wagen nähert, der seine Geschwindigkeit dem nun laufenden Mann anpaßt, um auf einer Höhe mit ihm zu bleiben ...

Der Mann und die Frau werden einem Verbrechen zum Opfer fallen oder planen selbst ein Verbrechen – vielleicht gegeneinander, vielleicht gegen einen dritten, den Ehemann der Frau, den Vorgesetzten des Mannes, gegen einen Erpresser, einen Millionär oder einen Zeugen. Der Plot hat vielfältige Möglichkeiten, doch das Milieu ist stets gleich: die amerikanische Großstadt – Los Angeles, San Francisco, New York, Chicago –, oft nur deren schäbigste Seite: ein großer Mülleimer menschlicher Beziehungen. Auch das Personal wechselt nicht: Männer, die nur allzuschnell bereit sind, ihr bisheriges Leben umzukrempeln und sich auf ein Verbrechen, eine neue Liebesaffäre, ein flüchtiges Abenteuer mit einer schönen Unbekannten einzulassen. Frauen, die ihre Ehemänner verlassen, töten oder bestehlen, die noch etwas vom Leben haben wollen, bevor sie alt werden, und lieber jung sterben; Frauen, die den Männern zumindest ebenbürtig sind, mit ihrer Kraft und Ausdauer und ihrem Mut. Die Motive der Personen sind Lebensgier, Lust, Haß, Neid, Ehrgeiz, Eifersucht und Verzweiflung, und ihre Gefühle setzen sich zusammen aus Angst, Beunruhigung, Leidenschaft, Wehmut und Trauer.
Die Films noirs sind Reisen durch den Asphalt- und Beton-Dschungel

Abb. 1: »Die Straßen waren schwarz nicht vom Dunkel der Nacht allein ...«: Die mythischen Plätze der Stadt spiegeln die Gefühlslage der negativen Helden des Film noir – CROSSFIRE.

der amerikanischen Großstadt (nur sehr wenige der Filme zeigen Szenen auf dem Land), Horrortrips zu den Randzonen einer Gesellschaft, deren moralische Kategorien versagen angesichts ihrer politischen, ökonomischen und ideologischen Krisen. Die Metaphern dafür liefern die Schauplätze, die den alltäglichen Verfall der Großstadt, ihren »normalen« Wahnsinn am deutlichsten zeigen: schäbige Mietskasernen, Slums, leere Fabrikhallen, verfallende Lagerschuppen, Hafenkais, Trümmergrundstücke, Docks, miese Büros, drittklassige Hotels, schmuddelige Stehimbisse und Drugstores, Polizeistationen, zugige Bahnhöfe und rauchig geschwängerte Boxarenen. Dies alles sind die Lieblingsplätze des Film noir, und sie spiegeln die Geschichte und die Gefühlslage der Menschen wider, die an diesen Plätzen heimisch sind oder die es dahin verschlagen hat. Ein Terrain, das, wie Chandler es beschrieb, Gefahr in sich birgt: »Die Straßen waren schwarz nicht vom Dunkel der Nacht allein.« Die Schauplätze sind realistisch und mythisch zugleich, und, um Robert Warshow[1*] ein wenig abzuwandeln, gerade die mythische Seite der Stadt ist es, die den negativen Helden des Film noir hervorbringt, während die wirkliche Stadt nur gewöhnliche Verbrecher produziert. Aber auch die mythische Stadt hat für den negativen Helden einen doppelten Charakter, einmal bietet sie ihm Schutz, zum anderen ist sie sein Verderben – oder, nach der Archetypenlehre Jungs: sie ist Mutter und Hure in einem.

Das Verbrechen aber ist der kategorische Imperativ des Film noir. Der Film-noir-Plot kreist um eine kriminelle Handlung, fast immer ein Tötungdelikt. Dieses muß nicht unbedingt wirklich stattfinden, manchmal genügt es, geplant, eingebildet oder nur geträumt zu sein. Wichtig allein ist, daß es die Handlungen und Emotionen der Figuren bestimmt, wobei die Hauptfigur entweder als Beobachter/Untersuchender, als Opfer oder als Täter zu dem Verbrechen steht. Der Mord, der Totschlag, der Raub oder der Betrug stellt den Katalysator dar für die Desorientierung des Antihelden oder der Antiheldin, und die Figuren werden mit einer chaotischen Welt konfrontiert, der sie ebenso fassungslos gegenüberstehen wie diese ihnen.

Der typische Held des Film noir ist ein pessimistischer Einzelgänger, der seiner sozialen Umwelt weitgehend entfremdet ist und nicht einmal – wie der Outlaw des Gangsterfilms – in einer kriminellen Gruppe Rückhalt findet. Er vegetiert in der Anonymität der Großstadt, hat keine Freunde, keinen Partner, keine Familie. Doch diese existentialistische Entwurzelung, die man in Europa als heroisches Einzelgängertum verbrämen könnte, bedeutet, gerade im amerikanischen

* Die Anmerkungen befinden sich auf Seite 209 und 210.

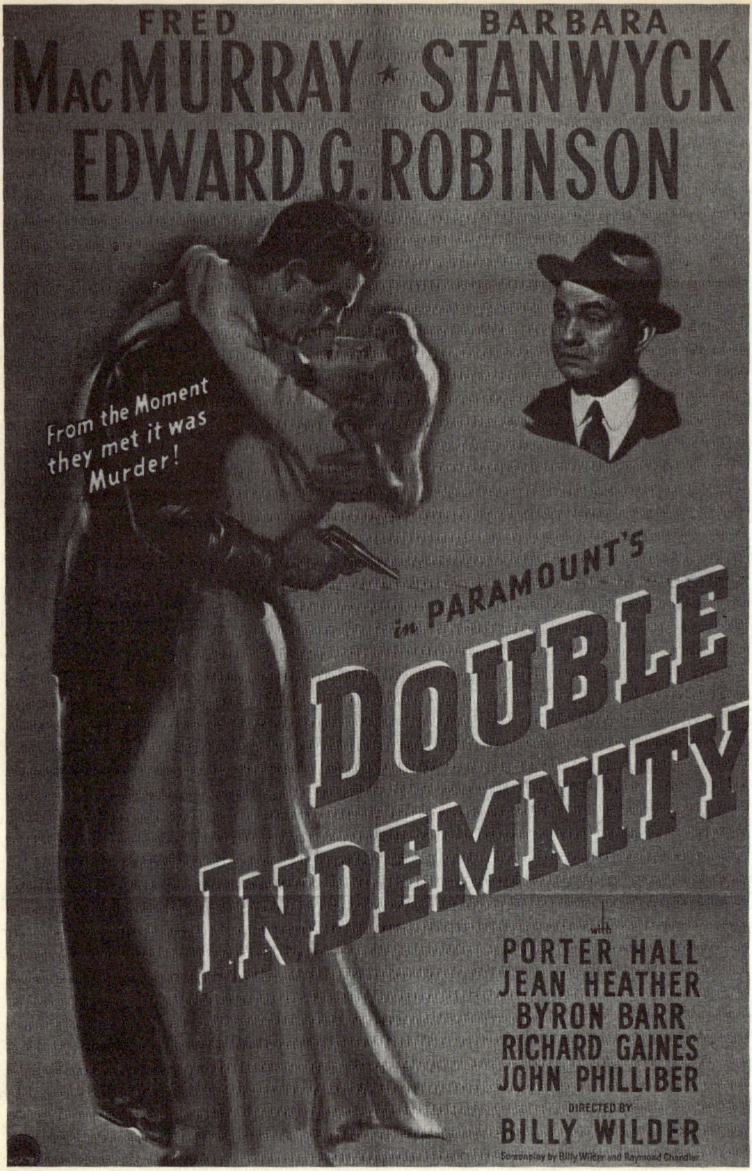

Abb. 2: Das Verbrechen als zentrales Thema bindet und trennt zugleich: der Mann als Komplize – und Opfer – der Frau …

Abb. 3: … und die Frau als Opfer des Mannes – Joseph Cotten und Marilyn Monroe in NIAGARA.

Selbstverständnis oberflächlicher »Geselligkeit«, stets auch persönliches Versagen und haftet dem Außenseiter an wie ein soziales Kainsmal. Selbst die Frau ist im Film noir nur selten in eine Familie eingebunden. Im amerikanischen Film sind ansonsten gerade Ehe und

Familie ausführlich dargestellte Instrumente der Sozialisation und der Reproduktion, sind der legitime Rahmen für Sexualität und das angestrebte Ziel vor allem der weiblichen Charaktere (romantische Hollywood-Filme enden nicht von ungefähr oft mit der Hochzeit der Protagonisten). Wenn der Film noir gelegentlich die Familie ausführlicher als sozialen Background schildert, dann wirkt sie eher als Gefängnis denn als Schutzraum, ist unvollständig oder bricht gerade auseinander. In der Familie des Film noir wird gemordet, betrogen, davongelaufen.
Dementsprechend ist auch die in sehr vielen Films noirs gezeigte, anfänglich romantische Liebesbeziehung zwischen Mann und Frau nur eine Täuschung auf Zeit. Ihr Scheitern ist programmiert. Nicht in die Ehe mündet sie, sondern aus der Verbindung von Mann und Frau entspringt ein Mordkomplott – häufig gegen einen anderen, »verbrauchten« Partner eines der beiden –, das die Basis der gemeinsamen Zukunft gründen soll. Aber die Tat, anstatt Anfang eines neuen Lebens zu sein, macht aus Mann und Frau nicht nur Outcasts, sondern in ihr keimt auch bereits das Ende der Beziehung: Gegenseitiges Mißtrauen, tödlicher Haß oder die Last der Vergangenheit lassen der Liebe keinen Lebensraum.
Im Lauf ihrer Entwicklung werden die Figuren des Film noir betrogen: durch ihre eigenen Ambitionen, durch das Schicksal, durch einen Freund, durch eine Frau respektive einen Mann. Das Verbrechen, mit dem sie es zu tun haben, sei es als Untersuchender, als Opfer oder als Täter, gereicht ihnen nie zur Erfüllung ihrer Ansprüche. Fast immer erleiden sie innerhalb der Handlung einen (weiteren) Verlust. Waren sie vorher bereits Fremde in ihrer Umgebung, so werden sie nun auch Fremde ihrer selbst. Sie sinken immer tiefer in völlige Orientierungslosigkeit. Treffend drückt dies der zu Unrecht verurteilte, nun entlassene, aber immer noch verfolgte Sträfling in THE DARK CORNER* aus: »I feel all dead inside. I'm backed up in a dark corner and I don't know who's hitting me.«
Die Absurdität eines auf die Personen blind einschlagenden Schicksals überträgt sich auf den Zuschauer des Film noir. Er begleitet die Antihelden auf ihrer (selbst)zerstörerischen Reise, und in deren Verirrung verliert auch er seine Orientierung. Wie die Figuren auf der Leinwand scheitert der Zuschauer in seinen Bemühungen, Sinn und Ordnung in das Chaos zu bringen, und setzt sich für anderthalb Stunden einem Durcheinander seiner Sinne und Werte aus, das mindestens so lustvoll ist wie eine Fahrt auf der Achterbahn. Aber im

* Die deutschsprachigen Filmtitel sind im »Lexikon des Film noir« bzw. im Titelregister aufgeführt.

Gegensatz zu dieser endet die durch den Film noir ausgelöste Erschütterung nicht mit dem Verlassen des Schauplatzes. In einer Ära des Umbruchs und der Krisen, wie die 40er und frühen 50er Jahre für Amerika, bietet der Film noir, über den einzelnen Streifen hinaus, die Bindung von Angst- und Lustphantasien seiner Zuschauer. Dies erreicht er durch Aufgreifen und stilisierte Darstellung akuter gesellschaftlicher Probleme (wie Kapitel 2 darlegen wird), und indem er etablierte, für die amerikanische Gesellschaft grundlegende Mythen kräftig durcheinanderwirbelt.

In einem sonst in der amerikanischen Filmgeschichte nie gekannten Maße gebärdet sich der Film noir als Antithese zum American Dream. Dieser verkörpert den in der amerikanischen Nation tief verwurzelten Glauben, persönlicher Ehrgeiz, Fleiß und Anstrengung garantierten Erfolg, Reichtum, soziale Anerkennung und Beliebtheit bei jedermann, persönliches Glück inklusive. Der Film noir hintertreibt diesen Nationalmythos, der sich in den gemalten Idyllen eines Norman Rockwell ebenso wiederfindet wie in den Aufstiegsfabeln eines Horatio Alger, auf perfide Weise: Er dreht dessen Moralität nicht etwa nur um, er hebt diese als Kategorie auf. Soziales Bemühen und sozialer Erfolg bedeuten ihm einfach nichts. War der Held des Gangsterfilms noch eine Figur, die sich durchaus für den Aufstieg entschieden hatte, diesen nur, vom Standpunkt des Bürgers aus, mit den falschen Mitteln zu realisieren suchte, so hat der negative Held des Film noir eine solche Wahl der Ziele und Methoden nicht. Sein Schicksal ist ihm aus der Hand genommen. Er wird getrieben, verstrickt sich in seinen widersprüchlichen Handlungen und weiß am Ende nicht, was er eigentlich wollte. Psychologische Irritation tritt anstelle sozialer Orientierung. Kein Wunder also, daß der Antiheld auf die Vergangenheit fixiert ist wie ein verarmter Landadeliger. Er weigert sich, in die Zukunft zu schauen, hangelt sich von Tag zu Tag und sehnt sich zurück in seine Vergangenheit oder versucht, im Gegenteil, sich von ihrer Bürde zu befreien. Jedenfalls glaubt er, im Gestern liege die Lösung seiner gegenwärtigen Probleme, nicht in der Zukunft.

Ganz anders der Gangster: Ihn interessiert die Vergangenheit kaum, sein Streben zielt auf die Zukunft – er schmiedet Pläne für seinen nächsten Coup, fiebert dem Ende seiner Gefängniszeit entgegen oder bereitet einen Ausbruch vor, oder er taucht für eine Weile unter und wartet darauf, daß Gras über irgendeine Sache wächst.

Der Aufstieg (und Fall) eines Gangsters wurde, vor allem in den klassischen Gangsterfilmen der 30er, aus dem miesen sozialen Hintergrund, aus seiner menschenunwürdigen Slum-Existenz motiviert (und entschuldigt), der Film noir dagegen erklärt nichts: Seine Helden

sind so, wie sie sind. Er stellt Charaktere dar und liefert keine biographischen Abrisse. Sein Antiheld ist kein sozialer Typus, er steht für nichts als sich selbst.
So verweigert sich der Film noir jeglicher moralischer Stellungnahme: Er schlägt sich nicht auf die Seite des Guten (wie der Western) oder auf die Seite des Bösen (wie der Gangsterfilm es tut – zumindest bis unmittelbar vor dem moralischen Schluß seiner Stories), er kennt diese Seiten nicht einmal. Die Trennlinie von Gut und Böse ist verschwommen, und sie schlängelt sich quer durch alle Lager. Es gibt gute und böse Verbrecher, Einzelgänger, Detektive, Polizisten, Männer und Frauen, Arme und Reiche; und selbst diese gibt es nicht in Reinform, jeder ist ambivalent, ein bißchen gut und ein bißchen böse, der eine eher dies, der andere eher das. Die Personen sind widersprüchlich, und ein großer Teil ihres Charakters bleibt im dunkeln.
Durch den Bruch mit dem American Dream und durch die Desorientiertheit seiner Charaktere grenzt sich der Film noir bereits ab gegenüber den typischen Hollywood-Genres, die eine ähnliche Grundthematik und denselben Handlungshintergrund verwenden: gegenüber dem Kriminal- und dem Gangsterfilm. Was dem Film noir aber eine einmalige Sonderstellung in der amerikanischen Filmgeschichte verschafft, sind seine stilistischen und narrativen Eigenheiten: sein Hell–Dunkel-Stil, der dem Chiaroscuro der Malerei entspricht, und seine komplexe Erzählweise, oft mit Rückblenden und einer kommentierenden Off-Erzählung.
Dieser Besonderheit waren sich die amerikanischen Filmemacher Anfang der 40er, als sie ihre »Thriller« oder »Kriminal-Melodramen« (wie sie sie wohl bezeichnet hätten) drehten, nicht sehr bewußt. Natürlich erschienen ihnen die visuellen und narrativen Mittel der Filme als neuartig, und von Film zu Film wurden diese kopiert und weiterentwickelt, und auch die außerordentliche Nähe zu den gewissermaßen aus der Perspektive der Betroffenen dargestellten Verbrechen war bislang noch nicht dagewesen, aber die herausragende Stellung dieser oft nicht besonders prestigeträchtigen Filme vermochten sie nicht zu erkennen. Erst von einem anderen Kulturkreis aus, retrospektiv und in größerem Zusammenhang ließ sich erfassen, was sich seit den frühen 40ern in Hollywood angebahnt hatte. Die besten Voraussetzungen dazu bot das Nachkriegsfrankreich.
Erst 1946 sahen die Franzosen in größerem Umfang die amerikanischen Filme, die während des Zweiten Weltkrieges nicht ins Land gelangen konnten. Das Publikum und die französischen Kritiker bemerkten mit einemmal, daß in den Jahren seit Kriegsbeginn ein Wandel in den amerikanischen Filmen eingetreten war, der sich am deut-

lichsten an den billig gedrehten Kriminal- und Detektivfilmen ablesen ließ.
Auch die neuen Filme, die nun Jahr für Jahr von Übersee ins Land kamen, hielten diesen dunklen, dramatischen Ton bei, ja vertieften ihn noch. Die Franzosen fühlten sich an ihre eigenen Vorkriegsfilme erinnert, an die von Jacques Prévert geschriebenen und von Marcel Carné und Jean Renoir inszenierten Werke des später so genannten Poetischen Realismus. Diese Filme waren seit den ersten Kriegsjahren unterbunden worden, und ihre Regisseure mußten sich realitätsferneren Stoffen zuwenden. Im französischen Film der Nachkriegsjahre war andererseits nichts von einer Aufbruchstimmung wie im italienischen Neorealismus zu verspüren, und so fielen die düsteren amerikanischen Kriminalfilme in Frankreich auf einen fruchtbaren, aber unbeackerten Boden. Sie zogen die Zuschauer in ihren Bann, und obwohl sie von Amerika erzählten, drückten sie genau die Stimmung der Franzosen aus.
Die französischen Kritiker waren auch die ersten, die die besondere Qualität dieser Streifen erkannten, was den zeitgenössischen US-Kritikern noch lange verborgen bleiben sollte; die interessierten sich vielmehr für die einheimischen Prestigeproduktionen, die biographischen und Literatur-Verfilmungen, oder für die Musicals und die Komödien von Ernst Lubitsch, Preston Sturges und Mitchell Leisen. Den Begriff »Film noir« verwendete zum ersten Mal der französische Kritiker Nino Frank in einem 1946 veröffentlichten Zeitschriftenartikel und sprach von einem neuen »genre policier«, »que l'on ferait mieux de désigner désormais par le terme d'aventures criminelles, ou, mieux encore, de psychologie criminelle«[2]. Frank war zu diesem Begriff sicherlich durch die zu dieser Zeit beginnende *Série Noire* angeregt worden, eine Reihe von Kriminalromanen bei Gallimard, in der auch zahlreiche Übersetzungen von Hammett, Chandler, Cain und McCoy veröffentlicht wurden. Bereits 1955 widmeten die Franzosen Raymond Borde und Etienne Chaumeton dem Film noir ein eigenes Buch: *Panorama du film noir américain*[3]. Damit hatte sich der Begriff und die Wertschätzung des Film noir endgültig durchgesetzt.
Auch André Bazin und seine Mitstreiter der 1951 gegründeten *Cahiers du Cinéma*, wozu ab Mitte der 50er dann Godard, Rivette, Chabrol und Truffaut zählten, befaßten sich mit den amerikanischen Kriminalstreifen. Diese Filmtheoretiker und Väter der »Politique des auteurs« (bei uns zu »Autorentheorie« entstellt) waren begeisterte Anhänger und Kritiker des Hollywood-Kinos und rühmten die Qualität zahlreicher unterschätzter Filme und vor allem deren Regisseure. Erst über die Rezeption der französischen Filmtheorie lernten die ameri-

kanischen Kritiker allmählich ihre scheinbar zweitrangigen Filme und Regisseure schätzen, doch es dauerte bis Ende der 60er Jahre, daß der Terminus »Film noir« auch in den USA heimisch werden konnte. Ab 1970 wurde dann mehr und mehr darüber publiziert, doch immer noch wenig im Vergleich zu anderen Stilen oder Genres. Erst in der zweiten Hälfte der 70er erschienen die ersten längeren Untersuchungen über den Film noir, dessen Name die Amerikaner beibehielten.
Wenn der amerikanische Kritiker, Drehbuchautor und Regisseur Paul Schrader in seinem 1972 in *Film Comment* erschienenen Artikel *Notes On Film Noir*[4] auch schrieb: »Fast jeder Filmkritiker verfügt über eine eigene Definition des Film Noir und hat so eine persönliche Liste von Filmtiteln und Daten, um sie zu stützen«[5], so sei dennoch versucht, ein wenig einzugrenzen, was zum Film noir gezählt werden sollte und was nicht.*
Der Film noir ist thematisch nicht homogen, sondern einer zeitlichen Entwicklung unterworfen, die unterschiedliche, jeweils akute gesellschaftliche Phänomene adaptiert. Die daraus sich ergebende Einteilung des Film noir in drei Phasen wird im folgenden Kapitel dargestellt. Zuvor sollen aber noch zwei Dinge erörtert werden, das Problem der Abgrenzung gegenüber thematisch verwandten Filmen und die Frage, ob der Film noir als ein Genre anzusehen ist. In diesem Buch ist der Film noir zeitlich relativ weit aufgefaßt, von 1940 bis 1953 mit Ausläufern bis Ende der 50er Jahre (auch engere Definitionen erscheinen nicht völlig unplausibel, etwa die Beschränkung auf die 40er Jahre**), dennoch soll eine Gruppe von Filmen explizit ausgeschlossen werden, die einige Autoren*** zum Film noir zählen, die sogenannten Semi-documentaries. Diese Mischform von dokumentarischen und Spielfilmelementen, die überwiegend an Originalschauplätzen gedreht wurde, schilderte in der Regel die alltägliche Arbeit der Polizei und ist somit, nach der hier zugrunde liegenden Auffassung, der genaue Gegenpol des Film noir. Die Semi-documentaries entstanden unter dem Einfluß des Produzenten Louis de Rochemont, der in seiner sehr beliebten Kurzfilmserie *March of Time* über aktuelle Themen aus aller Welt Dokumentaraufnahmen mit inszenierten Szenen mischte. Nach ähnlicher Methode entstanden, mit de Roche-

* Wie sinnlos eine unterschieds- und schrankenlose Auffassung von Film noir sein kann, zeigt Durgnat (vgl. Literaturhinweise), der elf inhaltliche Haupt- und um die 50 Subkategorien des Film noir aufstellt und dabei – notgedrungen – nicht nur Filme verschiedenster Genres und Länder anführt, sondern bei dem Chaplin-Stummfilm EASY STREET von 1917 beginnt und mit dem Science-fiction-Film PANIC IN THE YEAR ZERO aus dem Jahr 1962 noch nicht aufhört.
** Bei Karimi beispielsweise auf die Zeit von 1941 bis 1949.
*** Schrader, Hirsch, Silver/Ward, Ottoson. Borde/Chaumeton dagegen schließen diese als »documentaire policier« eindeutig aus.

mont als Produzenten, auch Spielfilme wie THE HOUSE ON 92ND STREET (1945) von Henry Hathaway oder BOOMERANG (1947) von Elia Kazan. Der erste basierte auf FBI-Akten, der zweite auf einer Story aus *Reader's Digest*.

Die von beiden Filmen ausgelöste Welle ähnlicher Streifen, die durch das Vorbild des italienischen Neorealismus noch zusätzlichen Auftrieb bekam, hatte kaum noch etwas »Schwarzes«: Die Filme zeigten soziales Engagement, benutzten eine geradlinige Erzählweise mit einem anonymen Kommentar, der den Zuschauer mit Fakten und Informationen versorgte, und verwendeten einen hellen Ausleuchtungsstil. Die Hauptfiguren waren meist Polizisten mit aufrechtem, gegen jegliche Zweifel immunem Charakter, die am Schluß Gerechtigkeit wiederherstellten und die Zuschauer voller Vertrauen auf die Justiz aus dem Kinosaal entließen. Nur noch der Verbrecher, der aber zur Nebenfigur degradiert war, zeigte psychische Irritation. Der alles entscheidende Unterschied zum Film noir aber war der Blickwinkel, unter dem das Verbrechen betrachtet wurde: Die Dokumentarspiele nahmen einen objektiven, außerhalb liegenden Standpunkt ein, begaben sich vorübergehend in die Welt des Verbrechens, klärten es auf und konnten sich mit Leichtigkeit wieder aus dem Sumpf, in dem der Film-noir-Held üblicherweise versank, in ihre heile Welt zurückziehen. Anstelle eines unlösbaren moralischen Dilemmas betonten die Semidokumentarfilme die klare Entscheidungsmöglichkeit zwischen Gut und Böse.

Zwar gab es in manchen dieser Filme einen Pessimismus, der an den des Film noir erinnerte. Dieser erwuchs jedoch nicht aus dem unausweichlichen persönlichen Schicksal einzelner, sondern aus dem Lamento über den Verfall der Gesellschaft in Elend und Korruption. Der Polizist, der FBI-Agent, der engagierte Reporter siegt am Schluß und mit ihm das Gesetz, aber der Preis ist oft hoch: Der Protagonist wird gedemütigt, der Kampf gegen das Verbrechen verlangt von ihm persönliche Opfer, läßt ihn verzweifeln oder zu Mitteln greifen, die denen der Gangster ähneln. Nie jedoch steht der Held der Semi-documentaries wirklich zwischen den Fronten von Gut und Böse – wie etwa der Privatdetektiv oder der obsessive Polizist: den beiden Figuren des Film noir, die denen der Dokumentarspiele noch am nächsten kommen. Gelegentlich berühren oder überschreiten einzelne der Semi-documentaries die Grenze zum Film noir – etwa indem sie dessen visuelle Mittel verwenden oder indem ihr Held einer Obsession unterliegt, die nicht nur seine soziale Funktion berührt, sondern ihn auch als Person an seinem moralischen Standpunkt zweifeln läßt. Die wichtigsten dieser Filme, gleichsam zum Rand des Film noir zählend, sind in den Text dieses Bandes und in die Filmographie mit hineingenommen.

Genre contra Bewegung: Ein Exkurs

In der amerikanischen Filmgeschichtsschreibung gibt es seit der Veröffentlichung von Higham / Greenbergs *Hollywood in the Forties*[6] und Durgnats Erwiderung darauf[7] einen bis heute noch nicht entschiedenen Streit darüber, ob der Film noir als ein Genre (bzw. Subgenre) anzusehen sei oder nicht. Schrader etwa wendet gegen »Genre« ein, der Film noir sei nicht »durch die Konventionen des Schauplatzes und des Konflikts definiert, sondern eher durch die subtileren Qualitäten des Tones und der Atmosphäre«[8]. Dies ist zwar völlig richtig beobachtet, aber noch kein Einwand gegen die Definition als Genre.
Ein Genre ist eine auf einer Konvention zwischen Filmhersteller und Filmkonsument beruhende offene Zusammenfassung gleicher oder ähnlicher Filme unter ein willkürlich gewähltes Kriterium bzw. einen Kriterienkomplex. Diese Kriterien können unterschiedlichster Natur sein: etwa geographischer (Western), historischer (Bibelfilm), thematischer (Kriegsfilm) oder dramaturgischer (Thriller) Art, wobei der Beliebigkeit der gemeinsamen Merkmale nur die Frage nach der Zweckmäßigkeit solcher Zusammenfassungen Grenzen setzt. Die Agglomeration von Filmen zu einem Genre erweist sich zum einen als produktionstechnisch sinnvoll und dient ebenso wie auch das Typecasting des Starsystems oder die besondere Herausstellung des Regisseur- oder Studionamens der Standardisierung der Ware Film. Wie ein Handelsname von Konsumgütern die Aufmerksamkeit und das Kaufverhalten der Kunden strukturiert, so lenkt ein Genrefilm (und auch die anderen Standardisierungsmittel) die Erwartungen der Zuschauer in vorgegebene Bahnen, indem er Grenzen absteckt für thematische und stilistische Möglichkeiten. Zum anderen liefert der Genrebegriff dem Zuschauer Orientierungsmerkmale; und die genaue Kenntnis der Konventionen eines Genres erhöht für ihn das Vergnügen beim Ansehen eines Genrefilms, der ihm Vertrautheit und Innovation zugleich bietet. Ein Genre ist gewissermaßen ein Regulativ der kinematographischen Erinnerung, zu dem bekannte Regeln ebenso gehören wie Verstöße gegen sie. Es versteht sich von selbst, daß bei einer derartigen prinzipiellen Offenheit für die Definition einzelner Genres sich auch hinreichend viele Merkmale zusammentragen ließen, um ein Genre des Film noir durch eben diese zu definieren.

Es ist aber sinnvoller, bei Genrebetrachtungen von Genres auszugehen, die seit geraumer Zeit etabliert sind und deren Entwicklung sich über eine lange Periode hinweg verfolgen läßt. Für diese Art von Genres stimmt Tudors Satz: »Die wesentlichen Faktoren, die ein Genre bestimmen, sind nicht *nur* den Filmen selbst innewohnende Merkmale, sie sind auch abhängig von der Kultur, der wir angehören.«[9] Derartige »Populargenres« bildeten sich in fast allen Fällen bereits früh in der Filmgeschichte, ihre Etablierung zieht sich über einen längeren Zeitraum hin, und ihre Weiterentwicklungen sind filmsoziologisch interessanter als die Ursachen ihrer Entstehung. Der typische Genrefilm erweist sich in seiner Konsequenz oft als ideologisch affirmativ: Er thematisiert, vermittelt und bekräftigt die bestehende soziale Ordnung. In diesem, den Genrebegriff enger fassenden Sinne ist der Film noir kein Genre.

Weitaus wichtiger ist auch die Frage, ob der Film noir als eine eigene Stilrichtung angesehen werden kann, als eine »Bewegung« wie etwa der sowjetische Revolutionsfilm der 20er Jahre, der deutsche expressionistische Film oder die Nouvelle vague. Dafür spricht vieles.

Die überzeugendste Darstellung des Film noir als Bewegung (movement) findet sich in einem Aufsatz von Janey Place.[10] Die Autorin bekräftigt darin, daß Film-Bewegungen zu Zeiten nationaler Krisen oder einer allumfassenden Aufbruchsstimmung entstehen und dies in ihren formalen und thematischen Elementen widerspiegeln. Demnach sind Bewegungen »uniquely able to express the homogeneous hopes (Soviet Socialist Realism and Italian Neo-Realism) and fears (German Expressionism and film noir)«[11]. Vor allem entstehen Bewegungen in Vorkriegs-, Kriegs- oder Nachkriegszeiten.

Place greift vermutlich zurück auf Überlegungen von Andrew Tudor[12] aus dem Jahre 1974 und (wie auch dieser) auf eine Untersuchung von George A. Huaco[13] von 1965, in der Huaco die Bewegungen des deutschen expressionistischen Films, des (bei ihm so genannten) »Sowjetischen expressiven Realismus« und des italienischen Neorealismus miteinander vergleicht und in Bezug zu den Kriegszeiten setzt. Huaco streift dabei drei weitere Bewegungen nur am Rande (da sie ihm damals als noch nicht abgeschlossen erschienen): den japanischen Nachkriegsfilm, den polnischen Nachkriegsfilm und die »neoromantische« französische Nouvelle vague. Signifikant ist, daß der amerikanische Professor den Film noir mit keiner Zeile erwähnt.

Ohne an dieser Stelle genauer auf die Methoden und Schwächen der Arbeit Huacos einzugehen, läßt sich zusammenfassen, daß Huaco vier strukturelle Voraussetzungen für Bewegungen erkennt: eine Gruppe geeigneter Filmschaffender; entsprechende filmtechnische

Einrichtungen; eine Organisationsform der Filmindustrie, die der Bewegung liberal gegenübersteht; ein die Bewegung begünstigendes oder ein liberales politisches Klima. Diese vier Prämissen löst der Film noir ein: Die Gruppe der geeigneten Filmschaffenden umfaßt insbesondere (wie Kapitel 6 und 7 zeigen) deutsche Regisseure, die nach 1933 in die USA emigrierten, und amerikanische Darsteller und Darstellerinnen (Kapitel 8), im weitesten Sinne aber auch die Schule der hartgesottenen Krimischreiber (Kapitel 4). Die zweite der Voraussetzungen, filmtechnische Einrichtungen, erfüllt der US-Film gleichsam von selbst. Daß die Organisationsform der Filmindustrie Hollywoods in den 40er Jahren und das politische Klima dieser Zeit für das Entstehen des Film noir die besten Voraussetzungen boten, wird im nächsten Kapitel ebenso dargelegt wie der Zusammenhang zwischen der Veränderung der Filmindustrie und dem politischen Rechtsruck um 1953 einer- und dem Ende des Film noir andererseits.

Tudor, der sich mit dem Film noir nicht befaßt, fordert, über Huaco hinausgehend, als Merkmal einer Bewegung den (relativen) »ästhetischen Bruch« mit den stilistischen Merkmalen vorangehender Filme * und eine den Filmen einer Bewegung gemeinsame Sicht für soziale Probleme und Entwicklungen (was nicht heißen muß, daß aus der Bewegung explizit sozialkritische Filme entstehen). Beides erfüllt der Film noir, wie auch Janey Place in ihrem Aufsatz unterstreicht. Sie sieht im Film noir parallel zu seinem homogenen Stil eine ebenso homogene kulturelle Haltung, wie sie nur innerhalb einer begrenzten Zeitperiode und nur an einem bestimmten Ort auftreten kann.[14] Nebenbei zeigt auch die Entstehungsgeschichte des Begriffs »Film noir«, der von Kritiken aus zeitlichem und geographischem Abstand geprägt worden und nicht der PR-Abteilung eines Hollywood-Studios entsprungen ist, daß es sich bei ihm um keine Produktionskategorie handelt – vermutlich hat kein amerikanischer Filmboß den Begriff vor 1970 je in den Mund genommen –, sondern um eine vom Blickwinkel des Zuschauers her.

* Im Gegensatz zur allmählichen »Evolution« (Tudor) eines Genres.

2 Romantik – Entfremdung – Obsession: Drei Entwicklungsphasen

Der kommerzielle amerikanische Film reflektiert – allein um sein Publikum »anzusprechen«, d. h. finanziell erfolgreich zu sein – in mehr oder minder direkter, mitunter recht verzerrter Weise gesellschaftliche Entwicklungen und Zeitströmungen. Dieses Einfließen sozialer Verhältnisse in den »Unterhaltungs«film zeigt sich unter anderem an den Rollenstereotypen (besonders aufschlußreich: die Darstellung der Frau), in den erzählten Geschichten und nicht zuletzt, wenn auch weniger offensichtlich, daran, *wie* Geschichten erzählt werden.
Ein nicht unbeträchtlicher Teil ihres ökonomischen und personellen Aufwands dient der amerikanischen Filmindustrie ausschließlich dazu, im Publikum neue Interessen auszuloten und auf diese zu reagieren. So fanden selbst in Zeiten großen Zensurdrucks immer neben systemstabilisierenden auch fortschrittliche, akute Themen Eingang in den Film, oft allerdings um den Preis der Vereinfachung und Trivialisierung. Vor allem in Krisenzeiten, gesellschaftlichen ebenso wie filmwirtschaftlichen und kulturellen, scheint die Durchschlagskraft der gesellschaftlichen Realität den Umformungsprozeß in den Film zu beschleunigen und zu vereinfachen. Bei einem Teil der Filme zumindest – denn auch die Fluchtbewegung auf eine Traumwelt hin nimmt in diesen Zeiten zu.
Der Film noir folgt bis in feinste Verästelungen hinein genau den gesellschaftlichen Veränderungen im Amerika der 40er und frühen 50er Jahre, wenn sich in ihm – im Gegensatz zum Gangsterfilm der 30er etwa – auch keine direkte Sozialkritik festmacht. Ihn interessiert alles explizit Gesellschaftliche nur am Rande. Er zeigt statt dessen die moralischen und psychischen Verirrungen von Individuen, die sich von ihrem sozialen Umfeld längst gelöst haben oder zu diesem in einem höchst vagen, negativen Verhältnis stehen. Es ist der einzelne oder der soziale Mikrokosmos einer Konstellation von zwei, drei Personen, anhand dessen der Film noir – indirekt – den Verfall bürgerlicher moralischer Werte und sozialer Beziehungen auffächert. Gerade durch die film-noir-typische Aufhebung klarer Entscheidungsmöglichkeiten zwischen Gut und Böse und durch den damit verbundenen

Verlust moralischer Instanz wird, auch für den Zuschauer, die demokratische Basis der amerikanischen Gesellschaft in Frage gestellt.
Die politischen, wirtschaftlichen und sozialen Erschütterungen zwischen 1940 und 1953 gingen aber nicht auf eine einzige Ursache zurück, sondern waren ein wildes Auf und Ab immer neuer Ereignisse, die sich als bizarre Fieberkurve von Krisen und Konsolidierungsmaßnahmen darstellten und in den Film noir ohne Zeitverzögerung einflossen. Zweiter Weltkrieg, Nachkriegsproblematik, Kalter Krieg und Koreakrieg, neurotischer Antikommunismus und Neokonservatismus bedeuteten immer neue Nackenschläge, mit denen die amerikanische Gesellschaft fertig werden mußte. Analog dazu veränderten sich, trotz seiner grundsätzlichen stilistischen Einheitlichkeit, die Plots, die Figuren und ihre Konflikte im Film noir, den ich dementsprechend in drei Phasen unterteilen möchte. Diese sind weniger als streng voneinander getrennte Zeitraster zu verstehen, vielmehr als thematische Gruppen, die mit einer bestimmten gesellschaftlichen Periode eng korrelieren, sich aber zeitlich durchaus überlappen.
Der Hauptindikator der sich wandelnden gesellschaftlichen Verhältnisse ist dabei die Beziehung von Mann und Frau, die in den 40ern und frühen 50ern mehr als zu jeder anderen Periode heftigen Konflikten ausgesetzt war, sowohl in der Gesellschaft als auch im Film noir, und wie ein Seismograph auch andere soziale Erschütterungen registrierte.
Die Konflikte zwischen den Geschlechtern entstanden aus dem Kampf der Frauen gegen die gesellschaftlich sanktionierte männliche Dominanz und die Bestrebungen der Männer, den Status quo festzuschreiben. Da aber selbst der in mancher Hinsicht aufgeschlossenere Film noir nach wie vor ein Kino der Männer war, zeigten sich gerade in der verzerrenden Darstellung der Frau die Ängste und Sehnsüchte der Männer. In diesem Frauenbild ließen sich aber nicht gleichzeitig die Kraft und die Potenz der weiblichen Emanzipation völlig unterdrücken, so daß zumindest für einen Teil der Zuschauerinnen die Möglichkeit bestand – und heute noch besteht –, gleichsam gegen die Absicht der Männer auch ihre eigenen Hoffnungen und Befürchtungen im Film noir dargestellt zu sehen.

Romantik (1940–1945)

Die alte Spruchweisheit, derzufolge jedes Ding zwei Seiten hat, scheint selbst bei den schrecklichsten Ereignissen keine Ausnahme zu kennen: Der Zweite Weltkrieg brachte nicht nur Leid, sondern – wie bereits der Erste – der amerikanischen Wirtschaft auch den langersehnten Boom und erreichte, was der New Deal Roosevelts nicht geschafft hatte: die beunruhigend hohe Zahl von Erwerbslosen (1939/40 zehn Millionen) endlich von der Straße zu holen. Bereits im Sommer 1940 begannen die USA mit hektischen Kriegsvorbereitungen, und die Rüstungsbetriebe stellten massenhaft Arbeitslose ein. Bedingt durch den Krieg fanden, über die mehr als 14 Millionen Männer und Frauen in den Streitkräften hinaus, zehn Millionen Amerikaner Arbeit im zivilen Bereich. Andererseits wurden durch die Kriegsanstrengungen wichtige soziale Reformen, die im New Deal versprochen und zum Teil eingeleitet worden waren, zumindest verzögert, wenn nicht aufgehoben.

Ebenfalls wie im Ersten Weltkrieg konnten die Frauen und andere Gruppen gesellschaftlich Benachteiligter, etwa die Farbigen, in den Kriegsjahren ihren Nutzen für die Gesellschaft deutlicher als vorher unter Beweis stellen und ihre Situation verbessern – ein Prozeß, der auch nach Kriegsende nicht so ohne weiteres aufzuhalten war. Während die Männer in den Streitkräften dienten, mußten die Frauen zu Hause deren Stelle einnehmen: als Kopf der Familie, als disponible Arbeitskräfte in Fabrik und Büro. Bis zum Jahr 1945 waren 2,7 Millionen Familien ohne »männliches Oberhaupt«, und mehr als 16 Millionen Frauen waren erwerbstätig. Ihre wichtige gesellschaftliche Rolle stärkte den Frauen den Rücken, und sie verlangten im Gegenzug für ihre neuen Pflichten auch neue Rechte, was nicht ohne Konflikte mit den Männern ablief: Die Scheidungsquote stieg zwischen 1940 und 1945 auf das Anderthalbfache. Dafür ging die Kriminalitätsrate insgesamt zurück, der Anteil der Frauen und Jugendlichen daran nahm jedoch ebenso rapide zu wie die Promiskuität – die manchen noch mehr beunruhigte. Nach 1940 setzte eine Landflucht ein, wie sie die USA noch nicht erlebt hatten. Die Städte wurden mit dem Wohnraummangel nicht fertig und errichteten Barackensiedlungen und Wohnwagenkolonien, was das Familienleben zusätzlich belastete.

Für die Hollywood-Tycoons ließen sich die 40er überhaupt nicht gut an. Wegen des Kriegs verloren die großen Studios die meisten ihrer europäischen Auslandsmärkte, und die Beschränkungen im Rohfilmverbrauch machten ihnen zu schaffen. Aber bald stiegen die Einnahmen wieder, da der Kinobesuch sich in den Kriegsjahren als beliebteste der reduzierten Freizeitmöglichkeiten durchsetzte und Hollywood in Südamerika neue Absatzmärkte erschließen konnte. Man produzierte zwar weniger Filme, vermochte für den einzelnen aber mehr auszugeben, was sogar der Qualität zugute kam. Nahezu 1500 Schauspieler, darunter etwa 50 Stars, dienten in den Streitkräften, und die Filmemacher mußten auf Stoffe mit mehr Frauen- und Kinderrollen als je zuvor ausweichen. Der sogenannte Frauenfilm erlebte einen kräftigen Aufschwung und erfreute sich – bei den berufstätigen, alleinstehenden Frauen – großer Beliebtheit. Den Soldaten an der Front zeigte man vorwiegend Unterhaltungsfilme, meist Komödien, und der moralischen Aufrüstung dienende Kriegsfilme, die zwar nur ein Zehntel der Produktion ausmachten, aber fast immer über ein verschwenderisches Budget verfügten.

Mit der Heroisierung des Mannes im Kriegsfilm entstanden aber auch, als Gegengewicht, Filme, die die negative Seite des Helden darstellten – wie stets in Krisenzeiten traten die Extreme deutlicher zutage als sonst. Gleichzeitig vergrößerte sich die Bereitschaft, neue Formen auszuprobieren und Freiheiten zu gewähren.

Zwischen August und Oktober 1940 entstand in den RKO-Studios in Hollywood ein Film, der wie nie ein einzelner Film zuvor oder danach das gesamte Filmschaffen revoltierte: der von dem 25jährigen Debütanten Orson Welles gedrehte CITIZEN KANE (1941). Welles fügte ein Konglomerat von zwar bekannten, in dieser Radikalität aber noch nie verwandten Stilelementen zusammen. Expressionistische Schrägperspektiven mit Unter- oder Aufsicht dienten ihm als Metaphern für Souveränität bzw. Abhängigkeit der Personen; eine bis dahin für unmöglich gehaltene Schärfentiefe nutzte er, um seinen Bildaufbau in mehreren Tiefenebenen zu staffeln; und mit der Chuzpe des Anfängers befreite er sich von dem Zwang chronologischer Erzählweise: Fünf lange Rückblenden aus der jeweiligen Perspektive von verschiedenen Personen erzählten isolierte, widersprüchliche Abschnitte aus dem Leben der Hauptfigur Kane. Welles' Meisterwerk schlug dem Film noir eine Bresche, ohne ihm selbst anzugehören.

Die erste Phase des Film noir, die die unmittelbare Vorkriegszeit und die Kriegsjahre umfaßt, erzählt von romantischen Einzelgängern, von Männern, die sich in eine schlechte Welt hineinbegeben, ohne darin unterzugehen. Die wichtigste Inkarnation dieser Loners ist der Privatdetektiv, wie ihn Chandler charakterisierte: »Durch diese schäbigen Straßen muß ein Mann gehen, der selbst nicht schäbig ist, der eine reine Weste hat und keine Angst. Er muß ein ganzer Mann sein und ein gewöhnlicher Mann – und zugleich doch ein ungewöhnlicher auch. Er muß der beste Mensch auf der Welt sein und ein Mensch, der gut genug ist für jede Welt.«[1]

Dies bezieht sich natürlich auf Chandlers Romanfigur Philip Marlowe, gilt aber auch, mit wenigen Abstrichen, für Dashiell Hammetts Sam Spade, für den Detektiv, der ganz am Anfang des Film-noir-Zyklus steht. Hammetts dritter Roman, *The Maltese Falcon*, wurde 1941 be-

Abb. 4: Der Privatdetektiv als romantischer Held: Bogart in THE MALTESE FALCON.

reits zum dritten Mal verfilmt, diesmal von einem Drehbuchautor der Warner Brothers namens John Huston, der nun seine erste Regiearbeit ablieferte. Huston war der erste, der die komplizierte Geschichte in den Griff bekam. Er verzichtete weitgehend auf Action und konzentrierte sich ganz auf die genaue Charakterisierung der Zentralfiguren, die er vor allem durch die schlagfertigen Dialoge zwischen den in immer neuen Konstellationen arrangierten vier wichtigsten Personen erreichte.

THE MALTESE FALCON wird meist als erster Film noir rubriziert, aber dieses Prädikat verdient ein ein Jahr zuvor mit kleinem Budget gefertigter Film, der die thematischen und stilistischen Spezifika des Film noir bereits in einer gelungenen Story vereinte: STRANGER ON THE THIRD FLOOR (1940). Wie häufig im Film noir dreht sich die Handlung um einen unschuldig Verdächtigten und um einen geheimnisvollen »Fremden«, der ein Mörder ist. Auch scheint der Film die Grenze von Traum und Realität aufzuheben; eine beängstigende Traumsequenz in der Mitte der Story materialisiert nicht nur die Ängste des Helden und seine in der Vergangenheit liegende Schuld, sondern zeigt sich auch als Vorausahnung seines künftigen Schicksals. Gerade in diesem Alptraum macht der Film, der unmittelbar vor dem viel elaborierteren CITIZEN KANE ebenfalls bei RKO entstand (als Welles zu drehen begann, war STRANGER gerade abgedreht), kräftige Anleihen beim deutschen Expressionismus, und er dürfte auch Welles inspiriert haben. Vor allem, da bei beiden Filmen der Art Director Van Nest Polglase hieß.

Der Eintritt der USA in den Zweiten Weltkrieg am Tag nach dem Angriff auf Pearl Harbor vom 7.12.1941 bewirkte, daß der Film noir zunächst einmal zugunsten anderer Thematiken zurückstehen mußte – trotz des Erfolges von THE MALTESE FALCON, der zu diesem Zeitpunkt gerade zwei Monate in den Kinos lief. In den Kriegsjahren 1942 bis 1945 entstanden nur wenige Films noirs, und erst als sich der Sieg der Alliierten 1944/45 abzuzeichnen begann, wurde deren Produktion wieder in größerem Maße aufgenommen. Im Krieg hatten Filme, die Verbrechen darstellten, ohne am Ende den moralischen Zeigefinger zu heben, nicht allzu große Chancen gegen die patriotischen Stoffe der Propagandastreifen und der Spielfilme mit Kriegsthematik. Die subversive Kritik an der amerikanischen Gesellschaft, die sich in den beiden Initialfilmen des Film noir bereits abzuzeichnen begann, mußte hintangestellt werden und konnte sich erst nach dem Krieg weiter entfalten.

Nur eine romantische Figur, die ihre Aufrichtigkeit im Sumpf des Verbrechens nicht verlor und so die Negativität des Film noir milderte, konnte sich in der Kriegsphase behaupten. Dieser, im Vergleich zu späteren Figuren, nahezu ungebrochene Held war an den Verbrechen selbst nicht beteiligt, befaßte sich zumeist beruflich damit, und der typische Handlungsverlauf bestand aus einer immer wieder verzögerten Suche – der Suche nach dem Täter, nach den Motiven, nach der Wahrheit. Nicht nur der Detektiv in THE MALTESE FALCON, auch bereits STRANGER ON THE THIRD FLOOR thematisiert diese Suche: Eine Frau macht den Fremden ausfindig (bezeichnenderweise nicht, wie in der folgenden Phase, das Opfer selbst) und entlastet so ihren verdächtigten Freund.

Die 1942 entstandene (Neu-)Verfilmung eines anderen Hammett-Romans, THE GLASS KEY, zeigt ebenfalls diese Handlungsstruktur, nur daß der Suchende diesmal der Assistent eines Politikers ist, der sich durch einen Dschungel von Gangstertum und Politik bewegt.

Der Detektiv Chandlerscher Provenienz aber bleibt die typischste Figur des romantischen Antihelden der ersten Phase des Film noir. Marlowe stellt – mehr als die Figuren Hammetts – persönliche Motive wie Rache und Sadismus zurück und begibt sich auf die Suche, unbeirrbar wie es seine Auftraggeber erwarten. Der Detektiv ist zwar ein gebrochener Charakter, der bereits zuviel Schmutz gesehen hat, um noch Illusionen zu haben, sein Zynismus und sein kaltblütiger Professionalismus sind aber in erster Linie ein Schutzschild, hinter dem er seine seelische Verletzlichkeit verbirgt. Einerseits stellt der Detektiv eine Figur dar, die weder Opfer noch Täter ist, insofern in das Verbrechen nicht einbezogen ist und es aus einer gewissen Distanz betrachtet. Andererseits operiert er aber, von seinen Methoden wie von seinem Selbstverständnis her, im Niemandsland zwischen Gesetz und Verbrechen, woraus seine Ambiguität erwächst, die ihn vom (nicht-obsessiven) Polizisten unterscheidet, der nicht »eintaucht« in die Welt des Verbrechens, sondern darübersteht. Der Detektiv ist aber auch das perfekte Abbild einer naiv-romantischen Weltauffassung: des Vertrauens auf den Einzelkämpfer, gleichsam den freien Unternehmer, der sich alleine gegen die organisierte gesellschaftliche, politische und kriminelle Korruption, die alle Lebensbereiche der Großstadt in ihrem Griff hält, stellt und letztlich über sie siegt.

MURDER, MY SWEET (1944) ist der erste Film nach einem Chandler-Roman (*Farewell, My Lovely*) und zeigt mit Dick Powell einen ebenso stoischen wie verletzlichen Detektiv. Bogarts Marlowe-Interpretation in dem Klassiker THE BIG SLEEP von 1946 forciert dagegen die romantisch-erotische Seite der Detektivfigur. Die Reihe der Chandler-Detektive dehnt die zeitliche Grenze der ersten Film-noir-Phase; unter dem Einfluß des Erfolges von THE BIG SLEEP vor allem wurden weitere Chandler-Romane (zum Teil neu) verfilmt: LADY IN THE LAKE und THE BRASHER DOUBLOON, beide 1947. Sie zeigten noch die romantische Detektivfigur, als andere Films noirs das Konzept des kaum betroffenen Suchenden bereits zugunsten einer pessimistischeren Perspektive überwunden hatten.

Wie das Beispiel THE GLASS KEY belegte, können auch andere Figuren eine dem Detektiv entsprechende dramatische Funktion annehmen: in THE MASK OF DIMITRIOS (1944) etwa ein Kriminalschriftsteller, der den angeblichen Mord an einem international gesuchten Kriminellen aufklärt. Dieser Film basiert auf einem Roman von Eric Ambler; Ambler und ein weiterer englischer Schriftsteller, Graham Greene, lieferten auch die Vorlagen für zwei Filme, in denen sich, der Kriegszeit entsprechend, das Motiv der Suche mit dem Thema Krieg und Spionage verbindet. Der nach Ambler entstandene JOURNEY INTO FEAR (1943) schildert die panische Flucht eines amerikanischen Waffeningenieurs, der, von Naziagenten verfolgt, auf einem Schiff die Türkei verläßt und seinen Killern zu entkommen sucht. Fritz Lang verfilmte 1945 mit MINISTRY OF FEAR einen Greene-Roman über einen gleichzeitig von einem Spionagering und der Polizei gejagten Mann. Der Film zeigt eine verzweifelte und entfremdete Figur, die bereits zur zweiten Phase des Film noir überleitet; der Unterschied

Abb. 5: Der romantische Held in der Klemme: Ein amerikanischer Waffenspezialist flieht vor Nazi-Killern aus der Türkei – Dolores Del Rio und Joseph Cotten (3. v. l.) in JOURNEY INTO FEAR.

zwischen den beiden Filmen macht dies deutlich: in JOURNEY INTO FEAR wird der Held von der Polizei unterstützt, in MINISTRY OF FEAR von ihr dagegen wegen Mordes verfolgt.
Nach einem weiteren Greene-Roman entstand THIS GUN FOR HIRE (1942), bei dem das Thema Spionage nur eine Rolle am Rand spielt. Die Hauptfigur ist ein Berufsmörder, der zuerst mit feindlichen Agenten zusammenarbeitet, sich aber an ihnen rächt, nachdem sie ihn hereingelegt haben. Selbst aus diesem manischen Killer, in der dritten Phase des Film noir Standardfigur, macht dieser frühe Film noir noch einen romantisch angehauchten Loner mit »Engelgesicht«, dessen negative Charakterseiten über weite Strecken »vergessen« sind.

THIS GUN FOR HIRE ist nicht zuletzt wegen der in ihm gezeigten Frauenfigur interessant. Eine attraktive Sängerin, die nebenbei für den Geheimdienst arbeitet, wird von dem Killer auf der Flucht vor der Polizei als Geisel verwandt. Bald arbeiten sie jedoch zusammen, finden gegenseitiges Verständnis, bis sich herausstellt, daß die Frau ihn

benutzt, um an die Agenten heranzukommen. Diese heroische, romantische Frauenfigur, die wie ein Detektiv selbstbewußt und unbeirrbar ihr Ziel verfolgt, reflektiert präzise die Rolle der amerikanischen Frau für die Gesellschaft im Zweiten Weltkrieg.
Bereits die Gegenspielerin Spades in THE MALTESE FALCON zeigt, obwohl als Negativfigur dargestellt, ähnliches Selbstbewußtsein und Aktivität.* Eine ganze Reihe von Films noirs dieser Phase zeigt – wenn auch oft nicht als Haupt-, sondern als zweitwichtigste Figur – weibliche Charaktere, die den Wandel der amerikanischen Frau reflektieren: Young Charlie, das Mädchen in SHADOW OF A DOUBT (1943), benötigt keine Hilfe (schon gar keine männliche), um ihre Enttäuschung zu verarbeiten und sich gegen die Mordversuche ihres geliebten Onkels zu wehren – was ihr, im Gegensatz zu den hilflosen Witwen, die ihr Onkel umzubringen pflegt, auch gelingt. Die Sekretärin des zu Unrecht verdächtigten Geschäftsmannes in PHANTOM LADY (1944) kann ebenso wie die Verlobte des Verdächtigten in STRANGER ON THE THIRD FLOOR völlig selbständig den Mann von dem Mordverdacht befreien, ihm sogar das Leben retten. Die Sängerin in CHRISTMAS HOLIDAY (1944) versucht, ihr eigenes Leben gegen den Willen ihres strafgefangenen Mannes zu leben, von dessen Einfluß sie sich vor seinem Tod aber nicht völlig lösen kann, und die Titelfigur von LAURA aus demselben Jahr wehrt sich erfolgreich gegen alle Versuche der Männer, über sie zu bestimmen.
Gegen Ende der ersten Phase zeigt in MILDRED PIERCE (1945) die Titelfigur, wozu eine Frau in der Lage ist, wenn sie ihr Hausfrauendasein aufgibt und ihren beruflichen Aufstieg selbst in die Hand nimmt. Erst als sie (erneut) heiratet, stellen sich das Ende ihres Erfolgs und ihr emotioneller Untergang ein. Bezeichnenderweise darf die Frau nicht einfach erfolgreich sein, sie muß für ihren Einbruch in die Geschäftswelt, nach wie vor die Domäne des Mannes, hart büßen, wird obendrein als ihrer Familie und ihrer »weiblichen Natur« entfremdet dargestellt. Somit schlägt der Film eine Brücke zur nächsten Phase des Film noir.
Selbständigkeit und Selbstbewußtsein charakterisieren auch einen ambivalenteren Frauentypus, der zwar erst in zwei Films noirs des Jahres 1946 auftaucht, der aber als die eigentliche romantische Dar-

* Auch eine Anzahl von Komödien der frühen 40er schildert selbstbewußte, aktive Frauen (gelegentlich in Männerberufen), woraus sich der Filmkonflikt zwischen Mann und Frau entwickelt. Dämonisiert wird die Frau dagegen im Horrorfilm, der zwischen 1941 und 1945 mehrere »Tierfrauen« (Tiger, Affen) auftreten läßt, die den amerikanischen Mann (manchmal buchstäblich) verschlingen.

stellung der Frau in Phase eins anzusehen ist: das bad good Girl*. Dieses erscheint (nicht nur) dem amerikanischen Mann wegen seiner »bösen« Eigenschaften wie Promiskuität, Rätselhaftigkeit oder gar Kriminalität weitaus interessanter als das gute, oft langweilige Mädchen. Und doch stellt es sich am Ende obendrein als gut heraus, ohne daß die von seinen negativen Charakterzügen ausgehende erregende Aura verlorenginge. Derart vereinigen sich im bad good Girl die sexuellen Wünsche des Mannes (auf das böse Mädchen gerichtet) und seine zärtlichen Gefühle (für das gute Mädchen vorbehalten) in einer einzigen Person. Dieses Wunschbild befreit den Mann von der Entscheidung zwischen seinen widersprüchlichen Emotionen und brachte in den 40er Jahren und besonders im Film noir höchst interessante Frauenfiguren auf die Leinwand.

Das bad good Girl löste althergebrachte Frauenbilder des Hollywood-Films ab. Wolfenstein/Leites sehen in ihm vor allem das Gegenteil des Vamps der 10er und 20er Jahre, der dem Mann vorspielte, ihn zu lieben und ihm treu zu sein. Aber bei der ersten Gelegenheit betrog die vamphafte Frau den Mann, und er konnte sich von ihr erst lösen, nachdem er ihre Untreue klar erkannt hatte. Der Mann des bad good Girl dagegen findet den Gedanken, daß sich auch andere Männer für sein Mädchen interessieren, eher erregend; und wenn sich herausstellt, daß sie mit dem anderen nicht allzu weit gegangen ist, ist das Happy-End nahe.

Die beiden Films noirs, die den zwiespältigen Charakter des bad good Girl in seiner ganzen Tiefe ausloten, sind GILDA und THE BIG SLEEP. Gilda versucht buchstäblich alles, um zwei Drittel des Films hindurch als böse zu erscheinen und die Aufmerksamkeit des Mannes zu erregen, der sie einst verlassen hatte und nun den Gleichgültigen spielt. Sie gibt sich den Anstrich ausgiebiger Promiskuität und stört die Freundschaft ihres ehemaligen Geliebten zu dem Mann, mit dem sie nun verheiratet ist. Mit ihren heftigen Flirts ärgert sie sowohl Ehemann wie Exfreund, tanzt aufreizend, macht einen Beinahe-Striptease in einem Nachtlokal und singt ein Lied, das eine ironische Paraphrase ihrer Rolle darstellt: *Put the Blame on Mame*. Dazwischen beteuert sie immer wieder, nur den Helden zu lieben. Dieser glaubt ihr natürlich lange nicht, verwechselt Anschein mit Sein, doch am Schluß

* Dieser Begriff geht zurück auf Wolfenstein/Leites, die ihn in ihrem 1950 veröffentlichten Buch *Movies. A Psychological Study* prägten – allerdings in der Form *good-bad girl*, die aber weniger deutlich werden läßt, daß das »Gute« den eigentlichen Charakter des Mädchens ausmacht. Wolfenstein/Leites definieren diesen Frauentypus: »She is a good girl who appears to be bad. (...) The hero suspects that she is bad, but finally discovers this was a mistaken impression.«[2]

Abb. 6: Energie und Erotik: das bad good Girl als männliches Wunschbild – Rita Hayworth in GILDA.

begreift auch er, alles war nur ein raffiniertes Spiel, um *ihn* zurückzugewinnen – was ihr damit auch gelungen ist. Überraschend und neu am Verhalten des Mannes ist vor allem, daß er, der so sehr vom schlechten Charakter der Frau überzeugt ist, sie dennoch nicht zugunsten einer braveren verläßt. Offensichtlich ist die Faszination, die von der »bösen« Frau ausgeht, zu groß – er fühlt sich von ihr abgestoßen und zugleich zu ihr hingezogen.

Ähnliches gilt für THE BIG SLEEP. Marlowe verdächtigt die ältere der beiden Töchter seines Auftraggebers lange Zeit, mit einem Spielklubinhaber, der sich auch als Mörder erweist, gemeinsame Sache zu machen und seine Nachforschungen zu hintertreiben. Dann stellt der Detektiv fest, daß die Motive der Frau ehrenhaft waren: Sie versuchte nur, ihre erpreßte Schwester zu schützen. Als sie dann noch das Leben des Detektivs rettet, hat sie sich als good Girl rehabilitiert und – auch im liberalen Film noir stößt die Emanzipation der Frau rasch an Grenzen – sich somit der Zuneigung des Mannes als »würdig« erwiesen.

Entfremdung (1945–1949)

Als 1945 die GIs von den Kriegsschauplätzen in die Heimat und zu ihren Familien zurückkehrten, brachten sie große Erwartungen mit. Die Erinnerung an Zuhause und die Vorfreude auf den begeisterten Empfang, den die Bevölkerung den strahlenden Siegern wohl bereiten würde, dienten ihnen in den Schützengräben als moralisches Stärkungsmittel; und die quälenden Gedanken, was die zurückgelassenen Frauen, Freundinnen und Familienangehörigen wohl ohne sie machten, wie sie zurechtkämen, hatten sie verdrängt durch ihren Glauben ans Traumland Amerika. Für die meisten der zehn Millionen Kriegsveteranen war die Enttäuschung äußerst bitter. Sie waren ihren Angehörigen fremd geworden und hatten Jahre ihres Lebens vergeudet. Auch wollten sich die berufstätigen Frauen, die ihre Arbeit als ebenso patriotische Leistung ansahen wie den Kampfeinsatz der Männer, nicht so einfach an den heimischen Herd zurückschicken lassen – wie sich dies die Bosse aus Wirtschaft und Politik und wohl auch viele der ehemaligen Soldaten so schön ausgerechnet hatten. Andererseits waren die Männer nicht bereit, den Frauen neue Rechte einzuräumen wie nach dem Ersten Weltkrieg. Diesmal gebärdeten sich die Konflikte zwischen Mann und Frau schärfer; auch deshalb, weil die Frauen sexuell freier geworden waren, was die dem Umgang mit dem anderen Geschlecht entwöhnten GIs verunsicherte.

Stellvertretend für viele Kriegsteilnehmer faßte 1946 ein ehemaliger

Korrespondent der *Stars and Stripes* seine Ressentiments gegenüber den Frauen in einem Artikel für das *New York Times Magazine* zusammen: »Being nice is almost a lost art among American women. They elbow their way through crowds, swipe your seat at bars und bump and push their way around regardless. Their idea of equality is to enjoy all the rights men are supposed to have with none of the responsibilities.«[3] Aber nicht nur weil eine Frau seinen Job möglicherweise »besetzt« hatte – oder auch nur seinen Platz an der Bar –, fiel dem Veteranen die Eingliederung ins Zivilleben schwer. Er war daran gewöhnt, Befehle auszuführen, und nicht, eigenverantwortlich Entscheidungen zu treffen oder sich rasch auf neue Situationen einzustellen; und nach der Tätigkeit des Kämpfens bedeutete ein Achtstundenjob eine enorme Umstellung.
Nicht nur war die Frau unabhängiger geworden, auch seine Kinder waren dem Mann entwachsen, sie kamen alleine gut zurecht und lehnten sich gegen den neuen alten Vater auf: Er bekam den Eindruck, nicht mehr gebraucht zu sein. Daraus resultierten Minderwertigkeitsgefühle und Depressionen. Gegen die Entfremdung des Veteranen von Familie und Gesellschaft konnten auch die Regierungsmaßnahmen zur Wiedereingliederung der GIs (kostenlose Ausbildung, Kreditgewährung etc.) nur wenig ausrichten – das psychologische Moment erwies sich als stärker. Die enorme Vergrößerung der Städte, Wohnungsnot, Versorgungsmängel, eine Welle von heftigen Streiks nach Jahren der Streiklosigkeit und neue Rassenunruhen bereiteten auch allen anderen Amerikanern Sorgen, obwohl die befürchtete Wirtschaftsdepression ausblieb und allenfalls die Inflation zunahm.
Hollywood, nun wieder mit kompletter männlicher Darstellerriege ausgestattet, reagierte rasch auf die Ängste der Männer, die erneut den überwiegenden Teil der Kinosessel eingenommen hatten. Die Anliegen des Frauenpublikums wurden wieder zu Minderheitenproblemen gestempelt und mußten angesichts der schweren männlichen Krise zunächst zurückstehen. Die Films noirs dieser Nachkriegsphase zeigten ihrer Umgebung entfremdete Männer, die sich plötzlich und schuldlos in Situationen wiederfanden, deren sie nicht Herr zu werden vermochten, die sie nicht einmal im vollen Umfang erfaßten. Es beginnt die Phase der Opfer. Nicht wie der Detektiv an dem Verbrechen unbeteiligt sind die Antihelden, sondern heftig darin verwickelt – es wird ihnen angetan. Von wem, müssen sie oft erst mühsam herausfinden und begreifen sie gelegentlich nie. Was lag näher, als den Kriegsheimkehrer, von dessen Problemen jedermann so viel sprach, zur Hauptfigur des Film noir zu machen?
Es entstand eine lange Reihe von Films noirs über enttäuschte Vetera-

nen, die ihre Konfrontation mit den zivilen Verhältnissen als schmerzliche Entfremdung erleben. Immer wieder wird ein Ex-GI zu Unrecht verdächtigt, verfolgt, verhaftet und verurteilt, wird von Polizei und/oder Verbrechern gejagt und leidet an einer Einsamkeit, die er nicht wie der Schnüffler mehr oder weniger frei gewählt hat, sondern die ihn wie eine Krankheit packt. Seine Frau, sofern er je eine hatte, hat sich von ihm gelöst, ist in subsoziale Sphären »abgerutscht« oder – schlimmer noch – in bessere Kreise aufgestiegen, hat sich mit anderen Männern eingelassen. Oder sie ist ermordet worden, und der Veteran muß als Mordverdächtigter gleichzeitig um den Beweis seiner Unschuld und um die Aufklärung des Mordes an seiner Frau kämpfen. Ein schweißtreibender Alptraum, der nicht mit dem Erwachen endet. Wenn die zurückkehrenden Soldaten solche Morde auch nur in wenigen Fällen tatsächlich ausführten, mit dem Gedanken hatte gewiß mancher gespielt.

In mehreren Filmen über den Kriegsveteranen reicht die Entfremdung noch tiefer, bezieht sich auch auf die eigene Persönlichkeit. Der Mann leidet an Amnesie und psychischen Krisen, kennt gelegentlich seine eigene Herkunft nicht mehr und muß manchmal im Lauf der Handlung feststellen, daß er keineswegs der Held ist, als den er sich sieht, sondern (vor dem Krieg) ein gesuchter Verbrecher war oder sogar noch ist. Er muß sich vor der Gesellschaft verstecken wie vor seiner Vergangenheit, ja vor sich selbst. Wie ein Somnambuler irrt er durch die Straßen einer Welt, die ihm keinen Platz reserviert hat. Im häufigen Rückgriff auf das Amnesiethema, das meist jenseits aller klinischen Wahrscheinlichkeit ausgewalzt wurde, zeigt sich nicht zuletzt auch das nach dem Krieg rapide gewachsene, aber oberflächliche Interesse an Psychologie, die wohl für viele Amerikaner eine Art moderne schwarze Magie darstellte.

Bereits 1945 drehte Edward Dmytryk mit CORNERED den ersten dieser Veteranenfilme und benutzte gleich ein paar der wichtigsten Topoi: Ein Kriegsheimkehrer sucht den Mörder seiner französischen Frau, der sich als ein Nazisympathisant der Regierung von Vichy entpuppt. Die Hetzjagd führt ihn durch halb Europa und nach Argentinien, bis er den Mörder seiner Frau töten kann – bezeichnenderweise in einer »Absence«, die er sich als Kriegsleiden zugezogen hatte. Dieser Plot stellt mit den weitläufigen Schauplätzen und durch den direkten politischen Bezug eine Ausnahme dar. Auch der Heimkehrer, der in dem nach einem Woolrich-Roman gedrehten THE CHASE (1946) als Chauffeur Fuß zu fassen versucht und mit der Frau seines wohlhabenden, kriminellen Arbeitgebers durchbrennt, ist eher atypisch.

THE BLUE DAHLIA aus demselben Jahr dagegen, zu dem Chandler das

Originaldrehbuch verfaßte, umreißt das Sujet in jener Form, die von nun an immer wieder variiert wird. Der Heimkehrer muß erfahren, daß seine Frau ihm untreu war, und er verläßt sie enttäuscht. Als sie kurz darauf tot aufgefunden wird, ist er der Verdächtige Nummer 1 und muß vor den Cops fliehen. Seine Kumpane helfen ihm ebenso wie die zum Standardrepertoire gehörende mysteriöse Frau, die ihn über den Verlust hinwegtröstet. Gegen Ende deutet sich an, daß einer seiner Kriegskameraden, der an Anfällen leidet, die Frau umgebracht haben könnte – aber der Schuldige ist dann doch nur ein gewöhnlicher Erpresser.

In DEADLINE AT DAWN (1946), wo zwar kein Veteran, aber ein Seemann den Mord an einer Frau aufklären muß, steigert sich die Hektik der Suche – ein Kampf auch gegen die Uhr, denn bei Dämmerung muß der Held wieder auf seinem Schiff sein. Daß er fürchten muß, selbst der Mörder zu sein, klingt in dieser Story nur an. Der an Amnesie leidende Veteran in SOMEWHERE IN THE NIGHT (1946) kommt weniger gut weg. Er entlarvt sich tatsächlich selbst, wenn auch nicht als den gesuchten Mörder, doch immerhin als ziemlichen Schurken, was ihn nicht minder entsetzt.

Der Amnesist aus HIGH WALL (1947) muß gar aus einer psychiatrischen Anstalt fliehen, um den Mord an seiner Frau aufklären und sich selbst von dem Verdacht befreien zu können. Dies gelingt nur wieder mit der Hilfe einer anderen Frau. Bogart klärt in DEAD RECKONING (1947) den Mord an einem Kriegskameraden und wird dabei von dessen ehemaliger Freundin ebenso reingelegt, wie er ein Jahr darauf von der Witwe seines gefallenen Kameraden in KEY LARGO mit offenen Armen empfangen wird. In beiden Filmen hat er obendrein noch eine ganze Gangsterbande gegen sich.

Völlig am Boden zerstört und noch entfremdeter als sonst erscheint der Heimkehrer (und frühere Erpresser) in RIDE THE PINK HORSE (1947). Einzig der Gedanke an Abrechnung hält ihn in Bewegung und überhaupt am Leben. Eine offene Rechnung will auch der Veteran in THE CROOKED WAY (1949) begleichen, und er tauscht seine Amnesie gegen die bittere Erkenntnis, ein Gangster gewesen zu sein.

Weniger entfremdet zeigt sich der im Krieg ausgebildete Experte für Kunstfälschungen in CRACK-UP (1946), der aber auch eine tapfere Journalistin als Freundin hat. Seine »Amnesie« ist nicht wie sonst ein Souvenir aus den Kriegsjahren, sondern »nur« durch Pentothal*, der Lieblingsdroge des Film noir, verursacht. Der Veteran in THIEVES' HIGHWAY hat ähnlich geringe Anpassungsprobleme, da sein Dasein

* Eigentlich ein Narkotikum, das in den USA gerne als »Geständnismittel« benutzt wird.

durch die Rache für seinen von einem verbrecherischen Fernfahrersyndikat zum Krüppel gemachten Vater ein Ziel bekommt. Er belastet sich nicht mit der Verarbeitung seiner persönlichen Vergangenheit, konzentriert sich statt dessen ganz auf die Gegenwart und die Zukunft. Hier kündigt sich das Ende der Heimkehrer-Problematik an. 1949, als der Film entstand, sind die Veteranen weitgehend in die Gesellschaft reintegriert und wenden sich anderen Dingen zu – etwa ihrem beruflichen Aufstieg. Der im selben Jahr aufgeführte ACT OF VIOLENCE, in dem sich ein Heimkehrer an einem Kameradenverräter rächt, zeigt die Interessenverlagerung überdeutlich: Nicht mehr der Veteran ist die Zentralfigur, sondern der von ihm Gejagte, der seine sichere gesellschaftliche Position unter dem Druck der Verfolgung verliert. So ist am Ende der zweiten Phase des Film noir der längst wieder etablierte Bürger das Opfer und nicht weiter der immer noch unangepaßte, mit seiner Vergangenheit belastete Kriegsheimkehrer.

Drei Filme beschäftigen sich mit dem entlassenen bzw. entflohenen Strafgefangenen, dessen Wiedereingliederung ihm ähnliche Alpträume beschert wie dem Veteranen. In THE DARK CORNER (1946) ist es – das bringt die Nähe zur Phase eins mit sich – ausgerechnet ein Privatdetektiv, der unschuldig verurteilt worden ist und nun, freigelassen, in den Verdacht des Mordes an seinem betrügerischen Expartner gerät. I WALK ALONE (1948), ein bezeichnender Titel, zeigt noch deutlicher, womit der Exhäftling fertig zu werden hat – mit dem Wandel der Zeit: Ein von den Prohibitionsjahren geprägter Mobster bestaunt nach 14jährigem Gefängnisaufenthalt fassungslos die modernen Konzern- und Managementmethoden der Gangster, an denen sein anachronistisches Brutalo-Gehabe aufläuft.

Bogart, in DARK PASSAGE (1947) zu Unrecht im Knast, bricht aus, um den Mord an seiner Frau zu klären, der ihm den Aufenthalt in San Quentin eingebrockt hat. Nachdem auch sein bester Freund getötet worden ist, setzt er sich nach Peru ab, wohin ihm seine neugewonnene, hilfreiche Freundin, die an seine Unschuld glaubt, folgt. Die ursprünglich angestrebte gesellschaftliche Rehabilitierung gelingt nicht; er resigniert in seinen Bemühungen und verliert dabei sogar seine Identität: Eine Gesichtsoperation verändert sein Aussehen völlig. Dieser auch seiner selbst entfremdete Antiheld wird im Lauf seiner Entwicklung mit drei unterschiedlichen Frauentypen konfrontiert. Er hatte sich mit seiner Ehefrau auseinandergelebt, sie war ihm gleichgültig geworden, und seine späteren Handlungen motiviert nicht so sehr der Wunsch, den Tod seiner Frau zu rächen, sondern der, seine Freiheit wiederzuerlangen. Die »böse Frau«, die Mörderin, ist

eine Freundin seiner Ehefrau, die ihn für sich haben wollte und, als er sich verweigerte, zu ruinieren trachtete – sie beschuldigte ihn vor Gericht und tötet später lieber sich selbst, als ihn zu entlasten. Die dritte im Bunde ist die gute, leicht emanzipierte Frau, die der Mann zwar als Hilfe gerne in Anspruch nimmt, vor der er aber wegen ihrer Selbständigkeit zurückschrickt und wegen ihrer Überlegenheit, die sich auch in ihrem nicht unerheblichen Vermögen ausdrückt. Erst in letzter Sekunde kann der Mann seinen Horror vor einer neuen Bindung überwinden und entscheidet sich dafür, der Frau einen Platz in seiner Zukunft einzuräumen.
Zahlreiche Parallelen zu diesem Plot finden sich im selben Jahr in NORA PRENTISS: Ein Arzt nimmt die Identität eines Toten an, verändert sein Aussehen durch eine (in diesem Fall unfreiwillige) Gesichtsoperation und – das Schicksal schlägt noch eine Kapriole mehr – gerät in die Todeszelle wegen des angeblichen Mordes an dem Arzt, der in Wirklichkeit er selbst ist.

Wenn der entfremdete Kriegsheimkehrer in der gesamten Nachkriegsphase des Film noir und selbst noch nach 1949 immer wieder thematisiert wurde, so entsprach dies doch schon bald nicht mehr ganz dem Stellenwert seiner Problematik in der Gesellschaft, zumal bis 1947 bereits drei Millionen Frauen ihre Jobs wieder zugunsten der Männer geräumt hatten. Die Amerikaner hatten die Umstellung zum Frieden nach wenigen Jahren geschafft und schlugen sich mit neuen Problemen herum. Auch die Filmindustrie blieb nicht verschont. Zwar war das erste Nachkriegsjahr 1946 das bei weitem umsatzstärkste, aber von 1947 bis 1955 fielen die Zuschauerzahlen unaufhaltsam auf die Hälfte. Dem Film war ein Konkurrent entstanden, den er nie mehr loswerden würde: das Fernsehen. Hinzu kamen ein breiteres Angebot an Freizeitmöglichkeiten und die zunehmende Motorisierung. Die Leute fanden heraus, daß ein Kinobesuch nicht die einzige Zerstreuungsmöglichkeit darstellte.
Aber Hollywood hatte mit ganz anderen Existenzbedrohungen fertig zu werden, von denen die beiden größten seltsamerweise aus dem Jahr 1938 herrührten. Bereits Mitte dieses Jahres waren die fünf Major-Studios* angeklagt worden, unter anderem mit ihrer Betätigung in allen drei Sparten des Filmbusiness (Produktion, Verleih, Kino) gegen die Anti-Trust-Bestimmungen verstoßen zu haben. 1946 wurden sie nun dazu verurteilt, von ihrem Blockbuchungs-System, das

* Paramount, Loew's (bzw. MGM), 20th Century-Fox, Warner Brothers und RKO; später auch die kleineren Studios Columbia, Universal und United Artists.

den Kinobesitzern komplette Filmstaffeln aufzwang, abzugehen und sich obendrein von ihren jeweiligen Kinoketten zu trennen. Diese »Entflechtung« wurde allerdings im Schneckentempo durchgeführt und dauerte bis 1953; auf den Film noir hatte sie zunächst noch keine Auswirkung. Ebenfalls 1938 wurde das *House Committee on Un-American Activities*, kurz HUAC, eingesetzt, das sich aber keineswegs, wie eigentlich vorgesehen, den faschistischen, sondern kommunistischen »Umtrieben« widmete und auch Roosevelts New-Deal-Reformpolitik zu hintertreiben suchte. Durch die Kriegszeit in seinen Aktivitäten gebremst, verschrieb sich das Komitee ab Oktober 1947 ganz der Jagd auf tatsächliche oder vermeintliche »commies« in Hollywood. Von den zahlreichen Verdächtigten, die vor das Komitee zitiert wurden, verweigerten schließlich 19 unter Berufung auf die Verfassung die Antwort auf die stereotype Frage nach der Zugehörigkeit zur Kommunistischen Partei. Zehn dieser »unfreundlichen Zeugen« gingen drei Jahre später für sechs bis zwölf Monate ins Gefängnis. Nach einem äußerst schwachen Solidarisierungsversuch seitens einiger Filmschaffender, allen voran Bogart und Lauren Bacall, erklärte Eric A. Johnston, der Präsident der Vereinigung der Produzenten und Verleiher (MPAA), im sogenannten Waldorf-Statement, daß Hollywood keine Kommunisten in seinen Reihen dulden oder gar beschäftigen würde.
Das HUAC-Beben, das Hollywood so heftig erzittern ließ, war aber nur Symptom einer gesellschaftlichen Entwicklung seit Kriegsende, die Eingang in den Film noir fand. Im August 1945 explodierten über Hiroshima und Nagasaki die beiden Atombomben der Amerikaner und bescherten ihnen den zweifelhaften Vorrang, einzige Atommacht zu sein und das »Gleichgewicht des Schreckens« zu ihren Gunsten aus der Balance gebracht zu haben. Doch im selben Jahr noch begann sich der Konflikt mit dem einstigen Verbündeten Sowjetunion abzuzeichnen, der sich bis spätestens 1947 zu einem kalten Krieg verdichtete. Damit nicht genug, erwuchs daraus eine geradezu hysterische Furcht vor dem Kommunismus – wobei unter diesem Etikett alles halbwegs Aufgeschlossene oder Intellektuelle gleich mitverdammt wurde. Der »red scare« richtete sich nicht nur gegen den Feind im Osten, auch gegen den im eigenen Land, und im Nu machte sich überall manische Gesinnungsschnüffelei breit und die Suche nach »Verrätern« in den eigenen Reihen. Die 1948 beginnende elfmonatige Berlinblockade tat ihr übriges, um die amerikanische Nation in tiefe (Selbst-)Zweifel und Depressionen zu stürzen.
Mit geradezu masochistischem Vergnügen reflektierten Hollywoods Filmemacher die Nachkriegsängste der Amerikaner, auch über das Leitbild des Veteranen hinaus, in weiteren negativen Heldenfiguren,

denen jeder Gedanke an die Zukunft ebenso als Vergeudung vorkommen mußte wie einem zum Tode Verurteilten auf dem Weg zum Galgen.
Die wohl resignierteste Figur des Film noir stellt Burt Lancaster in dem 1946 nach der gleichnamigen Short story von Hemingway gedrehten THE KILLERS dar. Der entfremdete Held hat keinerlei Überlebenswillen mehr, er weiß, daß er der Schuld seiner Vergangenheit nicht entkommen kann, und erwartet gleichgültig seine Killer. Er scheint mit dem Leben abgeschlossen zu haben. Ganz anders Orson Welles in seinem THE STRANGER aus demselben Jahr, wo der in einer Kleinstadt untergeschlüpfte und zum Ehrenmann aufgestiegene KZ-Kommandant lange Zeit die Taten seiner Vergangenheit durch neue zu verdecken sucht, bis er aufgibt.
Während diese Männer in der Gegenwart eher als Opfer erscheinen (selbst der von Welles differenziert gezeichnete Nazi) und ihre verbrecherischen Taten ganz oder zu einem wesentlichen Teil in der Vergangenheit liegen, so geraten auch völlig Unschuldige in die Fänge eines Schicksals, das sie zu Entfremdeten macht: In DESPERATE (1947) werden ein gänzlich unbeteiligter Mann und auch seine Frau Opfer skrupelloser Verbrecher. Den beiden Frischvermählten hilft auch die Flucht aufs Land nur wenig, erst im letzten Moment können sie gerettet werden. Diesen Plot variiert noch im selben Jahr derselbe Regisseur, Anthony Mann, in RAILROADED, worin ein Unschuldiger als Gangster denunziert wird. Dieses Thema des »wrong man« verfestigt sich rasch zum Topos der Darstellung hilfloser, entfremdeter Charaktere bis hin zu Hitchcocks so auch betiteltem Spät-noir von 1956: THE WRONG MAN. Weitere Varianten des (zumindest teilweise) falschen Verdachts zeigen JOHNNY O'CLOCK (1947), in dem die Titelfigur in ihren Bemühungen resigniert und sich den Behörden stellt, und FEAR IN THE NIGHT (1947) – und dessen Remake NIGHTMARE (1956) –, wo ein Mann einen Mord begeht, allerdings nur unter Hypnose, er also im rechtlichen Sinne keine Schuld trägt. Ebenso unschuldig-schuldig ist der Hellseher in THE NIGHT HAS A THOUSAND EYES (1948), der den Tod anderer voraussehen, aber nicht verhindern kann. Seine »Gabe« entfremdet ihn seiner Frau, seinem Job, seiner Umgebung, und er zieht sich für fünf Jahre als Einsiedler zurück.
Entfremdung hart an der Grenze zur Neurose oder darüber hinaus zeigen selbst Figuren, deren psychische »Normalität« bislang stets als Conditio sine qua non erschien: der Detektiv und der kapitalistische Unternehmer/Gangster. Wie sich in THE DARK CORNER bereits andeutete, flippt auch der Detektiv aus: In SO DARK THE NIGHT (1946) muß ein Mitglied der Pariser Sûreté bei der Aufklärung eines Mordes sich

Abb. 7: Jäger und Gejagter in einem: Bei der Verfolgung eines mutmaßlichen Mörders stellt ein Kriminaljournalist (Ray Milland, links) fest, daß er selber der Gesuchte sein soll – der wahre Täter aber ist sein Boß (Charles Laughton). THE BIG CLOCK.

selbst als Täter entlarven. RUTHLESS (1948) und noch deutlicher THE GANGSTER (1947) zeigen, daß die Entfremdung nicht einmal vor dem verbrecherischen Selfmademan haltmacht. Der Mobster findet trotz Aufstieg und Reichtum einfach keine Befriedigung, sein »Beruf« bedeutet ihm nichts. Auch dem Zeitungsmann droht die Freude an seinem Job abhanden zu kommen. In THE BIG CLOCK (1948) dämmert es einem auf Kriminalfälle spezialisierten Journalisten erst nach längerer Zeit, daß er selbst der Verdächtigte ist, hinter dem er bereits eine ganze Weile hergejagt ist. Er muß sehen, wie er diesen Verdacht wie-

der loswird, und sich obendrein vor seinem Verleger schützen, der ihn töten will und der wirkliche Mörder ist.
Den Berufssportler trifft die Entfremdung durch seine Karrieregeilheit. Der Boxer in BODY AND SOUL (1947) opfert beides, Körper und Seele, für den Weg nach oben, auf dem er Familie und Freunde hinter sich zurückläßt, und verstrickt sich in der korrupten Welt; und wenn er in THE SET-UP (1949) sich gegen die betrügerischen Kampfabsprachen auflehnt, verliert er seinen Beruf und seine Identität als Profi. Ebenso eine Nummer zu klein für das, was er vorhat, ist der aufstrebende Ringkampfpromoter in NIGHT AND THE CITY (1950); er gerät zwischen alle Fronten.
Die Festungen von Ehe und Familie beginnen zu bröckeln. In CRISS CROSS (1949) geht der Mann so weit, daß er einen Raubüberfall durchführt, nur um seinen Nebenbuhler auszuschalten und seine Frau zurückzugewinnen. HOUSE OF STRANGERS (1949) zeigt den Verfall der italo-amerikanischen Großfamilie, ausgelöst durch das Fehlverhalten des Patriarchen. Selbst dem Kind werden in THE WINDOW (1949) plötzlich die Eltern zu Fremden, weil sie ihm nicht glauben, daß es nebenan tatsächlich einen Mord beobachtet hat, und es sich bei den »freundlichen« Nachbarn entschuldigen soll.

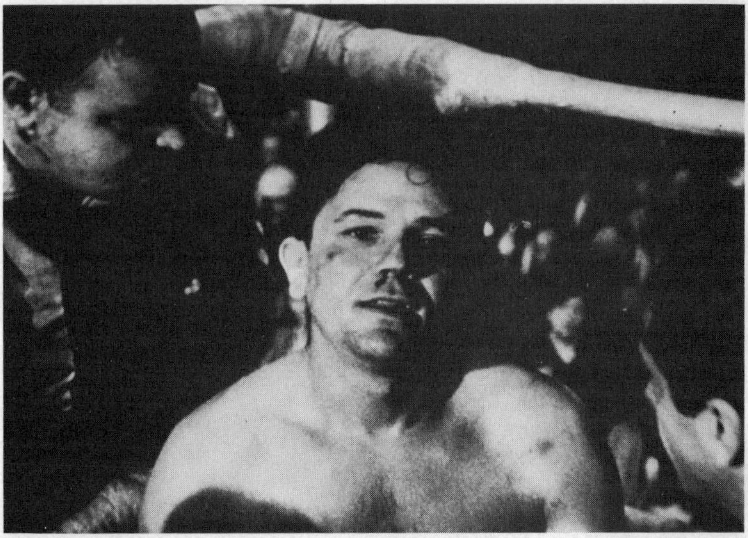

Abb. 8: Der Boxer (John Garfield) als Opfer einer dollarfixierten Welt – ihn trifft die Entfremdung gleichermaßen physisch wie psychisch, in BODY AND SOUL.

Der Mann verliert seine Kontrolle über sich auch durch seinen Alkoholkonsum, der ihn zum Außenseiter stempelt und ihm seine Persönlichkeit raubt, wobei der Film noir, wie stets, den psychischen Aspekt wichtiger nimmt als den sozialen. THE LOST WEEKEND (1945) zeigt einen gescheiterten Schriftsteller, der an einem einsamen Wochenende rückfällig wird. In BLACK ANGEL (1946) ist der alkoholkranke Musiker zwar Sympathiefigur, aber, wie er am Schluß erkennen muß, auch der Mörder seiner Frau. Genau umgekehrt präsentiert IN A LONELY PLACE (1950) einen alkoholkranken Drehbuchautor als zunehmend negativen Charakter, der aber am Ende dann doch nicht der Mörder einer Frau war.

Ebenso wie der Mann ist die Frau im Nachkriegs-Film-noir Verfolgung, Unterdrückung, Leid und Entfremdung ausgesetzt. Während in der Kriegsphase die selbstbewußte Frau dem Mann noch opportun und akzeptabel erschien, zeigte in der Nachkriegszeit das Patriarchat, das sich in seinem Stabilisierungsprozeß durch die starke Frau gefährdet sah, zwei Reaktionsweisen, aus denen der Film noir zwei stereotype Frauenrollen destillierte. Diese gehören zusammen wie die beiden Seiten ein und derselben Medaille: Entweder die Frau ist schwach und wird zum masochistischen Opfer männlicher Aggression, oder sie wird dämonisiert zur Femme fatale, die ihre sexuelle Attraktivität skrupellos einsetzt und für ihren Wunsch nach Unabhängigkeit, Macht und Besitz biedere Männer ruiniert. Aber auch in diesem Fall ist die Frau in erster Linie Opfer – das Opfer ihrer eigenen Ambitionen.

Wohl infiziert von dem weiter wachsenden Interesse an trivialisierter Psychologie kristallisierte sich in den Films noirs der zweiten Phase das Stereotyp eines psychopathischen Mörders heraus, der seltsamerweise gerade die schwache, an körperlichen und/oder seelischen Gebrechen leidende Frau als Opfer wählt. Der Psycho-Killer ist, als Täter, eigentlich eine Figur der dritten Phase des Film noir. Der Unterschied liegt im Blickwinkel: In der Phase zwei ist die Frau als Opfer die Identifikationsfigur, während bei ansonsten gleicher Konfliktkonstellation in der folgenden Phase der Täter als zentraler Charakter zur Identifikation zwingt.

Daß in der Nachkriegszeit die Aggression des Mannes sich vorwiegend gegen die schwache, betont feminine Frau richtet, erklärt sich auch aus dem Schutzanspruch gerade dieser Frauenfigur, der den Mann, selbst schutzbedürftig, zusätzlich belastet. Er wird in eine ausgesprochen männliche Rolle gedrängt, die er, im Augenblick zumindest, nicht auszufüllen vermag. Als spiegelbildliche Ergänzung dazu manifestieren sich in der Opferrolle der Frau auch deren Ängste vor dem heimkehrenden Mann. Erst jetzt verklärt kein Zweckpatriotismus länger das »Kriegshandwerk«, und die Frau quält der Gedanke, daß der Mann an der Front töten gelernt hat. Er tötet nun auch im Zivilleben, zumindest aber fürchtet die Frau, er könne dies tun – besonders, da er ihr nicht nur fremd, sondern oft auch unbeherrscht und gewalttätig vorkommt. Auf diese Art ergänzen sich die Aggressionen der Männer und die Ängste der Frauen und werden auf der Kinoleinwand als Vereinigung von männlichem Sadismus mit weiblichem Masochismus stellvertretend und um so lustvoller für eineinhalb Stunden dargeboten.

THE ACCUSED (1949) zeigt exemplarisch, wogegen sich die Aggression des Mannes in erster Linie richtet: gegen berufliche Selbständigkeit und sexuelle Selbstbestimmung. Eine junge Psychologin muß sich vor Gericht wegen Mordes verantworten, weil sie den Vergewaltigungsversuch eines ihrer Studenten nicht hinnimmt und zurückschlägt. Bezeichnenderweise war dieser überzeugt, ihr mit der Vergewaltigung auch noch einen Gefallen zu tun, weil sie schließlich »gemütskrank«, das soll wohl heißen: frigide sei. Aber Ende der 40er scheint die Frau bereits wieder im Kampf um ihre Rechte irritiert: Die Psychologin bezweifelt zeitweise ihr Selbstverteidigungsrecht und macht einen Suizidversuch.

Die Sehnsucht nach sozialem Aufstieg führt die Frauen in eine Ehehölle, aus der es nur selten ein Entrinnen gibt. Ein unbedarftes Model heiratet in CAUGHT (1949) einen sie quälenden Millionär, den sie erst nach dem Verlust ihres ungeborenen Babys wieder verlassen kann. POSSESSED (1947) schildert, wie die – nicht ganz so unbedarfte – Frau in ihrer Ehe mit einem reichen Witwer einen psychischen Zusammenbruch erleidet und ihren früheren Geliebten im Affekt tötet. In BEYOND THE FOREST (1949) versucht die Frau, um jeden Preis ihren spießigen Ehemann und ihr Kleinstadtmilieu zu verlassen, aber sie stirbt, bevor sie Chicago, das Symbol ihrer Freiheitsträume, erreichen kann.

Der arglosen Frau wird von allen Seiten zugesetzt. Ihr Ehemann räumt sie in CONFLICT (1945) aus dem Weg, weil er ihre Schwester begehrt. Ihre Arbeitgeberin und deren erwachsener Sohn setzen sie in MY NAME IS JULIA ROSS (1945) unter Drogen, halten sie gefangen, rauben ihre Identität, erklären sie als geistesgestört und wollen sie umbringen, um den vorangegangenen Mord des Mannes an seiner Ehefrau (!) zu vertuschen. Aber selbst wenn die Frau, wie in BORN TO KILL (1947), den mörderischen Charakter ihres Ehemannes erkennt, vermag sie sich nicht zu wehren und wartet nur darauf, daß er sie tötet.

NIGHTMARE ALLEY (1947) zeigt, wie rücksichtslos der Mann seine Karriere verfolgt und dabei gleich drei Frauen nacheinander ausnutzt, bis die dritte sich endlich wehrt und ihn zu Fall bringt. Zwei Filme forcieren das Ausgeliefertsein der Frau dem Manne gegenüber, indem sie jeweils eine durch ein körperliches Leiden zusätzlich gehandikapte Frauenfigur zeigen. Ein stummes junges Mädchen ist in THE SPIRAL STAIRCASE (1946) einem psychopathischen, mutterfixierten Mörder ausgesetzt, der ausschließlich Frauen mit Gebrechen tötet; und die ans Bett gefesselte, kranke Frau in SORRY, WRONG NUMBER (1948) erfährt per Zufall, daß der Mörder, ihr eigener Mann, schon auf dem Weg ist, sie umzubringen. Die Leiden beider Frauen sind, das versteht sich für den Film noir fast von selbst, im übrigen psychosomatischer Natur.

Abb. 9: Gerade die schwache Frau ist bevorzugtes Opfer männlicher Aggression: Barbara Stanwyck in SORRY, WRONG NUMBER.

Nur ein einziger Film zeigt, daß auch die Frau sich aus ihrer Opferrolle befreien und wehren kann. Einer Hausfrau, deren Mann sich auf einer längeren Geschäftsreise im Ausland befindet, gelingt es in THE RECKLESS MOMENT (1949), den Schaden – der durch einen Erpressungsversuch und durch einen Mordverdacht droht – für sich und ihre Familie abzuwenden.
Die interessanteste Figuration der Nachkriegsfrau ist zweifelsohne die willensstarke, mit großer erotischer Anziehungskraft ausgestattete Femme fatale; durch sie erst kommt der Widerspruch männlicher Angst- und Lustphantasien in vollem Umfang ans Licht. Erst sie erfüllt aber auch das Bedürfnis der Zuschauerin nach starken weiblichen Vorbildern – zumindest, sofern die Frau im Kinosaal bereit ist, über die Verzerrung, mit der ihre Geschlechtsgenossin auf der Leinwand dargestellt ist, hinwegzusehen. Denn fast immer wird die Femme fatale wegen ihrer Überlegenheit über ihre männlichen Opfer, wegen der von ihr usurpierten »männlichen« Verhaltensweisen wie Aktivität, Kaltblütigkeit und Rationalität nicht nur dämonisiert, sondern auch mit dem physischen oder psychischen Tod bestraft.
Der erste Film, der die Dimensionen dieser Frauenfigur überraschend genau umschreibt, entstand schon 1944 nach dem Roman von James M. Cain: DOUBLE INDEMNITY. Ein Versicherungsvertreter lernt die attraktive Ehefrau eines ältlichen Klienten kennen, verliebt sich in sie und ist damit bereits in eine Falle getappt, aus der er sich nicht mehr befreien kann. Die Femme fatale benutzt den von ihrer erotischen Ausstrahlung paralysierten Mann als Werkzeug, um mit einem Schlag ihren lästigen Ehegatten loszuwerden und eine hohe Versicherungsprämie zu kassieren. Auch Nebenplots des Films umreißen Themen, die von seinen Nachfolgern immer wieder variiert werden. Zum einen wird die Beziehung von Mann und Frau durch die gemeinsam begangene Tat nicht gefestigt, sondern endet in Mißtrauen und Tod. Zum anderen zerstört die Frau auch die subtil homoerotische Männerfreundschaft zwischen dem Vertreter und dem älteren Versicherungsprüfer – entfremdet also ihr Opfer sowohl seinem Job wie auch seinem einzigen, väterlichen Freund. Was bei dem Veteranen der Krieg verursachte, löst bei dem Mittelschichtopfer die Femme fatale aus.
Dies zeigen insbesondere zwei sehr ähnliche Filme, in denen Edward G. Robinson als Biedermann jeweils der Erotik der von Joan Bennett verkörperten Femme fatale erliegt: THE WOMAN IN THE WINDOW und SCARLET STREET – der eine Anfang, der andere Ende 1945 uraufgeführt, und beide von Fritz Lang inszeniert. In dem ersten Film ist Robinson ein mittelalter Psychologieprofessor, der, als seine Familie

Abb. 10: Nur ein kleiner Schritt vom Wege, und schon ist der mittelalte Biedermann (Edward G. Robinson) durch die attraktive Femme fatale (Joan Bennett) in ein Verbrechen verwikkelt, das seine bürgerliche Existenz vernichtet – THE WOMAN IN THE WINDOW.

in den Ferien weilt, angesichts eines Frauenporträts in einem Schaufenster ins Schwärmen gerät, dann die Frau selbst kennenlernt und sich prompt in sie verliebt. Am Ende hat er in Notwehr einen Mann getötet und sich selbst vergiftet. In dem anderen Film lernt ein Bankkassierer und Amateurmaler eine Frau kennen, malt ein Porträt von ihr und verliebt sich. Gemeinsam mit ihrem Liebhaber legt die Femme fatale den Biedermann herein, der sich an ihr tödlich rächt. Für den Mord wandert zwar der Nebenbuhler ins Zuchthaus, aber auch das Leben des Kassierers ist zerstört.

Ähnlich ruiniert eine Reihe attraktiver Frauen zumindest die bürgerliche Existenz ihrer männlichen Opfer. In OUT OF THE PAST (1947) brennt ein Privatdetektiv mit einer Gangsterbraut durch und muß noch Jahre später dafür büßen. Gleich zwei Männer, wieder ein Privatdetektiv und wieder ein Versicherungsagent, gehen in PITFALL (1948) einer Frau in die Falle und veruntreuen die Beute aus einem Raub, den sie eigentlich aufklären sollten. Ein Staatsanwalt ruiniert wegen einer verführerischen Frau in THE FILE ON THELMA JORDON Ehe und Karriere. In diesem Film von 1950 kündigt sich aber bereits ein Wandel an: Am

Ende bekommt die Frau Skrupel und bereut – und darf heroisch Selbstmord begehen, anstatt bestialisch ermordet zu werden.
Schönen, selbstbewußten Frauen gehen auch zwei Helden auf den Leim, die wohl kaum zum bürgerlichen Mittelstand zählen und eigentlich gewitzter sein müßten. Ein Herumtreiber und Gelegenheitsjobber verliebt sich in eine junge Frau, läßt sich auf ihren Mordplan gegen den älteren Ehemann ein – und findet sich in der Todeszelle wieder: THE POSTMAN ALWAYS RINGS TWICE. Ein irischer Seemann kann sich in THE LADY FROM SHANGHAI erst im allerletzten Moment aus der beinahe tödlichen Umklammerung der mysteriösen Schönheit lösen, die ein verwirrendes Falschspiel mit ihm treibt. Beide Filme stammen aus dem Jahre 1946*, und beidesmal muß die Femme fatale für ihre Taten, d. h. vor allem für ihre Sexualität, mit dem Tode bezahlen.
Nur in dem letzten dieser beiden Filme überlebt der Mann das Abenteuer einigermaßen glimpflich. Dies gelingt sonst höchstens noch in THE STRANGE LOVE OF MARTHA IVERS, ebenfalls von 1946, in dem die Frau ihren alkoholkranken Ehemann mit Hilfe ihres Jugendfreundes loszuwerden versucht. Offensichtlich hat aber deren Attraktivität nachgelassen, der Mann läßt sich zum Mord nicht verführen und flieht. Die Frau ist »fatale« nur noch für sich und ihren schwachen Ehemann, mit dem sie gemeinsam Selbstmord begeht.
Zwei Filme von 1945 zeigen die Sexualität der Frau weniger als zerstörerisch für den Mann, denn als gestört: als inzestuöse Fixierung in THE STRANGE AFFAIR OF UNCLE HARRY, wo die Frau auch um den Preis des eigenen Todes die Hochzeit ihres Bruders verhindert, oder als ebenso eifersüchtiges Besitzergreifen über den Tod hinaus in LEAVE HER TO HEAVEN, in dem die Frau mordet, um ihren Ehemann ganz für sich zu haben. Sie tötet nicht nur den verkrüppelten Bruder ihres Mannes und ihr ungeborenes Kind, sondern inszeniert obendrein sorgfältig ihren Selbstmord, der ihren Mann und ihre Schwester als Mörder erscheinen lassen soll. Der Film zeigt die wohl »schwärzeste« Darstellung einer Frau im Film noir. Nahe daran reicht höchstens noch die ebenso böse wie attraktive Verbrecherin aus DECOY (1946), die ihre Partner eiskalt ermordet und ungerührt in den Tod geht.
Die Ambivalenz der Femme fatale, die aus gleichzeitiger Anziehung (Erscheinung) und Abstoßung (Wesen) resultiert, ist gelegentlich auf zwei Zwillingsschwestern aufgesplittet – von denen die eine die gute und die andere die böse Seite der Frau personifiziert –, die miteinan-

* THE LADY FROM SHANGHAI kam allerdings erst zwei Jahre später in die Kinos.

der in heftiger Fehde liegen: THE DARK MIRROR von 1946 und THE GUILTY aus dem Jahr darauf. Diese Plotvariante verkennt aber gerade die eigentliche Potenz der Frauencharaktere des Film noir: den Mann in der Story ebenso wie den im Zuschauerraum in einen unauflösbaren Zwiespalt zu versetzen.

Obsession (1949–1953)

Im September 1949 traf die amerikanische Gesellschaft ein weiterer Schock: Präsident Truman trat vor die Nation und mußte verkünden, daß das amerikanische Atomwaffenmonopol gebrochen war, daß nun auch die Sowjetunion erfolgreich eine A-Bombe gezündet hatte. Dies erfuhren die Amerikaner ausgerechnet zu der Zeit, als sie bereits von dem Prozeß gegen Alger Hiss in Atem gehalten wurden – einem ehemaligen Beamten des Außenministeriums, dem man Spionage für die Russen vorwarf. Obendrein zeichnete sich 1949 eine ernste Rezession ab, und die Arbeitslosenzahl schnellte auf viereinhalb Millionen.
Der nächste Schlag folgte postwendend. Mitte 1950 stürzten sich die USA kopfüber in eine neue außenpolitische Krise, als sie in dem Konflikt zwischen Nord- und Südkorea mitzumischen begannen und mit ihren Streitkräften die Truppen Südkoreas unterstützten. Bis Mitte 1953 dauerte dieser für die meisten wohl unfaßliche Koreakrieg, der die amerikanische Bevölkerung durch die unverhältnismäßig hohen Verluste eigener Soldaten und die ungeheuerlichen Kriegsgreuel beider Seiten bis ins Mark traf. Die Angst der Amerikaner vor der Gefahr aus dem Osten nahm neurotische Züge an.
1950 war auch das Jahr, in dem die Kommunistenhatz im Innern sich durch einen Senator aus Wisconsin namens Joseph R. McCarthy zu einer absurden »Hexenjagd« verdichtete. Es entwickelte sich ein antiintellektuelles, paranoides Gesellschaftsklima, vor dem viele Amerikaner in der Innerlichkeit ihrer Vororthäuschen Schutz suchten; insbesondere die sich nun wieder mit ihrem Hausfrauendasein zufriedengebende Amerikanerin. Erst als McCarthy ab April 1954 begann, sogar in der US-Army nach kommunistischen Verrätern zu suchen, brachte er sich selbst zu Fall. Bezeichnend für den Neokonservatismus der USA war schließlich, daß 1953 mit Dwight D. Eisenhower zum ersten Mal nach zwei Jahrzehnten wieder ein Republikaner ins Weiße Haus einzog.
In dieser von Paranoia und Neurosen geprägten Atmosphäre nach 1949 war es kein Wunder, daß der Film noir sich Charaktere schuf, die

von heftigen Obsessionen gepeinigt wurden. Schließlich war ja McCarthy selbst das irrwitzigste Beispiel eines Neurotikers, der seine große Manie in aller Öffentlichkeit ausleben durfte. Die Perspektive des Film noir verschob sich – vom entfremdeten Opfer zum besessenen Täter. Bereits im Nachkriegs-Film-noir waren nicht selten obsessive Killer aufgetaucht, allerdings als Gegenspieler der entfremdeten Männer und Frauen. Diese Psycho-Killer und verwandte Figuren rückten nun in den Brennpunkt der Stories, und die Zuschauer waren gezwungen, jede ihrer Tollheiten nachzuvollziehen.

Die erste Figur dieser Phase des Film noir wurde der obsessive Verbrecher, in dem sich die unheimliche Bedrohung der Gesellschaft von innen wie von außen in ihrer ganzen Irrationalität widerspiegelte. Die Steigerung der Entfremdung zur Obsession und das Exorzieren auch der letzten romantischen Relikte brachten es mit sich, daß die Filme nun den Charakter der Figuren einfach a priori setzten und keine Mühe mehr verschwendeten, irgendwelche soziologischen oder psychologischen Ableitungen zu finden, die etwa den Kriegseinwirkungen beim amnesischen Veteranen entsprochen hätten.

Schon 1947 stellt THE UNSUSPECTED einen besessenen Mörder in den Vordergrund der Handlung, der mit seinen Untaten seine Radiosendungen über berühmte Kriminalfälle bereichert. Aber der Film verleiht auch den Gegenfiguren noch großes Gewicht. Nach 1949 wird der vom Film noir (im Gegensatz zum – nicht organisierten – Verbrecher) verdrängte Gangster wiederbelebt und dem Stil adaptiert. Der charakteristische Unterschied: Der Gangster ist nicht wie im Gangster-Genre der 30er Jahre sozial, sondern psychologisch, d. h. durch seine Besessenheit, definiert. Diese Besessenheit aber geht über die »berufsbedingte« hinaus, sie ist nahezu immer auch Neurose.

THE GANGSTER mischt 1947 noch die Kennmarken der zweiten und der dritten Phase des Film noir: Hier ist der Gangster zwar psychopathisch konstituiert, sein aktueller Konflikt innerhalb der Handlung erwächst jedoch aus der Entfremdung von seinem Business. In THE DARK PAST (1948) dringen Gangster auf der Flucht in ein Haus ein und nehmen eine Familie als Geiseln. Doch der neurotische Anführer findet in dem Psychiater unter den Geiseln einen (auch im dramaturgischen Sinne) ebenbürtigen Gegner, der ihn letztendlich zum Aufgeben zwingt. Noch ist der Zuschauer nicht gezwungen, sich ohne rationalen Halt auf die Obsessionen der Verbrecher einzulassen.

Dies ändert James Cagney 1949 mit WHITE HEAT grundlegend. Gerade weil Cagney seit THE PUBLIC ENEMY von 1931 zu den drei wichtigsten genrebildenden Gangsterdarstellern zählt, erscheint seine Rolle in WHITE HEAT geradezu als revolutionär: Der Cagney-Gangster ist hier kein »Sozialschwacher« mehr, sondern ein mutterfixierter Neurotiker, dessen Ödipuskomplex geradewegs aus einem Lehrbuch für Psychologiestudenten zu stammen scheint. Beide Cagney-Filme, der von 1931 ebenso wie der von 1949, verweisen auch auf die Kindheit des Helden, mit gewichtigem Unterschied. In THE PUBLIC ENEMY wird er als Sechsjähriger von einem Polizisten gejagt, in WHITE HEAT täuscht er als Kind Kopfschmerzen vor, um die Zuwendung seiner Mutter zu erhalten. Davon ist er jeweils als Erwachsener geprägt: In WHITE HEAT leidet er nun unter heftigen Migräneanfällen, die nur seine Mutter zu lindern vermag. Auch die letzten Worte vor seinem Selbstmord, bei dem er sich selbst in die Luft jagt, sind für seine (inzwischen ermordete) Mutter bestimmt: »Made it, Ma. Top of the world!«

Cagney verkörpert in diesem Film eine der letzten großen Gangsterfiguren, die keine Weiterentwicklung mehr offenläßt – wie bereits auch Robinson in KEY LARGO ein Jahr zuvor eine andere Version des Endzeit-Gangsters ablieferte. Cagneys Versuch, seine Rolle in KISS TO-

Abb. 11: Nicht die Freundin (Virginia Mayo) ist dem obsessiven Gangster (James Cagney) wichtig – seine Leidenschaft gilt (neben dem Geld) seiner über alles geliebten Mutter, die ihn zu immer neuen Taten antreibt. WHITE HEAT – das Epitaph des Gangsterfilms.

MORROW GOODBYE ein Jahr später quasi zu verlängern, fällt deutlich flacher aus und verliert sich in Sadismen.

Der (ödipal-)sexuelle Hintergrund des Gangsters in WHITE HEAT wird zum fast plakativen Vordergrund in GUN CRAZY (1950). Ein Waffennarr und eine Kunstschützin bilden ein Gangsterpärchen, dessen Sexualneurosen sich in der Obsessivität ihrer Raubzüge entladen. Die begehrte Frau ist hier wie die geliebte Mutter Cagneys die eigentliche, treibende Kraft hinter dem ihr hörigen Mann.

Verglichen mit den bisher beschriebenen Berufsverbrechern ist der obsessive Killer in EDGE OF DOOM (1950) ein eher kleines Licht. Auch er, ein Blumenlieferant, zeigt eine starke Mutterbindung. Der Gangster in WHITE HEAT dreht durch, als er von dem Mord an seiner Mutter erfährt, der Blumenhändler läuft Amok, weil er seiner Mutter kein üppiges Begräbnis bieten kann, und erschlägt einen Priester stilvoll mit einem Kruzifix. Im selben Jahr tötet in RED LIGHT wieder ein rasender Mörder einen Kaplan, und zwar, um sich an dessen Bruder zu rächen.

STRANGERS ON A TRAIN (1951) verbindet das Thema des obsessiven Mörders, der diesmal seinen Vater aus dem Weg räumen will (womit dann nahezu alle Familienmitglieder durchgespielt worden wären), mit dem Thema des verzweifelten, unschuldigen Helden, der sich gegen den falschen Verdacht wehren muß. Die Idee des Neurotikers ist bizarr, aber genial: Er erklärt sich bereit, die lästige Ehefrau des ihm nahezu unbekannten anderen auszuschalten, wenn dieser dafür im Gegenzug den ebenso unbequemen Vater des ersten ermordet. Der potentielle Schock dieses Debütromans von Patricia Highsmith wird in der Verfilmung von Hitchcock jedoch film-noir-widrig verschenkt, indem dem Psycho-Freak ein positiver Held gegenübergestellt wird (der den zweiten Mord nicht ausführt), um dessen Sieg der Zuschauer bangt. Auch das 1951er-Remake des Lang-Films M, das einen in Los Angeles von Polizei und Unterwelt gejagten Kindermörder zeigt, ist kein perfekter Spät-Film-noir. Er löst eher Mitleid aus für den erbarmungslos gehetzten kranken Täter und ist beispielhaft nur in der Anwendung Freudscher Psychoanalyse (oder besser: was der Film noir darunter zu verstehen glaubt).

Ein noch schwächerer Film, BEWARE, MY LOVELY (1952), zeigt einen cholerischen Gelegenheitsjobber, der seine diversen Arbeitgeber umbringt – respektive es versucht – und seine Taten verdrängt. Der psychisch Gestörte wird als einsamer, auch sozial benachteiligter Mensch gezeichnet, der einen seiner Anfälle erleidet, als ein junges Mädchen ihn damit aufzieht, er verrichte Frauenarbeit. Doch Ida Lupino als vorgesehenes Opfer hat das Glück, daß der Anfall nicht allzu lange dauert. Als Regisseurin drehte sie ein Jahr darauf den viel besseren THE HITCH-HIKER über einen wahllos mordenden Autostopper, der zwei Männer als Geiseln nimmt und sie mit seinem Sadismus terrorisiert. Die psychische Störung des Killers wird durch eine physische Deformierung des rechten Auges, das er selbst im Schlaf nicht schließen kann, wenn schon nicht erklärt, so doch metaphorisch ergänzt. Sein erratisches Morden, dem keine vorangehende Beziehung zwischen Opfer und Täter zugrunde liegt, macht ihn zum Repräsentanten eines blindwütigen Schicksals – oder auch zum Symbol eines anonymen Feindes, der die beiden arglosen Männer (gleichsam: die zu wenig wachsamen Amerikaner), die ihn freundlicherweise im Auto mitnehmen, bedroht.

Unübersehbar zeugen drei weitere Films noirs von dieser Massen-Paranoia. In PANIC IN THE STREETS (1950) entdeckt ein Arzt bei einem Ermordeten eine ansteckende Seuche; um eine Epidemie zu verhindern, bleiben für die Suche nach den Tätern – die hier die gesamte Gesellschaft zu »infizieren« drohen – nur 48 Stunden. Der Arzt als positiver Held und Menschheitsretter unterminiert allerdings die volle Entfaltung der Geschichte als Film noir. Ganz im Gegensatz zu D.O.A.* aus demselben Jahr, in dem ein Mann mehr oder weniger zufällig mit radioaktivem Material (auch die Feinde verfügen ja jetzt über die Bombe) verseucht wird und nur noch ein paar Tage zu leben hat. Er macht sich auf die Jagd nach den Verursachern, einmal, um den »Sinn« (den es nicht gibt) der Tat herauszufinden, zum anderen auch, um die Gesellschaft vor dem Atom-Schlag zu bewahren. In PICKUP ON SOUTH STREET (1953) gerät ein kleiner Taschendieb an den Mikrofilm eines kommunistischen Spions und verbindet sich nach einigem Zögern mit der Staatsmacht. Auch hier ist die Gesellschaft bedroht – im Fall, daß der Mikrofilm wieder in die Hände der Agenten fällt. Nebenplots zeigen, daß sogar ein paar Verbrecher Patriotismus über Business stellen und den kommunistischen Spionen ihre sonst üblichen Dienste verweigern.

Der stilistisch heraus-, aber nicht unbedingt hervorragende Nachzügler THE NIGHT OF THE HUNTER greift 1955 das Thema des obsessiven Verbrechers noch einmal auf. Hier ist es ein verrückter Prediger, der sich Geld »zum Lob des Herrn« verschafft, indem er, wie »Uncle Charlie« in SHADOW OF A DOUBT oder auch Charlie Chaplin in seiner schwarzen Komödie MONSIEUR VERDOUX (1947), reihenweise reiche Witwen heiratet und ermordet.

Einige wenige Filme dieser Phase zeigen Verbrecher oder Gangster,

* Gleich: *Dead On Arrival.*

deren Obsession nicht neurotischer, sondern professioneller Natur ist. Dazu zählen etwa THE ASPHALT JUNGLE und – mit einigen Abstrichen – SIDE STREET (beide 1950), die einen Coup schildern, aber auch einen fast dokumentarischen Stil benutzen und somit – von den Figuren wie vom Stil her – nur zum Rand des Film noir zählen.

Auch den Gegenspieler des Gangsters, den Cop, verschont die Obsession nicht. Erst seine – zunächst professionelle – Besessenheit macht den Polizisten zu einer genuinen Figur des Film noir, die er ursprünglich wie auch der Gangster keineswegs ist. Unter dem Druck seines Dienstes und angesichts der Aussichtslosigkeit seines Kampfes für Law & Order verliert selbst der bislang aufrechte, heroische Vertreter des Gesetzes seine Integrität. Die Absurdität seiner gesellschaftlichen Funktion erzeugt in ihm eine Verzweiflung, die ihr Ventil einzig in der Obsession findet. Der Cop wird vom Gerechtigkeitsdiener zum Gerechtigkeitsfanatiker, und er greift zu den gleichen brutalen und ungesetzlichen Methoden wie der Verbrecher. Das einzige, was ihn vom Verbrecher – noch – unterscheidet, ist die Zielsetzung seines Handelns: Er will Gerechtigkeit, und er will das Verbrechen aus der Welt schaffen – nicht akzeptierend, daß dies ein integraler Bestandteil der menschlichen Natur ist. Seine moralische Rechtfertigung ist der Strohhalm, an den er sich verzweifelt klammert.

Wie der obsessive Gangster taucht auch der obsessive Cop im Film noir zuerst am Rand auf – etwa in I WAKE UP SCREAMING aus dem Jahre 1942 –, um dann in der Spätphase zur Zentralfigur aufzusteigen. UNION STATION (1950) zeigt Polizisten, die, um das Versteck eines Kidnappers herauszubekommen, dessen Komplizen gewaltig unter Druck setzen. Während man sich hier noch mit dem Satz vom Zweck, der die Mittel heiligt, abfinden könnte, werden die Motive des Polizisten bald persönlicher. In WHERE THE SIDEWALK ENDS (1950) tötet ein notorisch brutaler Polizist bei einem Verhör einen Verdächtigen, inszeniert daraus einen Fememord zwischen rivalisierenden Gangs und verursacht so unter anderem den Tod eines gefährlichen Mobsters. Überraschenderweise jedoch hält der Polizist auf seinem einmal eingeschlagenen Weg inne und bekennt sich zu seiner anfänglichen Tat. Bei DETECTIVE STORY liegen ein Jahr später die Gründe für den Sadismus des Polizisten noch mehr im privaten Bereich; er quält einen Abtreibungsarzt, den seine Frau früher einmal aufgesucht hatte. In THE BIG HEAT (1953) thematisiert Fritz Lang vor allem die wechselseitige Abhängigkeit von Cops und Verbrechern und zeigt, daß der Polizist auf seinem Rachefeldzug dem Gangsterboß immer ähnlicher wird und für die Personen um ihn herum genauso gefährlich ist wie ein eiskalter Krimineller.

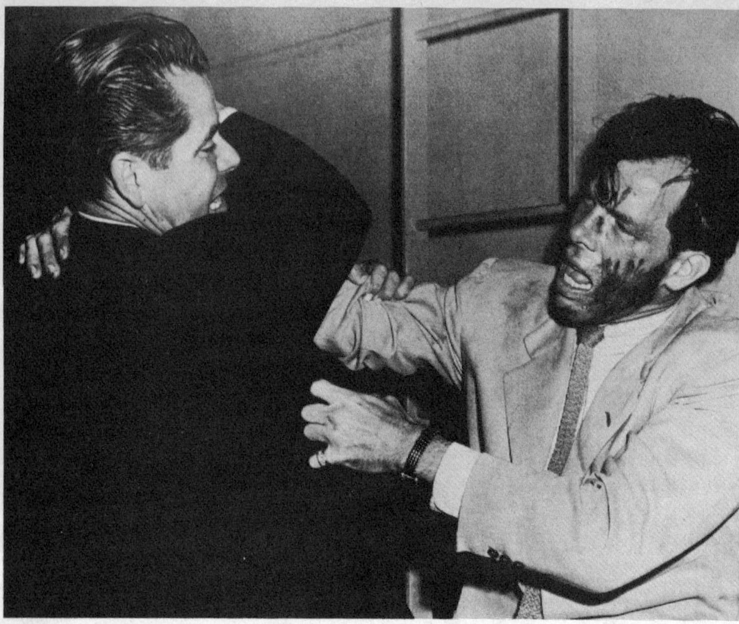

Abb. 12: Aufhebung der Unterschiede: Der obsessive Polizist (Glenn Ford, links) wird auf seinem Rachefeldzug dem Gangster (Lee Marvin) immer ähnlicher und benutzt die gleichen Methoden – THE BIG HEAT.

GUILTY BYSTANDER (1950) schildert einen wegen seines Alkoholismus geschaßten Polizeidetektiv, der die Kidnapper seines Sohnes jagt und dabei zu seiner Ehefrau zurückfindet. Den besessenen Cop in ON DANGEROUS GROUND (1952) schieben seine Vorgesetzten zu einem Fall auf dem Lande ab; dort verliebt er sich in eine blinde Frau und wird seinen Job vermutlich bald an den Nagel hängen. In beiden Filmen können sich die Figuren von ihren Obsessionen durch emotionale Bindungen befreien, aber diese glückliche Entwicklung des Cops bleibt die Ausnahme.

Vielmehr steigert sich gegen Ende des Film noir die berufsbedingte Obsession des Polizisten zur Neurose: Er handelt nicht mehr *wie* ein Krimineller, er wird *zum* Kriminellen. Vergleichsweise harmlos zeigt KANSAS CITY CONFIDENTIAL (1952) einen über seine geringe Pension verbitterten Excop, der einen Raubüberfall durchzieht. Größere kriminelle Energie verrät die Handlungsweise des Polizisten in THE PROWLER (1951), der einen vermögenden Mann in »Notwehr« er-

schießt, um dessen Frau heiraten und mit ihrem Geld sein heißgeliebtes Las-Vegas-Hotel erwerben zu können.
In aller Schärfe zeigen 1954 zwei Nachzügler des Film noir völlig durchgedrehte Polizisten: In PRIVATE HELL 36 reißen sich zwei Cops die Beute eines Überfalls unter den Nagel und machen sich anschließend gegenseitig das Leben zur Hölle, und in PUSHOVER tötet ein observierender Kriminaler einen Kollegen und einen Räuber, um dann mitsamt der Beute und einer Gangsterbraut durchzubrennen.
Den End-Film-noir und gleichsam eine Enzyklopädie des obsessiven Bullen verkörpert TOUCH OF EVIL im Jahr 1958. Regisseur Orson Welles spielt selbst den völlig korrupten psychopathischen Sheriff in der Hölle einer amerikanisch-mexikanischen Grenzstadt. Dieser pflegt seine Fälle zu »lösen«, indem er sich auf sein zuckendes Bein als Indikator von Schuld oder Unschuld verläßt, um dann die Indizien, die den Täter überführen sollen, notfalls auch selbst zu plazieren. Er lehnt ein in seinen Augen kastriertes Gesetz ab, das einen Verbrecher nur deshalb laufen lassen muß, weil zwar die Überzeugung von seiner Schuld vorhanden ist, die Beweise aber fehlen. Obwohl der Sheriff am Schluß mit seiner Intuition richtig liegt – ganz im Gegensatz zu dem gesetzestreuen, aber erfolglosen Rauschgiftfahnder –, ist der Preis für diese Art von »Gerechtigkeit« bei weitem zu hoch – es ist der Preis eines totalitären Polizeistaats.
Selbst die ursprünglich romantischste Figur des Film noir, den Privatdetektiv, packt gegen Ende der dritten Phase die Obsession. Insbesondere zwei Verfilmungen von Romanen Mickey Spillanes zeigen einen Detektiv, dessen faschistoide Methoden die Grenze zur Neurose weit hinter sich lassen. In I, THE JURY (1953) befindet sich Mike Hammer auf einem sinnlosen Rachefeldzug, der selbst seine Verlobte nicht verschont. KISS ME DEADLY (1955) dreht sich um eine Art Mini-Atombombe, hinter der feindliche Agenten her sind. Hammer nimmt in beiden Filmen das Recht zu töten in Anspruch, ohne einen Hinweis zu liefern, woraus er dieses abzuleiten glaubt. Sein Sadismus und seine offene Misogynie lassen einzig Rückschlüsse auf seine Sexualneurose zu. Die heftige Abscheu vor – und die tief verborgene Faszination von – Homosexualität, die auch Hammer prägt, zeigt THE BIG COMBO 1955 als Subthema: Ein homosexuelles Schlägerduo hat die Hauptfigur, einen obsessiv-brutalen und eindeutig sexuell frustrierten Detektiv, in der Mangel und erfreut sich an sadistischen Spielchen. Obendrein verbindet den Boß der Gang und seine Geliebte gegenseitige sexuelle Hörigkeit mit fetischistischem Einschlag. Es scheint, als sähen sich die Nachzügler des Film noir – nachdem die beiden Kinsey-Reports über das sexuelle Verhalten des Mannes und der Frau 1948 und 1953 die Neugier

der Nation weiter aufgeheizt hatten – gezwungen, den im Film noir stets reflektierten Konflikt zwischen Mann und Frau mit deutlicheren sexuellen Bezügen anzureichern.
Dies läßt sich auch bei HOUSE BY THE RIVER (1950) vermuten, in dem ein erfolgloser Schriftsteller sich an sein Dienstmädchen heranmacht und es, um dieses Fehlverhalten zu verbergen, erwürgt. Um dies wiederum zu vertuschen, verstrickt er sich in immer neue Verbrechen. Die harmloseste Besessenheit (außer vielleicht der, Schriftsteller sein zu wollen) ist die Begierde, die das Mädchen in ihm weckt, doch aus dieser entwickeln sich zunehmend schlimmere Obsessionen, bis er zuletzt völlig wahnsinnig ist. Erfolglos ist, zumindest im Augenblick, auch der heruntergekommene Reporter in THE BIG CARNIVAL (1951), der ganz von einem journalistischen Coup besessen ist. Er inszeniert aus einer eigentlich ganz simplen Bergung eines Verschütteten eine Art Rettungskarneval, um möglichst lange und aufsehenerregend darüber berichten zu können, auch wenn dies dem Verunglückten das Leben kostet. Eine ähnliche journalistische Obsession treibt einen Berufskollegen, den Fotoreporter in SHAKEDOWN (1950), bei seiner Jagd auf die aufsehenerregendsten Fotos und nach persönlichem Profit zu tief in Verbrecherkreise und letztendlich in den Tod.

In der Spätphase des Film noir findet sich (verglichen mit Phase zwei) nur eine geringe Anzahl von Filmen, die sich in erster Linie mit der Frau beschäftigen und deren gesellschaftliche Rolle reflektieren. Dies liefert den Hinweis darauf, daß die schweren Konflikte der Nachkriegszeit überstanden sind: Die Frau ist an den heimischen Herd zurückgekehrt, hat die Ehe als sicheren Hafen wieder akzeptiert – ist, wie Betty Friedan es ausdrückt, dem »Weiblichkeitswahn«[4] verfallen. Andererseits zeigt der gelegentliche Rückgriff auf die Nachkriegsthematik der Femme fatale, wie stark der Konflikt gewesen sein muß, daß er auch jetzt noch ein Filmthema abgibt.
Die gegenseitige sexuelle Hörigkeit des Räuberpärchens, die 1950 in GUN CRAZY die Durchführung eines jeden Überfalls als Travestie eines Sexualakts erscheinen läßt, thematisiert nicht nur den obsessiven Killer, sondern auch seine ebenso besessene Partnerin als Femme fatale, die den Mann zu immer neuen Verbrechen vorantreibt. Dieser Plot von der Frau als Verführerin, als Femme fatale, wird noch deutlicher herausgearbeitet in ANGEL FACE (1953), in dem eine höhere Tochter einen Chauffeur dazu bringt, mit ihr zusammen ihre Eltern zu ermorden, oder in etwa auch in NIAGARA (1953), wo (wieder einmal) ein Kriegsveteran von dem Geliebten seiner attraktiven, jüngeren Frau ausgeschaltet werden soll. Er wehrt sich allerdings und tötet das Mörderpärchen.

Abb. 13: Der Raubüberfall als Travestie des Sexualakts: Eine ehemalige Kunstschützin (Peggy Cummins) und ein Waffennarr (John Dall) bilden ein obsessiv-neurotisches Mörderpärchen, dessen sexuelle Neurosen sich in brutalen Raubüberfällen entladen – GUN CRAZY.

Ähnliche Konflikte zwischen Mann und Frau, oft Dreiecksverhältnisse, schildern selbst 1954 noch HUMAN DESIRE nach dem Zola-Roman *La Bête humaine* oder THE OTHER WOMAN, wo origineller-weise einmal ein Filmregisseur von einem Starlet erpreßt und damit zum Mord (an ihr) getrieben wird. Diese Filme bringen aber keine

neuen Aspekte in die bekannte Thematik, obwohl auch hier eine leichte Perspektivenverschiebung vom Blickwinkel des Opfers zu dem des Täters erfolgt.
Typischer für den späten Film noir ist eine ebenfalls nicht allzu lange Reihe von Filmen, die dem aktuellen Frauenbild dieser Zeit mehr Rechnung tragen. In diesen wird die Frau als wieder angepaßt gezeigt, sie hat ihre »Vergangenheit«, d. h. ihre Emanzipationsversuche und -errungenschaften, überwunden, hat gehörig dafür gebüßt und darf sich nun an der Seite des Mannes wieder für *seine* Ziele einsetzen. Bereits CAUGHT zeigte 1949 dieses Thema im embryonalen Zustand. Ein Mannequin, das, um sich aus einer finanziellen Klemme zu befreien, einen üblen Millionär geheiratet hat, kann sich von ihm erst unter großen Opfern lösen und darf dann, vom Streben nach Glück und Geld geläutert, an der Seite eines Arztes ein weniger anspruchsvolles, vielleicht sogar karitatives Leben beginnen.
Die »Frau mit Vergangenheit« zeigt CLASH BY NIGHT (1952), obwohl nur ganz am Rande ein Film noir, in Reinform. Hier kehrt die Geliebte eines gerade verstorbenen Millionärs aus New York in ihr ödes Heimatnest zurück. Ihre großstädtischen Attitüden ziehen zwei unterschiedliche Männer in den Bann, und sie entscheidet sich für den biedereren der beiden. Bevor sie sich aber endgültig in ihr unbefriedigendes Ehe- und Alltagsleben einfügen kann, macht sie noch einen kurzen Ausbruchversuch durch eine Affäre mit dem anderen ihrer beiden Verehrer, kehrt dann reumütig zum Gatten zurück. Die Motive von CAUGHT und CLASH BY NIGHT faßt THE DAMNED DON'T CRY (1950) zusammen, indem er den Versuch einer Frau beschreibt, sich sowohl aus ihrer Armut und ihrem Provinzdasein als auch von ihren Ehefesseln zu befreien. Sie geht nach New York, gerät allerdings in Gangsterkreise, vor denen sie wieder in ihrem früheren Zuhause Ruhe zu finden hofft.
In den drei genannten Filmen fällt auf, wie gut die Frau ihr Abenteuer übersteht – gemessen daran, was für ein Schicksal der Film noir seinen Frauenfiguren sonst häufig beschert. Möglich, daß den Machern der Filme und den Zuschauern die Anpassung der Frau als ausreichend schwere Strafe vorkommt, möglich auch, daß die Unterwerfung der Frau die männliche Aggression kastriert.
Selbst das Opfer der Frau in SUDDEN FEAR (1952) hält sich in Grenzen. Sie heiratet einen windigen Schauspieler, der sie ihres großen Vermögens wegen umbringen will. Die Frau macht Ansätze, sich zu wehren, vermag aber ihren Mann nicht zu töten. Doch das Schicksal kommt ihr zur Hilfe: Der Mann und seine Geliebte verunglücken tödlich. Hier ist – selten genug – die Frau weder (wirkliches) Opfer noch Tä-

ter. Scheinbar Täter, tatsächlich aber Opfer dreier Männer ist die Frau in THE BLUE GARDENIA (1953). Der erste, ihr Verlobter, wendet sich einer anderen Frau zu. Der zweite, ein Playboy, versucht sie zu verführen, und sie erwehrt sich seiner Annäherungsversuche mit einem Feuerhaken. Als er am nächsten Tag erschlagen aufgefunden wird, hält sie sich für schuldig und läßt sich mit dem dritten, einem Sensationsreporter, ein, der sie verrät. Doch sie wird rehabilitiert: Eine andere Frau ist die Täterin, ebenso aber auch das eigentliche Opfer – sie wurde von dem Playboy geschwängert, der dann sein Eheversprechen nicht einlösen wollte.
Falls die Frau aber nach den Jahren der Emanzipationskämpfe die falsche Richtung störrisch beibehält, sich dem Mann nicht anzupassen bereit ist und weiter auf ihrer Autonomie besteht, dann trifft sie – zumindest in zwei Films noirs – die Neurose hart, die sonst eigentlich dem Film-noir-Mann vorbehalten bleibt. In SUNSET BOULEVARD (1950) ist der alternde, gefallene Stummfilmstar Norma Desmond (nebenbei auch eine Art Femme fatale für den ambitionierten, jungen Drehbuchautor) die Frau mit Vergangenheit, die den rechtzeitigen Absprung in Ehe und Unterwerfung verpaßt hat. Die Nemesis dafür, Karriere und nicht Mann und Kind angestrebt zu haben, ist unerbittlich; sie ist nicht nur als Star vergessen, als Mörderin entlarvt, sie ist auch verrückt geworden. Ihr Wahn allerdings ist milde: Bei ihrer Verhaftung glaubt sie sich bei den Dreharbeiten zu ihrem Comeback.
Die psychopathischste Frau des Film noir überhaupt stellt Marilyn Monroe 1952 in DON'T BOTHER TO KNOCK dar, wobei für ihre »Schuld« auch keine Spur einer Erklärung mehr mitgeliefert wird. Ist es die Sehnsucht nach ihrem im Krieg gefallenen Verlobten, den sie jetzt wiederzuerkennen glaubt? Ist es ihre sexuelle Lust (derentwegen sie ihre Arbeit als Hotel-Babysitter vernachlässigt und beinahe zur Mörderin wird)? Oder ist es das ungestillte Verlangen nach einem eigenen Baby?

Das Ende einer Stil-Bewegung läßt sich nicht exakt bestimmen wie ihr Anfang (es sei denn, sie würde von einer neuen Bewegung abgelöst), der sich als radikaler Bruch mit den bestehenden Konventionen und Traditionen darstellt. Es versteht sich somit fast von selbst, daß der Film noir 1953 nicht abrupt endete. Zwar ließ die Zahl und die Qualität derartiger Filme stark nach, aber zwischen Ende der dritten Phase des Film noir und 1958/59 – also bis TOUCH OF EVIL und ODDS AGAINST TOMORROW – zeigten einige »Nachzügler«, daß der Stil und die Thematik immer noch Filmemacher und Zuschauer zu interessieren ver-

Abb. 14: Die Frau mit Vergangenheit: Für den vergessenen Stummfilmstar (Gloria Swanson) ist die Neurose die Nemesis für Karrieregier und Anspruch auf Selbständigkeit – SUNSET BOULEVARD.

mochten. Eine ganze Reihe thematischer oder stilistischer Entwicklungen des Film noir wurde in den folgenden Jahren auch Allgemeingut der filmsprachlichen Ausdrucksmittel.

Aber die Themen hatten sich erschöpft, und die künstlerischen Freiheiten waren entzogen. Der Rechtsruck in der amerikanischen Gesellschaft, spätestens mit dem Amtsantritt Eisenhowers Anfang 1953 endgültig auf Jahre zementiert, schuf ein politisches Klima, das in der Gesellschaft und ebenso auf der Leinwand wieder nach positiven Figuren verlangte und für die Kritik und Negativität des Film noir keinen Freiraum mehr offenhielt.

Wie stets im kommerziellen Kino waren aber auch Strukturwandel in der Filmindustrie und ökonomische Notwendigkeiten von mit-entscheidender Bedeutung für die Veränderung von Filminhalten und Ausdrucksformen. Die 50er brachten für Hollywood eine Verschärfung der bereits in den ersten Nachkriegsjahren aufgekeimten Widrigkeiten. Die Auswirkungen der Entflechtungsverfügung waren nicht länger übersehbar. Die großen Studios konnten, von ihren Kinoketten getrennt, nun nicht mehr mit Hilfe weniger Prestigeprodukte den Kinobesitzern Unmengen von B-Filmen aufzwingen. Dies läutete (Hand in Hand mit dem immer beliebteren Fernsehen) das

Ende der Double-Features* und damit auch des B-Picture ein. Für den Film noir, der vor allem in seiner Spätphase überwiegend »B« war, bedeutete dies den Anfang vom Ende. Auch viele der auf B-Produktionen spezialisierten Studios mußten bald ihre Ateliers für immer dichtmachen. Monogram wurde 1953 von ihrer eigenen, 1946 für die Produktion anspruchsvollerer Filme gegründeten Tochter Allied Artists geschluckt, und PRC kam 1947 zu Eagle-Lion, die vier Jahre später in United Artists aufging. Selbst RKO, die zwei Jahrzehnte lang zu den fünf Major-Companies zählte, ging bis Mitte der 50er in den Bankrott, nachdem der exzentrische Howard Hughes sie 1948 übernommen hatte und sie 1950 von ihren Kinos »entflochten« wurde. Zu allem Unglück war RKO eins der wichtigsten und stilbildenden Film-noir-Studios.

Der Todfeind des Films aber war das Fernsehen, das einen Siegeszug antrat wie in den wilden Zwanzigern das Radio. Wie so oft in Krisenzeiten suchte die Filmindustrie Anfang der 50er ihr Heil in einem kräftigen Innovationsschub, der die technische Überlegenheit des Kinos herausstreichen sollte: mehr Farbfilme, bessere Emulsionen, Breitwandformate wie Cinerama oder CinemaScope, Magnet- und bald auch Stereoton und nicht zuletzt die vor allem bei den Teenies so beliebten Drive-ins. Diese technischen Verbesserungen und das neue Publikum mit zunehmendem Anteil der Unter-25jährigen verlangten nach neuen Filmstoffen, die den »kleinen« schwarzweiß und in Normalformat gedrehten Film noir erst an den Rand und dann über diesen hinaus in den Abgrund drängten.

So entstanden in den 50ern Filme über neue positive Helden oder über »jugendliche Rebellen« wie James Dean und Elvis Presley, über dümmliche Sexbomben à la Marilyn Monroe und Jayne Mansfield oder Science-fiction-Filme, die die Bedrohung der Amerikaner von innen oder von außen in den Weltraum metaphorisierten, und nach 1955 auch wieder biografische Gangsterfilme, die an die der 30er Jahre anknüpften.

* Seit den frühen 30ern bestand eine Kinovorstellung üblicherweise aus einem längeren und aufwendig produzierten A-Film und einem kürzeren und billigeren B-Picture.

3 Schilderungen eines Toten: Verwickelte Erzählstrukturen

Bei den Dreharbeiten zu THE BIG SLEEP – Howard Hawks inszenierte gerade die Szene, in der eine Leiche und ein Wagen aus dem Wasser gezogen werden – begann man in der Crew herumzurätseln, wer eigentlich den Toten, den Sternwood-Chauffeur Owen Taylor, umgebracht haben könnte. Bogart hatte einen Verdacht, Hawks einen anderen, und die Drehbuchautoren verkündeten eine weitere Theorie, aber alles paßte irgendwie nicht zusammen. Hawks entschloß sich, auch um endlich weiterdrehen zu können, ein Telegramm an Chandler zu schicken, der es ja schließlich wissen mußte. Der aber kabelte zurück – und hier spaltet sich die Geschichte in zwei Versionen –: er habe keine Ahnung, oder: er nannte den Namen eines Mannes, der aber, wie Hawks beweisen konnte, für die Tatzeit ein Alibi hatte. Kurzum, man gab die Sache auf, vergaß, wer wen und warum umbrachte, und konzentrierte sich ganz darauf zu zeigen, wie die Situation war, in der dies jeweils geschah.
Der Wahrheitswert dieser Anekdote ist zumindest zweifelhaft, doch sie trifft den Nagel auf den Kopf. Hawks gab in verschiedenen Gesprächen (etwa mit Peter Bogdanovich[1] oder Hans-Christoph Blumenberg[2]) zu, die Handlung des Films nicht wirklich verstanden zu haben, aber man war ohnehin entschlossen, anstelle von interessanten Plots interessante Szenen zu drehen und sich um die Schlüssigkeit der Story nicht weiter zu kümmern. Der Plot von THE BIG SLEEP ist jedenfalls ziemlich verwickelt – verwickelter noch als der anderer Detektivfilme à la Chandler und Hammett.
Das Grundmuster dieser Filme ist stets gleich. Immer beginnt es damit, daß der Detektiv (oder eine Figur in dieser Funktion) einen offenbar einfachen, nicht selten sogar ausgesprochen harmlosen Auftrag erhält, der ein langweiliger Routinefall zu werden verspricht. Im Lauf der Untersuchungen nimmt der Fall dann überraschend größere Dimensionen an. Doch trotz aller auftauchender Widrigkeiten läßt die Neugier und die Sturheit des Detektivs ihn weitermachen, sogar gegen den ausdrücklichen Willen seines Auftraggebers und auf eigene Rechnung und Gefahr. Nach und nach entsteht aus immer neuen Er-

eignissen, Zeugenaussagen und Beobachtungen ein zunehmend verwirrendes Labyrinth, in dem der Detektiv sich zu verlieren scheint – und in dem der Zuschauer garantiert orientierungslos herumtappt. So überträgt der Film, mit Hilfe seines komplexen narrativen Aufbaus, die Irritationen seines Helden und dessen Gefühl der Verlorenheit auch auf den Zuschauer. Zwar weiß der Zuschauer im Prinzip stets genausoviel wie der Detektiv – weder wird der Zuschauer durch einen Rückstand an Informationen düpiert (dies entspricht dem Fairplay des Kriminalromans, in dem der Autor dem Leser keine Fakten vorenthält), noch wird durch einen Informationsvorsprung des Zuschauers den Figuren gegenüber Suspense à la Hitchcock erzeugt – aber eben nur im Prinzip. Tatsächlich ist der Detektiv dem Zuschauer weit voraus in der raschen Interpretation der erlangten Erkenntnisse. Er zieht die richtigen Schlüsse, hat »Ahnungen« und handelt intuitiv. Dies alles kann der Zuschauer bestenfalls nachvollziehen, aber er vermag sich damit zu trösten, daß er im Gegensatz zum Leinwandhelden ja auch kein Profi im Schlußfolgern ist.
Die Detektivfilme sind, mehr noch als andere Films noirs, auf die Neugier des Zuschauers hin konzipiert, deren Befriedigung immer weiter hinausgezögert und endlich doch gewährt wird. Dies entspricht dem psychologischen Modell des Triebaufschubs, der im Augenblick zwar Versagung verlangt, später aber mit um so größerer Lust zu belohnen verspricht. Es versteht sich von selbst, daß der Film dadurch eine sehr enge Aufmerksamkeitsbindung des Zuschauers an das filmische Geschehen erreicht. Wichtig dabei ist, daß der Plot die Balance hält zwischen dem spannungssteigernden Aufschieben von Erklärungen und der spannungstötenden Frustration des Zuschauers. Deshalb liefert der Film immer wieder abwechselnd Erklärungspartikel und neu gestellte Rätsel; er wird zum Puzzle, dessen letztes, noch fehlendes Schlußstück wieder in ein neues Puzzle zerfällt – und immer so weiter, bis der Prozeß ein Ende findet, die heißersehnte »Lösung« des Falles.
Die Suche des Detektivs besteht zur Hauptsache aus einer Abfolge von Befragungen immer neuer Personen, also aus Dialogen, wobei eine Person zur nächsten führt. Der Detektiv vollzieht bei seiner Untersuchung eine Reise durch drei Dimensionen. Zeitlich: er dringt in die Vergangenheit der Personen ein, zerrt frühere Ereignisse ans Licht; geographisch: er durchkreuzt eine genau bestimmte Großstadt (etwa Los Angeles oder San Francisco) und vor allem deren ungewöhnlichste Schauplätze; sozial: er bewegt sich durch sämtliche Gesellschaftsschichten von Stinkreich bis Bettelarm, die sich nicht selten als gleich korrupt herausstellen.
Die Detektivfilme weisen kaum wirkliche Aktion auf. Meist gibt es

Abb. 15: Dialog statt Action: Die Suche des Detektivs besteht aus einer komplizierten Kette von Befragungen – Humphrey Bogart und Sydney Greenstreet in THE MALTESE FALCON.

ein, zwei »Höhepunkte«, bei denen sich die Ereignisse überschlagen, ansonsten überwiegen Dialog und Milieuzeichnung. Selbst Gewalt wird mit einem Zögern zelebriert, das auch auf den Zuschauer fast unerträglich wirkt.

Die komplexe Detektivstory läßt vielleicht am ehesten an den Film noir denken, sie liefert aber bei weitem nicht die interessantesten Plots aus seiner dramaturgischen Palette. Der Detektiv ist von dem im Film noir stets zentralen Verbrechen nicht selbst betroffen, weder als Opfer noch als Täter, und hat eine unangreifbare Position, die sich im Lauf der Handlung nicht verändert. Die dramatische Grundform des Detektivfilms ist strenggenommen eine kreisförmige: Zwar »entwikkeln« sich die Ereignisse – ein »Fall« wird aufgeworfen und gelöst –, aber für die Hauptfigur ändert sich nichts. Der Detektiv ist am Ende derselbe wie am Anfang. Damit gibt er für den Zuschauer eine emotional ungefährliche Identifikationsfigur ab, eine, die keiner wirklichen moralischen Erschütterung ausgesetzt ist. Sein Sieg steht von Anbeginn an fest, und um sein Leben oder seine Psyche braucht der Zuschauer keine Sekunde zu zittern.

Ganz anders bei den Figuren der zweiten und dritten Phase. Die entfremdeten Veteranen, die gejagten Außenseiter, die bürgerlichen

Opfer der Femmes fatales, die verfolgten und gequälten Frauen, die obsessiven Verbrecher: sie alle geraten im Lauf der Handlung in Situationen, denen sie nicht annähernd gewachsen sind. Im Zusammenhang mit dem Verbrechen, in das sie als Opfer oder Täter persönlich verstrickt sind, verschlechtert sich ihre Lage nachhaltig und nicht wie beim Detektiv nur in einer vorübergehenden, kurzen Episode. Diese Filme zeigen eine wirkliche Entwicklungsdramaturgie. Am Ende befinden sich ihre Antihelden in einer wesentlich anderen Position als zu Beginn: sei es, daß sie ihre Identität wiedergefunden, ihre Unschuld bewiesen oder Rache geübt haben, sei es, daß sie Verfolgung und Bedrohung entkommen sind oder daß ihre bürgerliche Existenz oder ihr Leben ruiniert ist.

Die in Hollywood lang gepflegte Konvention des Happy-End zerschlägt der Film noir in seiner zweiten und dritten Phase. Die Detektivgeschichten zeigen, zumindest für die Hauptfigur selbst, immer noch einen verhältnismäßig glücklichen Ausgang, wenigstens im Vergleich zu den nachfolgenden Films noirs. Sukzessive wird der glückliche Ausgang der Geschichten im Pessimismus der Nachkriegsjahre abgebaut. Immer häufiger erreichen die Figuren die Befreiung aus der schicksalhaften Umklammerung nicht, immer mehr verstricken sie sich in ihre Entfremdung und ihre Neurosen. Selbst wenn die Figuren aus der Gefahr entkommen, zeigt das Ende einen Pessimismus, der deutlich macht, daß die seelischen Blessuren noch lange nicht heilen werden. Vor allem in der Spätphase stellt für die Figuren der Tod die einzige Lösung dar. Sie sind zu Verbrechern, zu Mördern geworden und haben keine Chance, sich auch nur einen Stehplatz in der Gesellschaft zurückzuerobern.

Es gibt selbstverständlich Ausnahmen, aber die sind so zahlreich nicht. Ein Happy-End etwa haben KEY LARGO, wo die Bösewichte getötet und Held und Heldin glücklich vereint werden, und THE SPIRAL STAIRCASE, in dem das stumme Mädchen nicht nur dem Mordanschlag entgeht, sondern auch seine Sprache wiederfindet. Aber in mehreren Filmen hält das vermeintliche Happy-End näherer Betrachtung nicht stand. Es steht in einem derart diametralen Gegensatz zur vorangehenden Handlung, daß es wie ein Bruch empfunden wird und offensichtlich nur der Besänftigung der Selbstzensur diente. Wenn in THE LOST WEEKEND der Schriftsteller am Ende seine Alkoholsucht überwindet, indem er darüber schreibt, dann glaubt dies niemand so recht, und mancher Zuschauer sieht darin blanken Zynismus. Ähnliches gilt für das bittere Schicksal des Biedermannes in THE WOMAN IN THE WINDOW, das nachträglich als Alptraum serviert wird. Diese auch in anderen Filmen häufiger benutzte »Erklärung« vermag die

Aussage des Films nicht wirklich zurückzunehmen – eher ärgert sich der Zuschauer darüber und fühlt sich düpiert.
Der Spät-Film-noir hat Entschuldigungen für die Negativität seiner Stories nicht mehr nötig, ohnehin würde ihm die niemand mehr abnehmen. Zwei Film-Enden sind für den Unterschied der beiden Phasen symptomatisch: THE LADY FROM SHANGHAI endet 1948 »nur« mit zwei Toten in einem beachtlichen Scherbenhaufen, WHITE HEAT ein Jahr darauf bereits mit einer gewaltigen Explosion.
Kann man sich mit einer Leiche identifizieren, die zu Beginn des Films mit dem Gesicht nach unten in einem Swimmingpool dümpelt und zu erzählen anhebt, wie es zu dem Tod kam, der mit Sicherheit kein Badeunfall war? Billy Wilder, der diese ungewöhnliche Ausgangssituation in seinem SUNSET BOULEVARD benutzte, war davon überzeugt. Der Tote ist der erfolglose Drehbuchautor Joe Gillis, und der Pool gehört dem ehemaligen Stummfilmstar Norma Desmond. Der Film beginnt mit der Entdeckung der Wasser-Leiche und endet damit, daß die Polizei diese aus dem Pool herausfischt – dazwischen wird die Story entwickelt, in einer gigantischen Rückblende und mit einer von Gillis gesprochenen Off-Erzählung. Damit wird der Geschichte auch der letzte Rest von Optimismus ausgetrieben; der Held, das ist klar, hat keine Chance, und das einzige, was noch interessiert, ist, warum und von wem er in den Pool expediert worden ist.
Für Wilder lag der Vorteil dieser ver-rückten Erzählweise darin, einer Story, die eigentlich erst nach einer ganzen Weile spannend zu werden beginnt, von Anfang an Drive zu geben. Der Plot hält dem Zuschauer einen Köder vor und liefert die langweiligere Exposition nach.* Zwischen 1944 und dem Ende der Dekade etablierten sich Rückblende und Off-Erzählung im Hollywood-Film geradezu als Mode, die sich gelegentlich zu Absurditäten verstieg. SUNSET BOULEVARD jedoch gibt ein gutes Beispiel ab, wie der Einsatz dieser beiden dramaturgischen Mittel mit einzelnen Motiven des Films harmonieren kann. Gerade in dieser Story über den Realitätsverlust und über den vergeblichen Versuch, die »tote« Karriere des Exstars wiederzubeleben, entsteht eine ironische Paraphrase, wenn ein Toter so weit »wiederbelebt« wird, daß er die Story erzählen kann. Darüber hinaus erhält die Off-Narration und damit die *Tonspur* ein derart außerordentliches Gewicht ausgerechnet in einem Film über einen Stummfilmstar, für dessen Karriere der Ton das Aus bedeutete.

* Ähnlich verfahren häufig Action-Filme, wenn sie noch vor dem Titelvorspann eine ausgefuchste Spannungssequenz als Appetizer anbieten, der die Neugier der Zuschauer anstachelt.

Wilder verwendete bereits in DOUBLE INDEMNITY einen Kunstgriff, um den Film plausibel mit Rückblende und Off-Erzählung versehen zu können. Im Unterschied zur Vorlage von James M. Cain – der Wilder um den genialen Einfall beneidete – kommt die Hauptfigur, der Versicherungsvertreter Walter Neff, von einer Kugel schwer verletzt in sein leeres Büro und spricht sein Geständnis auf ein Diktaphon – die Rückblende kann beginnen. In der Zwischenzeit nähert sich der beichtende Neff, wie der größer werdende Blutfleck auf seiner Brust bezeugt, immer mehr dem Tod. In LAURA gibt es bezeichnenderweise gleich zwei Erzähler, die sich abwechseln. Die beiden männlichen Rivalen, die über die von ihnen angebetete Titelfigur Macht erlangen wollen, kämpfen mit ihren Off-Erzählungen, die jeweils eine eigene Version von Laura liefern, auch um die Kontrolle über die Story. Ihr Ziel ist es, den Zuschauer von ihrer jeweiligen Sicht zu überzeugen, und das Ergebnis ein facettenreiches, aber fragmentarisches Bild einer faszinierenden Frau.
Es ließen sich weitere Beispiele anführen, aber die Funktion der Mittel bleibt immer gleich. Rückblende und Off-Erzählung vermit-

Abb. 16: Die Bürde der Vergangenheit: Aus der Todeszelle erzählt der Mörder, wie alles dazu kam ... Cecil Kellaway, John Garfield und Lana Turner in THE POSTMAN ALWAYS RINGS TWICE.

teln den Zuschauern die Fatalität des Plots, der die Hauptfigur von dem Augenblick an bereits ausgeliefert ist, da der Film und die Rekapitulierung der Ereignisse beginnen. Es wird Vergangenheit heraufbeschworen, ein Temps perdu, an den man sich schmerzvoll erinnern, auf den man aber nicht mehr einwirken kann. Die in diesen Geschichten meist nur wenigen Personen sind in eine winzige Modellwelt eingesperrt, in die nichts von der äußeren Wirklichkeit eindringt. Der Plot wird zum psychologischen Schachspiel, und wie ein Schachspieler hält der Zuschauer, mittels Rückblende und Off-Erzählung, beobachtende Distanz zu den Figuren auf dem Brett. Auf der anderen Seite versucht der Film noir aber gerade durch seine visuellen Ausdrucksmittel, den Zuschauer zur Identifikation noch mit den entfremdetsten, obsessivsten Figuren zu zwingen (vgl. Kapitel 5). Wieder einmal ist das Ergebnis zweier entgegengesetzter Kräfte eine verwirrende Ambivalenz, diesmal die des Zuschauers in seiner Haltung zu den Figuren.

Noch verstärkt wird diese, wenn sich zwischen erzählter Handlung und gezeigten Bildern eine Kluft auftut. In Filmen wie DOUBLE INDEMNITY oder wie THE POSTMAN ALWAYS RINGS TWICE, in dem der Antiheld in der Todeszelle sein Leben abspulen läßt, aber auch in fast allen anderen Films noirs hat die Off-Erzählung den Gestus eines Geständnisses. Das bedeutet, daß der Erzählende sich bemüht, seine Geschichte mit schonungsloser Offenheit, wahrheitsgetreu und selbstkritisch darzulegen, aber gleichzeitig auch, daß er bestimmte Wahrheiten nicht erkennen kann oder will und daß er versucht, seine Handlungen zu rechtfertigen. Objektive und subjektive Tendenzen halten sich die Waage. Daraus zieht der Film dramatische Spannung und läßt den Zuschauer pendeln zwischen dem Vertrauen in die Worte und dem in die Bilder. Ihm wird so, zusätzlich zu dem bereits in den Taten der Figuren angelegten Verlust des moralischen Standpunktes, eine weitere Orientierungsmöglichkeit entzogen.

Überraschenderweise stellt sich damit heraus, daß beide für den Film noir signifikanten Erzählweisen, die labyrinthische der Detektivstories und die retrospektive mit Rückblende und Off-Erzählung, auf völlig verschiedenen Wegen zu gleichen Resultaten gelangen. In beiden Fällen wird der Zuschauer in einen Zwiespalt von Desorientierung und Distanz zum Geschehen einerseits und andererseits starker Bindung an den Handlungskontext gestürzt. Beidesmal auch rückt der Erzählvorgang des Films selbst in den Vordergrund, oder, mit Howard Hawks gesprochen: Das »Wie« der Handlungsdarbietung wird wichtiger als das »Was« – das entweder zu kompliziert ist, um es ganz

zu erfassen, oder das zu Beginn des Films bereits feststeht und dem Zuschauer oft schon verraten wird.
Die Sorgfalt, mit der im Film noir erzählt wird, zeigt sich auch in den teilweise noch komplexeren Fabelstrukturen einiger Filme, die über die Brechung der Zeitachse in Rahmenhandlung und Rückblende hinausgehen. LAURA wiederholt sein Thema, den Kampf der beiden Männer um die Frau, in dem Wettstreit der beiden äußerst subjektiven Off-Erzählungen. Der stilistische Übervater des Film noir, CITIZEN KANE, beschreibt das Leben des Titelhelden (neben seinem »objektiven« Wochenschaubericht) mit Hilfe fünf subjektiver Rückblenden aus der Perspektive verschiedener Personen, die jeweils widersprüchliche Aspekte von Kanes Charakter vermitteln.
PHANTOM LADY verlagert seine Erzählhaltung, indem in einer kunstvoll gestalteten Szene ein Wechsel der Hauptfiguren stattfindet. Ursprünglich steht Henderson im Mittelpunkt. Er verbringt mit der im Titel bezeichneten, aber seltsamerweise Randfigur bleibenden unbekannten Schönen einen Abend, währenddessen seine Frau ermordet wird. Sein schwaches Alibi beeindruckt das Gericht nicht, und er wird zum Tode verurteilt. Doch anstatt in dieser Szene die Hauptbeteiligten des Verfahrens, Richter, Jury, Anwälte und vor allem den Angeklagten, zu zeigen, fährt die Kamera über die Gesichter der Zuschauer, während aus dem Off die Stimme des Staatsanwalts zu hören ist. Das Bild konzentriert sich dann auf die Sekretärin Hendersons und einen Inspektor, die beide von der Unschuld des soeben Verurteilten überzeugt sind. Vor allem die Frau ist nun die neue Hauptfigur, die mit ihrer Suche nach dem Täter die Handlung dominiert. Später verlagert sich der Erzählstandpunkt erneut, diesmal auf einen Freund Hendersons, der sich als der Mörder herausstellt.
Eine Minderheit von Filmen benutzt eine doppelte Rückblendenstruktur, d. h. Rückblenden innerhalb der Rückblende. Der ansonsten nicht überragende THE ENFORCER weist eine eigentlich sehr einfache Story auf: Ein Staatsanwalt muß für den Prozeß gegen einen wichtigen Gangster neue Beweismittel beibringen. Innerhalb dieser Rahmenhandlung, die im wesentlichen die Nacht vor dem Prozeß umfaßt, rekapitulieren der Staatsanwalt und ein Polizeioffizier die Akten der Ermittlung, die in einer langen Rückblende aufgefächert wird. In dieser Rückblende, die also die wochenlange Untersuchung der Polizei wiedergibt, werden nach und nach vier Mitglieder der Gang gefaßt, die jeder ein Geständnis ablegen, das wiederum jeweils als subjektiv gefärbte Rückblende angelegt ist. Wenn die ursprüngliche, umfassende Rückblende endet, hat (in der Rahmenhandlung) der Staatsanwalt seinen gesuchten Hinweis. Durch diese verwickelte Erzählstruktur und

die widersprüchlichen Darlegungen der jeweiligen Hauptpersonen der vier Episoden wird daraus ein halbwegs spannender Film noir.
THE KILLERS benutzt eine noch kompliziertere Rückblendentechnik mit nicht miteinander verbundenen Episoden aus dem Leben des Ermordeten. Während aber auch bei der gewagtesten Brechung der Handlung in Rückblenden generell die Konvention respektiert wird, daß die Rückblenden (auch innerhalb von Rückblenden) in chronologisch richtiger Reihenfolge dargeboten werden, so wirft Stanley Kubrick dies in THE KILLING, einem Spät-Film-noir von 1956, völlig über den Haufen. Der Film dreht sich um einen komplizierten Raubüberfall auf die Kasse einer Rennbahn. Die Story ist aus in sich abgeschlossenen Sequenzen, die jeweils einen der Hauptbeteiligten für kurze Zeit begleiten, geradezu zusammengestückelt, wobei die einzelnen Handlungspartikel sich zeitlich überlappen. Der Höhepunkt des Films, der Überfall selbst, wird sogar mehrfach von den verschiedenen Standpunkten der Personen aus, aus unterschiedlichen Kameraperspektiven und unter Betonung anderer Aspekte geschildert. Was in Wirklichkeit simultan abläuft, wird im Film immer wieder und immer neu erzählt. In diesem Puzzle aus Rück- und Vorausblenden, die völlig gleichberechtigt nebeneinander stehen, bieten allein die exakten Zeitmarkierungen des neutralen Off-Kommentators einen Anhaltspunkt. Die Wiederholungen aber tun der Spannung keinen Abbruch, sondern liefern äußerst präzise Porträts der beteiligten sechs Männer, deren Aktionen wie die Räder eines Uhrwerks ineinandergreifen – ein Eindruck, den der komplexe dramaturgische Aufbau erst voll herausarbeitet.
Wie sehr die Zuschauer bereit sind, beim Film noir filmische Konventionen aufzugeben und sich auf die Verwirrungsattacken der Macher einzulassen, davon zeugt CROSSFIRE, in dem drei Rückblenden aus den Blickwinkeln der Beteiligten drei widersprüchliche Darstellungen eines Verbrechens geben. Zumindest die des Täters ist eine glatte Lüge. Dies schienen außerhalb des Film noir die Zuschauer als Zumutung zu empfinden, wie STAGE FRIGHT beweist, bei dem Hitchcock sich 1950 mit seiner »lügnerischen« Rückblende viel Ärger einhandelte – allerdings stand dieser auch keine wahre Version gegenüber.
Der Film noir fällt in eine Zeit, die in der Filmmusik als die klassische Periode gilt. In den 40ern unterhielten alle Major-Studios große Musikabteilungen mit festangestellten Komponisten, die für einen jeweiligen spezifischen Studio-Sound der Filme sorgten. Am verbreitetsten war ein üppig orchestrierter symphonischer Stil, der gerne auf die Tradition der europäischen Spätromantik zurückgriff. Dies erklärt sich nicht zuletzt daraus, daß viele der einflußreichen Filmmusik-Kompo-

nisten Hollywoods europäische Emigranten waren, etwa der Ungar Miklós Rózsa, der Pole Bronislau Kaper, der Russe Dimitri Tiomkin, die Deutschen Franz Waxman (eigentlich Wachsmann), Frederick Hollander (Friedrich Hollaender) und Hans J. Salter und der Österreicher Max Steiner. Aber auch amerikanische Komponisten pflegten diesen Stil, der leicht abfällig, aber treffend als »Tschaikowsky-Rachmaninow-Sound« charakterisiert wurde – beispielsweise Alfred Newman, Victor Young und Frank Skinner. Alle diese Komponisten arbeiteten häufig für den Film noir.

Man könnte Rózsa als einen der Hauptkomponisten des Film noir bezeichnen. Nicht nur, daß er zu acht Films noirs die Musik geschrieben hat*, er konnte gerade bei diesen Arbeiten sein großes Interesse für den psychologischen Background der Figuren umsetzen und sich von dem romantischen Stil seiner anderen Filmmusiken lösen. Er benutzte chromatische Melodieführungen und nervös pulsierende Rhythmen, um die emotionale Spannung der Personen zu unterstreichen, und sein Thema zu THE KILLERS erlangte wohl die größte Popularität, die ein einzelnes Thema je erreicht hat. Es wurde später auch für die *Dragnet*-Fernsehserie als Titelmotiv benutzt.

Noch häufiger für den Film noir arbeitete Franz Waxman.** Er war der absolute Könner der Leitmotiv-Technik und besaß eine Vorliebe für eine ausgesprochen kontrapunktische Entwicklung seiner Themen, die ihn von den romantischen Strauss-Adepten abhob. Zu seinen berühmtesten Kompositionen zählt das Score für SUNSET BOULEVARD, das mit einem »Oscar« ausgezeichnet wurde. Das Hauptthema ist ein Tangomotiv, eine Referenz auf die Zeit der Stummfilme mit Valentino, das im Lauf der Handlung parallel zur Entwicklung der Hauptfigur variiert wird, bis hin zu einem parodistischen Kommentar in der Schlußszene, dem berühmten letzten Auftritt des Exstars. Auch bei der Instrumentierung zeichnete Waxman den Kampf der beiden Hauptfiguren bereits vor. Er setzte eine Bläsergruppe (für den Mann) gegen die Streicher (für die Frau), deren jeweilige musikalische Konstellation dem wechselnden Verhältnis der beiden Personen zueinander entspricht. Für den dritten im Bunde, den deutschen Exregisseur Max von Mayerling, reservierte er Bachs Orgelwerke, die von Mayerling eigenhändig spielt.

* DOUBLE INDEMNITY, THE LOST WEEKEND, THE STRANGE LOVE OF MARTHA IVERS, THE KILLERS, BRUTE FORCE, A DOUBLE LIFE, CRISS CROSS, THE ASPHALT JUNGLE.

** NORA PRENTISS, POSSESSED, DARK PASSAGE, THE UNSUSPECTED, SORRY, WRONG NUMBER, NIGHT AND THE CITY, SUNSET BOULEVARD, DARK CITY, HE RAN ALL THE WAY, I, THE JURY.

Ganz andere Wege beschritt Bernard Herrmann (der trotz seines deutschen Namens in New York zur Welt kam) mit seiner Mood-Technik, die die Grundstimmung der einzelnen Szenen musikalisch verstärkte und oft genug die vom Regisseur intendierte Gefühlslage erst zum Tragen brachte. Er begann sinfonisch-konventionell mit CITIZEN KANE, doch dann blieb bis in die 70er Jahre der psychologische Film über Verbrechen seine Domäne. So schrieb er nicht nur (zwischen 1955 und 1964) die Musik zu acht Hitchcock-Filmen, er arbeitete auch für Truffauts LA MARÍEE ÉTAIT EN NOIR (1968) oder noch kurz vor seinem Tod für Scorseses TAXI DRIVER (1976), beides Filme, die in der Tradition des Film noir stehen. Herrmanns einzige direkte Arbeiten im Film noir waren die für ON DANGEROUS GROUND, die zu seinen berühmtesten Kompositionen gehört, und THE WRONG MAN.
Eins der auffälligsten Charakteristika des Film noir ist, daß mehr als ein Fünftel der Filme einen Song (oder gleich mehrere) geradezu zelebrieren – ist meist ein sentimentales Liebeslied, das in irgendeinem Nachtklub, der ja zu den Standardschauplätzen des Film noir zählt, eine Sängerin vorträgt; häufig auch als Titelsong konzipiert, der die Handlung bereits umreißt. Der wohl berühmteste dieser Songs, der Titelsong gleichen Namens aus LAURA, demonstriert, wie Filmmusik und Filmsong den narrativen Aufbau des Films unterstützen können. Dieses Lied wurde – obwohl musikalisch nicht allzu einfach – zu einem Schlager, der sich in den Charts lange auf einem der vorderen Plätze behaupten konnte. Es stammte aus der Feder von David Raskin, der auch zu drei weiteren Films noirs das Soundtrack komponierte. Im Lauf der Handlung wird das Thema immer wieder variiert und unterstreicht so die emotionale Spannung der jeweiligen Szenen. Wichtiger aber ist, daß durch den Song wieder und wieder, in ähnlicher Funktion wie das häufig zu sehende großformatige Porträt Lauras, der indirekte Einfluß der physisch nicht anwesenden Titelheldin auf die beiden Männer betont wird. Ähnlich fungieren Tiomkins ironische Variationen über das Walzerthema aus *Die Lustige Witwe* von Franz Lehár, die in SHADOW OF A DOUBT immer wieder daran erinnern, daß Uncle Charlie ein gesuchter Witwenmörder ist.
Eine extreme Ausnahme bleibt der Song, den die alkoholsüchtige Gangsterbraut in KEY LARGO auf Befehl des Bosses vortragen muß. Kein Studioorchester unterstützt hier die brüchige Stimme Claire Trevors, und der Verfall der Alkoholikerin wird transparent allein durch ihren »Gesang«. In der Demütigung der Frau, die um einen Drink bettelt und ihn sich erst »verdienen« muß, offenbart sich die sonst eher latente Misogynie des Gangsters. In den anderen Filmen aber betont der Song nahezu immer den Glamour des Stars und bildet

den oder einen Höhepunkt der Story – bis hin zu den acht verschiedenen Songs, die Lizabeth Scott in I WALK ALONE vorträgt, darunter das berühmte *Isn't It Romantic* von Richard Rodgers und Lorenz Hart. Zu den bekanntesten Songauftritten zählen Rita Hayworths *Put the Blame on Mame*, die ironische Paraphrase des Verhältnisses von Mann und Frau in GILDA; Marilyn Monroes zu einer Schallplatte gehauchtes *Kiss* in NIAGARA; Deanna Durbins *Always*, von Irving Berlin für CHRISTMAS HOLIDAY geschrieben; Veronica Lakes bei einer Zaubernummer vorgetragenes *Hocus-Pocus* in THIS GUN FOR HIRE; Ida Lupinos *Didn't You Know* in PRIVATE HELL 36 oder Auroras *Chickee-Chick in* PHANTOM LADY. Als Kuriosum nicht unerwähnt bleiben soll ein Song aus SUNSET BOULEVARD, der den programmatischen Titel *The Paramount Don't Want Me Blues* trägt.

4 Die Schule der Hartgesottenen: Literarische Ursprünge

Die Ursachen für den thematischen und erzähltechnischen Bruch mit dem traditionellen amerikanischen Kino, den Anfang der 40er Jahre der Film noir vollzog, lassen sich erst verstehen, wenn man zwei Jahrzehnte weiter zurückgeht. Man stößt dann auf einen fast ebenso radikalen Wandel in der amerikanischen Trivialliteratur, speziell in Kriminalerzählung und Kriminalroman. Das Neuartige der Geschichten über Verbrechen, die um 1920 entstanden, läßt sich am deutlichsten an der mythischen Figur festmachen, die seit den Tagen Edgar Allan Poes dieses Unterhaltungsgenre geprägt hatte, an dem Detektiv. Diese Kunstfigur hatte sich von 1841, dem Erscheinungsjahr von Poes *The Murders in the Rue Morgue* und seines Detektivs Auguste Dupin, über Arthur Conan Doyles Sherlock Holmes bis zum Beginn der 20er Jahre unseres Jahrhunderts nur unwesentlich verändert. Immer handelte es sich um einen intellektuellen Geist, der nur mit Hilfe einiger Spuren und ausgiebigen logischen Überlegungen, bei denen er sein bequemes Arbeitszimmer nicht zu verlassen brauchte, den »Fall«, sprich Mord, löste. Diese Art von um einen möglichst komplizierten Plot konstruierten Geschichten ist zwar gewiß spannend, hat aber ungefähr soviel Leben wie ein Kreuzworträtsel – wem's gefällt, der mag damit seine Zeit totschlagen.

Wirkliche Menschen hatten in diesem Rahmen keinen Platz, wenn auch in den besten dieser Geschichten ironische Seitenhiebe auf diverse klein- und großbürgerliche Charakterzüge eingewebt waren. In der zweiten Hälfte des 19. Jahrhunderts wurden ähnliche Detektivgeschichten für die Dime Novels wie am Fließband produziert, und gegen Ende des Jahrhunderts begann der Detektiv immer häufiger, seinen Kaminsessel zu verlassen und sich der Aktion der Straße auszusetzen. Der Detektiv, der jetzt den Namen Nick Carter trug, wurde zu einer Art zivilisierten Westerners, zum Helden einer Wildnis, die Großstadt hieß.

Wenn sich Carter und Co. auch in die Welt des Verbrechens hineinbegaben, in die ihre europäischen Kollegen allenfalls ihren minderbegabten Assistenten und Diener schickten, so waren sie fast ebenso wie diese darauf fixiert, so lange Spuren zusammenzutragen, bis sie den Täter hatten; bis die Frage *Whodunit?* auf den letzten Seiten der Story dem atemlos staunenden und die Meisterschaft des Autors bewundernden Leser beantwortet werden konnte. Dabei verstand sich von selbst, daß der Detektiv mit seinen Erkenntnissen dem Leser stets ein Kapitel voraus war.

In den 10er Jahren hatte sich in den USA eine spezielle Vertriebsform für die Unterhaltungsliteratur durchgesetzt, magazinähnliche Billighefte mit Kurzromanen oder Short stories, Rätseln und diversen Illustrationen. Diese Pulps genannten Heftchen brachten nicht nur Detektivstories, sondern auch alle anderen Genres von Fluchtlektüre an den (Unter- und Mittelschicht-)Mann und an die Frau.

Dieser Lese-Stoff reagierte wie Lackmus auf die soziale Lage, die von der Hoffnung des American Dream auf der einen und der drohenden Proletarisierung auf der anderen Seite bestimmt war. Aber man verkennt diese Heftchen völlig, wenn man sie mit Schund gleichsetzt. Die Pulps waren offen für neue literarische Formen und experimentierfreudig – für die Entwicklung der amerikanischen Short story gelten sie als eine wichtige Voraussetzung. Sie boten Schnellschreibern ein respektables Einkommen und ambitionierten Newcomern die erste Möglichkeit für eine Veröffentlichung.

Das Feinste unter den Unfeinen war das 1920 gegründete Magazin *The Black Mask,* das sich den Detektivstories widmete und bald, vor allem unter der Ägide des Herausgebers Joseph T. Shaw, ein gewisses Renommee erhielt. »Captain« Shaw übernahm 1926 die Verantwortung über das Heft und war ein Mann, der professionelles Ethos mit kommerziellem Geschick in Einklang zu bringen wußte. *The Black Mask* veröffentlichte in seiner Nummer vom 1. Oktober 1923 unter dem Titel *Arson Plus* eine Detektivgeschichte eines Schreibers, der vorher nur mit ein paar mittelmäßigen Stories in diesem und in zwei, drei anderen Magazinen dilettiert hatte. Der damals 29jährige Anfänger konnte aber auf etwas zurückblicken, was kaum einer seiner Kollegen vorzuweisen hatte. Er war zusammengerechnet etwa viereinhalb Jahre Detektiv der berühmten Detektei Pinkerton gewesen und hatte, obwohl selbst eher ein kleiner Fisch unter den Detektiven, sich einen Erfahrungsschatz erworben, aus dem er nun beim Schreiben schöpfen konnte. Sein Name lautete Samuel Dashiell Hammett (1894–1961), und sein Held – der ohne Namen blieb – war Angestellter der fiktiven Continental Detective Agency, war somit ein Continental Op(erator). Diese Figur sollte Hammett für die nächsten fünf Jahre begleiten; sie hatte noch nichts von den romantisch-heroischen Figuren seiner späteren Arbeiten an sich, sondern war ein mittelalter, fetter

Abb. 17: Bescheidene Anfänge: Aus den Schreibern von *The Black Mask* entstand später die Schule der Hartgesottenen – Hammett, Chandler, McCoy und andere debütierten in diesem Magazin.

Mann, der einem Vorgesetzten und Freund Hammetts bei der Pinkertonfiliale in Baltimore nachempfunden war.
Etwa seit 1922 hatte sich im *Black Mask*-Magazin, teilweise auch in einigen anderen, ein neuer Typus von Kriminalliteratur durchgesetzt. Dieser befaßte sich vornehmlich mit der Kehrseite der amerikanischen Gesellschaft, wie sie sich vor allem in den Städten zeigte, und zeichnete sich durch genaue und wirklichkeitsgetreue Beobachtung der Menschen und Schauplätze aus. Beeindruckt von dem Naturalismus Frank Norris' und Theodore Dreisers versuchten die besten dieser Magazin-Schreiber, mit ihrem scharfen Blick für die unteren sozialen Schichten die Realität der Gesellschaft wiederzugeben, die in den 20er Jahren durch die sozialen Veränderungen des Weltkrieges immer noch erschüttert war und bereits – ahnungslos wie die Reisenden einer Titanic – in die nächste Krise schlitterte.
Hammett traf den neuen Stil des Magazins mit seinen frühen Erzählungen fast sofort. Er schilderte realistische Kriminelle in einer realistischen Umgebung, und die Lösungen seiner Rätsel erfolgten nicht aufgrund von Leistungen eines genialen Gehirns, sondern basierten auf Anstrengungen eines Schnüfflers, der sich auf den Straßen und in den Häusern durchfragte, psychologisches Einfühlungsvermögen und einen Blick für soziale Probleme besaß. So kam er mühsam zu einer Wahrheit, die das Attribut »absolut« nur selten verdiente. Die Handlung der Stories war zwar keineswegs geradlinig, aber ihre Kompliziertheit diente nicht wie bei den Klassikern des Kriminalromans einem spielerischen Selbstzweck. Im eigentlichen Sinne waren auch nicht die Plots das Besondere, sondern die neuartige realistische Beschreibung von Personen und Schauplätzen in einer Sprache, die eine Art stilisierten Straßenjargons darstellte, wie ihn Mark Twain 40 Jahre zuvor in die Literatur eingeführt hatte. Chandler faßte später zusammen: »Hammett brachte den Mord zu der Sorte von Menschen zurück, die mit wirklichen Gründen morden, nicht nur, um dem Autor eine Leiche zu liefern (...). Er brachte diese Menschen aufs Papier, wie sie waren, und er ließ sie in der Sprache reden und denken, für die ihnen unter solchen Umständen der Schnabel gewachsen war.«[1]
In seinen Erzählungen für *The Black Mask* entwickelte Dashiell Hammett, wie auch andere, einen Stil, der viele Nachfolger fand und sich später zu einer eigenen Schule auswachsen sollte, die der *hard-boiled writers*. Hammett blieb einer der besten. Viel verdankten er und seine Kollegen, später auch Chandler, dem Herausgeber Shaw, der mit spitzer Feder gnadenlos den Stil der Anfänger korrigierte. Er ermutigte seine Autoren auch zu längeren Werken und besonders Hammett zur Romanform.

Abb. 18: Zehn Jahre nach seinem letzten Roman: Dashiell Hammett 1944 als Soldat.

Ende 1927 bis Anfang 1928 erschien in *The Black Mask* in vier Teilen ein Detektivroman mit dem Continental Op, der im Februar 1929 in überarbeiteter Fassung unter dem Titel *Red Harvest* (Rote Ernte) als Buch herauskam. Er handelte von dem nur bedingt erfolgreichen Kampf des Op gegen Verbrechen und politische Korruption in einer Bergarbeiterstadt. Hammetts nächster Roman, *The Dain Curse* (Der Fluch des Hauses Dain), erschien Mitte 1929 in Buchform und gilt allgemein als sein schwächster. In seinem Anfang 1930 als Buch gedrucktem dritten und berühmtesten Roman *The Maltese Falcon* (Der Malteser Falke) trennte sich Hammett nach 26 Geschichten, zwei Kurznovellen und zwei Romanen über den Op von dieser Figur und von der Ich-Erzählung. Über den Privatdetektiv Sam Spade, die neue Figur, wird in der dritten Person berichtet, womit er mehr von außen charakterisiert und für den Leser weniger zugänglich bleibt. In dem komplizierten Plot geht es um die Jagd nach einer wertvollen Falken-Statuette, die sich am Schluß aber als Fälschung erweist. Hammetts nächster, 1931 erschienener Roman *The Glass Key* (Der gläserne Schlüssel) beschreibt aus großer Distanz und mit viel Dialog seine Zentralfigur Ned Beaumont, der der Assistent eines Politikers ist und einen Mord aufklären hilft. Danach geriet Hammett in eine längere Schreibkrise, und seine besten Jahre als Autor waren bereits zu Ende.

Sein letzter und finanziell erfolgreichster Roman kam Anfang 1934 heraus, *The Thin Man* (Der dünne Mann). Er erzählt in einem ironischen, leichten Ton, der mit dem früheren Stil Hammetts bricht, von dem snobistischen, reich verheirateten Ex-Privatdetektiv Nick Charles, der, nur um die Langeweile seines Luxuslebens totzuschlagen, noch einmal einen Fall löst. Bis auf Gelegenheitsarbeiten für Zeitschriften und als Drehbuchautor für Hollywood war damit Hammetts Schaffensperiode vorüber. Gesundheits- und Alkoholprobleme und, nach dem Zweiten Weltkrieg, sein politisches Engagement nahmen ihn ganz in Anspruch und brachten ihm mehr und mehr Schwierigkeiten. Er mußte 1951 wegen seiner Aussageverweigerung über die Hintergründe einer Sammlung zugunsten verfolgter Kommunisten für fünf Monate ins Gefängnis, wo sich seine Gesundheit weiter verschlechterte. Die Reste seines zeitweise beträchtlichen Vermögens wurden wenig später aufgrund von Steuerschulden gepfändet, und er mußte bis zu seinem Tod im Jahre 1961 von der Schriftstellerin Lillian Hellman, seiner Lebensgefährtin für mehr als 30 Jahre, unterstützt werden.

Aus den Reihen der *Black Mask*-Autoren gingen zahlreiche weitere Romanciers und Drehbuchautoren hervor, darunter Raoul Whitfield, Norbert Davis, Frederick Nebel, Thomas Walsh, Lester Dent, W. T. Ballard und George Harmon Coxe. Der mit Hammett berühmteste dieser »Hartgesottenen« aber war Raymond Chandler (1888–1959), der von Hammetts Werken weitgehend beeinflußt und geprägt war. Chandler war zwar sechs Jahre älter als Hammett, doch als er 1932 mit dem Schreiben begann, war Hammetts schriftstellerische Hoch-Zeit schon passé. Das Alter des Debütanten, der in den Depressionsjahren seinen Job als Direktor mehrerer Ölgesellschaften verloren hatte, war mit 44 Jahren beträchtlich. Im Dezember 1933 erschien seine erste Story mit dem Titel *Blackmailers Don't Shoot* in *The Black Mask*. Chandler versuchte sich an verschiedenen Detektivfiguren und kam

1934 auf Philip Marlow (zuerst noch ohne e), der dann der wohl berühmteste Private investigator wurde und in allen seinen sieben Romanen auftauchte. Auch Chandlers Œuvre ist damit, wie Hammetts, eher schmal.

Chandlers erster Roman erschien 1939, *The Big Sleep* (Der große Schlaf). Ihm folgten 1940 *Farewell, My Lovely* (Lebwohl, mein Liebling), 1942 *The High Window* (Das hohe Fenster), 1943 *The Lady in the Lake* (Die Tote im See), 1949 *The Little Sister,* 1953 *The Long Good-Bye* (Der lange Abschied) und 1958 *Playback* (Playback). Marlowe ist, mehr noch als Sam Spade oder die anderen Figuren Hammetts, eine Kunstfigur; die romantische Vorstellung eines einsamen und aufrechten Detektivs, loyal zu seinem Auftraggeber und distanziert gegenüber der Gewalt.

War schon bei Hammett der »Fall« eigentlich ein dynamischer, sich stets verändernder Prozeß, so steigert Chandler dieses Prinzip eines immer verwirrender werdenden Labyrinths ins Extreme. Die Handlungsfäden laufen kreuz und quer und bilden ein Geflecht, in dem sich der Leser verheddert. Wie Hammett in *The Maltese Falcon* von San Francisco, so machte Chandler in seinen Romanen überaus geschick-

Abb. 19: Der Schriftsteller und Exdetektiv als Held eines Films im Stil seiner eigenen Romane: Hammett in dem gleichnamigen Film von Wim Wenders, dargestellt von Frederic Forrest.

ten Gebrauch von Los Angeles und Umgebung – etwa zwischen Malibu, San Bernardino und San Clemente – und bezog jedes soziale Milieu, von den Unterschichtslums über die kleinbürgerlichen Vorорthäuschen bis hin zu den Villen der Millionäre und Filmstars auf den vornehmen Hügeln und an den Rändern der Cañons, in die Handlung mit ein. Marlowes Verhältnis zu Frauen ist noch distanzierter als das Spades, und Chandler läßt in seinen Stories eine Misogynie spüren, die sich nicht zuletzt darin zeigt, daß Frauen sehr häufig als Verbrecherinnen geschildert sind, die den Männern Fallen stellen und ihre sexuelle Attraktivität hauptsächlich als Köder benutzen.

Chandlers Stil ist ausgeprägter, literarischer als der Hammetts, obwohl er sich, wie seine selbstverliebten »Chandlerismen« zeigen, mit seinen Metaphern gelegentlich etwas weit aufs dünne Eis hinauswagt. Seine Meisterschaft verspürt man am deutlichsten sicherlich in den schlagfertig-witzigen Dialogen, die, zumal zwischen dem Detektiv und einer attraktiven Frau, wie verbale Zweikämpfe wirken.

Der in Chicago geborene Raymond Chandler war bei seiner Mutter in England in einem nur von Frauen umgebenen Haushalt aufgewachsen und führte als Schriftsteller ein zurückgezogenes Leben an der Seite einer kränkelnden, 17 Jahre älteren Frau in La Jolla. Vor allem zum Gesellschaftsleben Hollywoods, das er in *The Little Sister* attakkierte, hielt er große Distanz. Er kämpfte, wie Hammett, lange mit seinem Alkoholismus und lähmenden Schaffenskrisen.

Trotz ihres unterschiedlicher kaum vorstellbaren Backgrounds haben Hammett und Chandler mit Sam Spade und Philip Marlowe zwei eng verwandte Figuren geschaffen, die nicht nur die Schule der Hartgesottenen prägten, sondern auch Prototypen für die Helden und Antihelden des frühen Film noir wurden. Die Romane beider Autoren wurden mehrfach und nahezu alle verfilmt. Bereits in den 30er Jahren entstanden sieben Filme nach vier der fünf Romane Hammetts*, die mit den Vorlagen, in unterschiedlichem Maße, relativ frei umgingen. Als einzige Ausnahme wurde *The Dain Curse* erst 1978 adaptiert, und zwar fürs Fernsehen. Eine kongeniale Übertragung der Vorlagen auf die Leinwand erreichten nur die beiden Verfilmungen in den 40er Jahren, die beide auch wichtige Films noirs wurden: THE MALTESE FALCON von 1941 (die dritte Verfilmung des Romans) und ein Jahr darauf THE GLASS KEY (Verfilmung Nummer 2). Die drei in dieser Zeit gedrehten weiteren Fortsetzungen der THIN MAN-Serie entstanden

* ROADHOUSE NIGHTS (1930; frei nach *Red Harvest*), THE MALTESE FALCON (1931), THE THIN MAN (1934), THE GLASS KEY (1935), SATAN MET A LADY (1936; nach *The Maltese Falcon*), AFTER THE THIN MAN (1936) und ANOTHER THIN MAN (1939; beide nach den Figuren aus *The Thin Man* und unter Mitarbeit Hammetts).

ohne Mitarbeit Hammetts und sind wie die vorangegangenen reine Kriminalfarcen.*

Auch Chandlers Romane wurden rasch von Hollywood entdeckt. Die ersten dieser Verfilmungen, obwohl in den frühen 40ern entstanden, waren alles andere als Films noirs und schlachteten die Stoffe nach Belieben aus.** Erst die zweite Version von *Farewell, My Lovely* wurde 1944 unter dem Titel MURDER, MY SWEET ein interessanter Film noir, dann folgte 1946 THE BIG SLEEP, der einen der berühmtesten Films noirs dieser Phase darstellt. Ein Jahr darauf wurden gleich zwei Films noirs nach Chandler gedreht, LADY IN THE LAKE, ein grandios gescheiterter Versuch, mit Hilfe der subjektiven Kamera die Ich-Erzählung des Romans in das andere Medium zu übertragen, und die zweite *High Window*-Version THE BRASHER DOUBLOON.

Nach den Romanen von Hammett und Chandler entstanden auch nach Ende des Film noir Filme, die sich teilweise in dessen Tradition stellten.*** Da Hollywood in seiner Glanzzeit jeden einigermaßen bekannten Autor für seine Drehbuchfabriken engagierte, blieben natürlich auch Hammett und Chandler von diesem Schicksal nicht verschont. Beide waren aber als Drehbuchautoren kaum erfolgreich, was nicht zuletzt daran lag, daß sie sich mit der für einen Schriftsteller ungewohnten entfremdeten Fließbandarbeit in den Studios wohl nur schwer anfreunden konnten.

Im Sommer 1930 unterzeichnete Hammett – er hatte vier Romane (den letzten noch nicht in Buchform) veröffentlicht, wovon einer bereits verfilmt worden war, und befand sich auf der Höhe seines Ruhms – einen Vertrag bei Paramount als Verfasser von Originalstories für Filme. Zunächst schrieb er *After School,* woraus 1931 CITY STREETS entstand, wechselte dann Anfang 1931 zu den Warner Brothers, für die er *On the Make* anfertigte. Diese Story wurde abgelehnt, 1935 aber von Universal als MISTER DYNAMITE verfilmt. 1933 konnte Hammett die Filmrechte an einer Zeitschriftenstory verkaufen, die unter dem Originaltitel WOMAN IN THE DARK ein Jahr später in die Kinos kam. Ab Oktober 1934 arbeitet Hammett dann zur Abwechslung für MGM – ohne Erfolg und Resultat, wenn man von der Grundidee für den zweiten THIN MAN-Film einmal absieht.

* SHADOW OF THE THIN MAN (1941), THE THIN MAN GOES HOME (1944), SONG OF THE THIN MAN (1947).

** THE FALCON TAKES OVER (1942; nach *Farewell, My Lovely*), TIME TO KILL (1942; nach *The High Window*).

*** Nach Hammett: THE BLACK BIRD (1975; eine Art Fortsetzung der Handlung von *The Maltese Falcon*). Nach Chandler: MARLOWE (1969; nach *The Little Sister*), THE LONG GOODBYE (1973), FAREWELL, MY LOVELY (1975), THE BIG SLEEP (1978).

Im Frühjahr 1937 startete er einen neuen Versuch bei MGM und schrieb die Vorlage für den dritten THIN MAN. Anschließend verließ er Hollywood und weigerte sich strikt, an den weiteren Fortsetzungen der Serie mitzuwirken. Mit Lillian Hellman adaptierte er ihr Theaterstück *Watch On the Rhine* (Die Wacht am Rhein) für die 1943 unter demselben Titel erfolgte Verfilmung. 1950 stand er für ein halbes Jahr bei Paramount unter Vertrag und produzierte – nichts.
Chandler wurde ebenfalls nicht glücklich in der Traumfabrik. Mit Billy Wilder zusammen adaptierte er James M. Cains Roman *Double*

Abb. 20: Drehbuchschreiber in Hollywood: Raymond Chandler bei der Arbeit an seinem einzigen Originaldrehbuch zu THE BLUE DAHLIA.

Indemnity, der 1944 als Film in die Kinos kam. In einem Brief an seinen Londoner Verleger Hamish Hamilton beklagte sich Chandler: »Die Arbeit mit Billy Wilder an DOUBLE INDEMNITY war eine mörderische Erfahrung und hat mir wahrscheinlich das Leben verkürzt, aber ich habe daraus auch so viel gelernt übers Drehbuchschreiben, wie ich zu lernen imstande bin, was allerdings nicht sehr viel ist.«[2] Weiter für Paramount schrieb Chandler 1944 mit Frank Partos das Drehbuch zu AND NOW TOMORROW und ein Jahr darauf mit Hagar Wilde das Script zu THE UNSEEN, beide Filme basierten auf Romanen anderer Autoren. Sein einziges Originaldrehbuch verfaßte er dann 1946, aus dem der Film noir THE BLUE DAHLIA entstand. 1950 engagierte ihn Hitchcock für die erste Drehbuchversion des Highsmith-Romans *Strangers on a Train,* die aber im Papierkorb landete, bevor der Regisseur selbst mit Czenzi Ormonde eine völlig neue Fassung schrieb. Chandlers Nennung im Vorspann erfolgte nur aus Gründen der Attraktivität seines Namens; mit dem fertigen Film hatte er nichts zu tun.

Wenn Hammett und Chandler auch die bedeutendsten Exponenten der hartgesottenen Krimischreiber sind, so beschränkt sich ihr Einfluß doch im wesentlichen auf den frühen Film noir. Der dritte im Bunde der Großen ist James M(allahan). Cain (1892–1977), der zeitlich zwischen Hammett und Chandler steht. Er mochte das Rubrum »hard-boiled« für sich nicht, schätzte Hammetts Werke, ließ ihn als Vorbild jedoch nicht gelten – dann doch lieber gleich Hemingway, den er allerdings erst gelesen haben will, als sein eigener Stil bereits feststand. Cain arbeitete nach dem Weltkrieg als Journalist, obwohl er lieber Opernsänger geworden wäre, und veröffentlichte 1934 seinen ersten Roman *The Postman Always Rings Twice* (Die Rechnung ohne den Wirt). Die Romane Cains, von denen er knapp 20 schrieb, handeln nicht von einem romantischen Privatdetektiv, ihr Thema ist vielmehr die aus der Perspektive des Täter-Opfers bis in jede subjektive Verästelung hinein genau beschriebene kriminelle und sexuelle Verstrickung in ein Verbrechen. Oft handelt es sich, wie bei den beiden berühmtesten seiner Romane – neben *The Postman* der 1936 erschienene *Double Indemnity* –, um Dreiecksgeschichten: Eine Frau bringt zusammen mit ihrem Liebhaber ihren älteren Ehemann um.

Obwohl die Romane als intime Beichte der Hauptfigur angelegt sind, erzählt Cain in einem Tatsachenstil. Dieser Kontrast von Erzählperspektive und Erzählweise schlägt sich nieder in der großen Distanz der erzählenden Figur zu sich selbst und zu ihren Taten, woraus sich vielfach große dramatische Spannung entwickelt. Die Fabel von *The Postman* lebt von Zufällen und der Ironie des Schicksals – der Held ist ein Mörder, aber er gerät nicht wegen des Mordes in die Todeszelle (in der er die Ereignisse rekapituliert), sondern wegen eines Unfalls, der als Mord angesehen wird. Auch *Double Indemnity* ist der Bericht eines Mörders. Beide Romane, die 1946 bzw. 1944 zu bemerkenswerten Films noirs gemacht wurden*, prägten die Narrationstechnik der zweiten und dritten Phase des Film noir, wobei Rückblende und Off-Erzählung das Äquivalent der Cainschen Erzählperspektive darstellen. Cains sechster Roman, der 1941 veröffentlichte *Mildred Pierce,* wurde 1945 verfilmt und gilt ebenfalls als Film-noir-Klassiker.

Von 1931 an war Cain 17 Jahre in Hollywood als Drehbuchautor unter Vertrag, und zwar bei fast allen großen Studios, allerdings arbeitete er nahezu ausschließlich an B-Filmen mit. Er konnte den Film nach eigenem Eingeständnis »nicht ernst nehmen« und verzichtete auf die Erwähnung seines Namens im Vorspann der Filme, zumal er seine Reputation als populärer Buchautor damit nicht vergrößern zu können glaubte. Die Schriftstellerin Joyce Carol Oates kam, in einem Essay über Cains Romane, zu folgender Einschätzung: »Cains Romane vermitteln, als moralische Abhandlungen getarnt, nichts als die Lehre vom Kind, das bestraft werden muß, weil es zu weit gegangen ist. Und es ist befriedigend zu wissen, daß es bestraft werden wird – wenn nicht für diese Tat, dann für eine andere; wenn nicht durch das Gesetz, dann von sich selbst oder von einem Komplizen. Einen Ausweg gibt es nicht. Möglicherweise baut kein anderer Schriftsteller so sehr auf die amerikanischen Mythen wie Cain. Er schreibt über Ideale und die Schattenseiten Amerikas, ohne sie mit künstlerischen Anstrengungen zu kaschieren.«[3]

Geringeres literarisches Ansehen als die bisher Genannten genießt Cornell Woolrich (1903–1968) (eigentlich Hopley-Woolrich), der auch unter den Namen George Hopley und William Irish veröffentlichte. Seine Stories sind stets nach einem einfachen, aber wirksamen Muster gestrickt. Sie beginnen in einer alltäglichen, harmlosen Umgebung, die durch scheinbar zufällige Begebenheiten plötzlich den Charakter des Unheimlichen annimmt. Woolrichs Romane haben Handlungsabläufe, die den Leser fesseln, deren Aufbau aber meist zu mathematisch konstruiert ist, um auch nur einigermaßen akzeptabel zu sein. Die Charaktere, anders als in den Romanen Cains, lassen oft an Lebendigkeit zu wünschen übrig, und ihre Reaktionen scheinen eher mechanisch zu erfolgen als aufgrund psychologischer Motivation.

* Nach *The Postman Always Rings Twice* entstanden bislang vier Filme: LE DERNIER TOURNANT (Frankreich 1939), OSSESSIONE (Italien 1942), THE POSTMAN ALWAYS RINGS TWICE (1946), THE POSTMAN ALWAYS RINGS TWICE (1981).

Sie sind wie Schachfiguren, die nach den Regeln geführt werden, die aber weder selbst von ihrem »Schicksal« betroffen sind noch Betroffenheit beim Beobachter auszulösen vermögen. Auch die Qualität der Ausdrucksweise Chandlers erreicht Woolrich nicht annähernd. Trotz all dieser *literarischen* Mängel lieferten seine Stories über Verluste, schicksalhafte Zufälle, falsche Verdächtigungen, Alpträume und Fehlleistungen der Personen jedoch exzellente Vorlagen für eine ganze Reihe von Films noirs.

Der bekannteste Roman von Woolrich, der sich immer bemühte, in seinen Titeln die Wörter »Black«, »Dark«, »Night« oder »Death« einzubauen, ist *The Black Path of Fear* (Der dunkle Pfad der Angst), der 1944 erschien und zwei Jahre darauf als THE CHASE verfilmt wurde. Weitere Romane, aus denen gleichnamige Films noirs entstanden, sind *Black Angel, The Night Has a Thousand Eyes* (von »Hopley«), *Phantom Lady* und *Deadline at Dawn* (beide von »Irish«). Seine unter dem Namen »Irish« veröffentlichte Short story *Nightmare* wurde zweimal verfilmt, einmal unter dem Originaltitel, einmal als FEAR IN THE NIGHT. Aus der Erzählung *The Boy Cried Murder* wurde THE WINDOW und aus der Short story *Two Men in a Furnished Room* (von »Irish«) THE GUILTY.

1954 drehte Hitchcock seinen Lieblingsfilm REAR WINDOW nach der gleichnamigen Short story von Woolrich. Wegen Streitigkeiten der Erben um die Rechte an der Vorlage verschwand der Film nach Woolrichs Tod aus den Kinos und wurde erst 1984 wieder freigegeben. Sowohl aus Begeisterung für Hitchcock wie auch für den Film noir verfilmte Truffaut zwei Romane von Woolrich (d. h. von »Irish«): *The Bride Wore Black* von 1940 wurde zu LA MARIÉE ÉTAIT EN NOIR (1968) und der sieben Jahre später geschriebene *Waltz Into Darkness* zu LA SIRÈNE DU MISSISSIPPI (1969).

Weniger bekannt ist (heute) Horace McCoy (1897–1955), dessen Ruhm im wesentlichen auf den beiden ersten seiner fünf Romane basiert. Der 1935 erschienene *They Shoot Horses, Don't They?* ist eine Depressionsfabel über ein Paar, das in Hollywood vergeblich ins Filmbusiness einzusteigen versucht und statt dessen bei einem Marathon-Tanzwettbewerb strandet. Sydney Pollak verfilmte den Stoff 1969 unter dem Originaltitel mit Jane Fonda in der Hauptrolle. In seinem Debütroman konnte McCoy, der in den 30ern eine Zeitlang als Statist gearbeitet hatte, eigene schmerzliche Erfahrungen verarbeiten. Von Ende der 20er bis 1934 hatte auch er für *The Black Mask* geschrieben, war aber wegen seiner ausgeprägten Symbolik und seines gefühlsbeladenen Stils dort nicht allzuhoch eingeschätzt worden. *Kiss Tomorrow Goodbye,* sein vierter, 1948 gedruckter Roman,

diente 1950 als Vorlage für den gleichnamigen Film noir über einen psychopathischen Verbrecher.
McCoys zweiter Roman *No Pockets in a Shroud,* den er 1937 veröffentlichte, erschien 1947 in Paris in der berühmten *Série Noire*. Er galt, wie dann auch sein erster, bei den französischen Existentialisten als Kultklassiker, den insbesondere Sartre und de Beauvoir außerordentlich schätzten. Aufgrund des Erfolges seiner ersten beiden Romane hoffte McCoy, seinen seit 1935 ausgeübten, ungeliebten Job als Drehbuchschreiber an den Nagel hängen zu können. Dieser Wunsch blieb ihm unerfüllt; mehr als zwei Jahrzehnte lang hielt er sich mit dieser Arbeit über Wasser und wirkte an nahezu 100 Drehbüchern mit, meist für Billigfilme. Sein eigener nie eingelöster literarischer Anspruch war enorm und bereitete ihm abwechselnd Selbstmitleid und Schuldgefühle. Zeit seines Lebens schwankte McCoy zwischen schriftstellerischem Ehrgeiz und dem Bestreben nach (eher erreichtem) materiellem Erfolg.

5 Das Spiel von Schatten und Licht: Die Bildsprache

Spätabends steht Philip Marlowe in seinem nahezu dunklen Büro am Fenster und schaut hinaus auf die Lichter der Großstadt. Eine rhythmisch aufblinkende Neonreklame wirft in Abständen Licht von draußen in den Raum. Immer wenn das Neonlicht verlöscht, wird das Fensterglas zum Spiegel, in dem sich ein Ausschnitt des Zimmers reflektiert. Auf einmal bemerkt Marlowe – und mit ihm der Zuschauer – im Glas, daß sich hinter seinem Rücken ein Mann befindet, der völlig regungslos dasteht. Bei jedem Aufblitzen des Reklameschilds verschwindet das Spiegelbild des Riesen. Dafür ragen seine Umrisse in den Vordergrund des Bildes, in dessen Tiefe Marlowe noch immer starr aus dem Fenster blickt.
So beginnt, nach einem Stück der Rahmenhandlung, die lange Rückblende von MURDER, MY SWEET, in der Marlowe der Polizei berichtet, wie er zu dem Auftrag kam, der ihn am Ende unter Mordverdacht geraten ließ.
Auf dem Höhepunkt der Ereignisse wird Marlowe später im selben Film unter Drogen gesetzt, und der Zuschauer kann in einer langen Alptraum-Sequenz miterleben, was den Detektiv so quält: extrem verzerrte Bilder seiner Verfolger, Strudel, in die er zu stürzen droht, übergroße Injektionsspritzen, eine Flucht von Türen, die unendlich scheint, ein seltsames Deckenlicht, und – als er wieder halb bei Sinnen ist – ein unbeweglicher Nebel, der sich wie ein gigantisches, unzerreißbares Spinnennetz um ihn legt. Dann ist das Bild zersplittert wie der Blick in ein Kaleidoskop. Marlowe ist nahezu kraftlos, gerät in Panik und versucht sich einzureden, er könne genug Energie aufbringen, um den Raum und das Haus zu verlassen. All diese den Detektiv marternden Horrorvisionen setzen sich aus nichts anderem zusammen als aus Personen, Gegenständen und Schauplätzen, die bereits vorher im Film zu sehen waren. Ihre jetzige Bedrohlichkeit erwächst einzig daraus, daß sie verfremdet und von ihrem Kontext isoliert wieder auftauchen.
Dies sind nur zwei bemerkenswerte Beispiele für die Sorgfalt und den Ideenreichtum, mit denen der Film noir sein Bildmaterial behandelt.

Das erste mag für die Mise en scène, also den inneren Aufbau des Bildes auf der Leinwand, stehen, das zweite für die Montage. Gerade die visuelle Gestaltung – deren beide Pole Mise en scène und Montage darstellen – ist die einigende Klammer des thematisch doch eher heterogenen Film noir; und aus ihr leitet sich seine Sonderstellung als einzige Stil-Bewegung der amerikanischen Filmgeschichte ab. Bereits die Bezeichnung »Film noir« – wie auch deren gebräuchliche, aber nicht gerade treffende deutsche Entsprechung »schwarze Serie«* – deutet, über die zugrunde liegende düstere, pessimistische Weltsicht hinaus, auf eins der zentralen Gestaltungsmittel: die eigenartige Lichtführung, die sich von der bis dato im amerikanischen Film gebräuchlichen abhebt. Es ist das dramatische Spiel von Licht und Schatten, das wie kein anderes Stilmerkmal den Betrachter in die Lage versetzt, einen Film an einer winzigen Einstellung, ja oft nur an einem einzigen Standbild als Film noir zu identifizieren. Dieser Beleuchtungsstil, über dessen filmhistorische Bedeutung noch zu reden sein wird, trägt im Amerikanischen den Namen *low key* – ein technischer Begriff, der der Erläuterung bedarf**. Bis zum Beginn der 40er war es das Ziel der Hollywood-Kameramänner, den gesamten Schauplatz in etwa gleichmäßig auszuleuchten und nur wenige Schatten im Bild zu zeigen. Dies ergab und ergibt auch heute noch einen unauffälligen, naturalistischen Eindruck; die Gesichter beispielsweise erhalten Plastizität, ohne daß bestimmte Partien betont sind. Zwar benutzte auch der Gangsterfilm der Warner Brothers in den 30er Jahren einen »Schattenstil«, bei dem der Schatten aber einzig auf dem Hintergrund lag, um den Gangster noch deutlicher hervortreten zu lassen. Dies ist beim Film noir anders.

Der Film noir bricht radikal mit jeder naturalistischen Beleuchtungsweise und plaziert seine Lichtquellen an »unmögliche« Stellen: Alleiniges Seitenlicht läßt die Gesichter der Personen im Schatten und hebt nur eine Augenpartie oder ein Teil des Kinns hervor; extremes Unterlicht gibt den Gesichtern ein dämonisches, unheilvolles Aussehen

* An dem Begriff »schwarze Serie« ist vor allem auszusetzen, daß man landläufig unter »Serie« (in sich abgeschlossene) Filme mit ein und demselben Helden zusammenfaßt – also »Tarzan-Serie« oder »James-Bond-Serie«. Andererseits spiegelt »schwarze *Serie*« das instinktive Unbehagen der »Erfinder« dieser Bezeichnung, den Film noir als Genre anzusehen.

** *Key light* bezeichnet das Führungslicht, d. h. das Licht, das den Schauplatz und die Personen hauptsächlich ausleuchtet. Hinzu kommen schwächeres Füll-Licht (etwa von der Seite) und/oder Gegenlicht. Wenn das *key light* schwach ist, also *low key,* und damit die Füll-Lichter relativ dominant werden, sind die Personen und Schauplätze sehr ungleichmäßig erleuchtet; Gesichter etwa erhalten nur auf einer Hälfte Licht, während die andere und das Umfeld im Dunkeln bleiben. Das Gegenteil von *low key,* also die gleichmäßig helle Ausleuchtung der ganzen Szenerie, nennt man *high key.*

(vgl. Titelbild); manchmal sind nur die Schattenbilder von Personen zu sehen, oder diese werden mit Hilfe starken Gegenlichts zu Silhouetten. Fast unmerkliche Spotlichter lassen in einem dunklen Gesicht alleine die Augen erstrahlen oder lenken den Blick auf Gegenstände, die mit besonderer Bedeutung aufgeladen werden. Immer aber entsteht der Eindruck, daß die Dunkelheit stärker ist als das Licht, das sich zu kleinen Inseln zusammenziehen muß, die in der Flut der Schatten unterzugehen drohen. Andererseits kann es vorkommen, daß das Gesicht einer Frau, selbst das des Stars, dem grellen Licht eines Spots ausgesetzt ist, das ihm nichts vom Glamour und zarten Schmelz der Weichzeichneraufnahmen früherer Filme läßt, sondern es hart und grob zeigt.
Die nächtlichen Außenaufnahmen, sonst meist nach dem Prinzip der »amerikanischen Nacht« bei Tag mit reduzierter Belichtung aufgenommen, werden, obwohl aufwendiger, selbst im billigsten Film noir stets bei Nacht gedreht. Auf der Leinwand erscheint der Himmel tiefschwarz – nicht nur grau –, jedes Licht hat eine lokalisierbare Quelle, und die Schlagschatten sind für das Auge wirklich undurchdringlich. Die Stories des Film noir sind zu einem sehr großen Teil nachts angesiedelt. Es scheint, als ob die Autoren und Regisseure die Handlung

Abb. 21: Der Tag wird zur Nacht: Die Jalousie ist Schutzschild gegen die Realität der Außenwelt – Vincent Price, Dana Andrews und Gene Tierney in LAURA.

erst auf den Tag verlegen, wenn es keine andere Möglichkeit gibt. Die erste Hälfte von THE PROWLER spielt ohne Ausnahme bei Nacht: Der Polizist versieht ausschließlich nachts seinen Streifendienst, der Ehemann der Frau, der er nachstellt, ist Entertainer einer Radio-Nightshow, und seine Frau bleibt jede Nacht auf, um auf ihren Mann zu warten oder sich mit dem Cop heimlich zu treffen. Erst die Gerichtsverhandlung gegen den Polizisten findet, zwangsläufig, am Tage statt. Später verlagert sich der Plot in eine Geisterstadt in der Mojave-Wüste, und selbst in diesem Teil überwiegt die Nacht.

Die Szenen bei Tag sind im Film noir meist ausgeleuchtet, als ob es nachts wäre. Die Vorhänge sind zugezogen oder die Jalousien heruntergelassen, und ein paar niedrighängende Lampen sind angeknipst. Die Jalousie, die das bißchen Licht nur in schmalen Streifen hereinläßt und ein bizarres Schattenmuster an die Wand malt, ist der Schutzschild der Personen gegen die Realität der Außenwelt und des All*tags* (Abb. 21). Wie Vampire scheinen sie das Tageslicht zu scheuen.

Die kunstvoll plazierten Schattenmuster, die von den Jalousien oder von anderen häufig wiederkehrenden Gegenständen wie Treppengeländern (Abb. 34), Bettpfosten oder Mauervorsprüngen erzeugt werden, strukturieren nicht nur den Bildaufbau; von ihnen geht oft auch symbolische Bedeutung aus, die das zukünftige Schicksal der Figuren erahnen läßt. Der Schatten fällt häufig in einem wichtigen Moment über die Gesichter; er gemahnt an das Schattenmuster von Gefängnisgittern, hinter denen sich die Figuren aufgrund ihrer Entfremdung oder ihrer Obsession im übertragenen Sinne befinden, oder verweist auf das wirkliche Gefängnis, in dem die Figuren später landen. Laura (Abb. 21) scheint demnach nicht weniger gefangen zu sein als der Häftling in BRUTE FORCE (Abb. 22).

Die Verteilung von Licht und Schatten kommentiert das Verhältnis von Mann und Frau. In DOUBLE INDEMNITY (Abb. 23) wirkt das Gesicht der Femme fatale härter als das des Mannes, und während Neff eine helle und dunkle Seite zu haben scheint, ist Phyllis, obwohl hinter der Tür verborgen, in vollem Licht. Dies entspricht genau den Charakterzeichnungen. Die Frau ist eindeutig »böse«, sie ist im übertragenen wie im direkten Sinne die treibende Kraft hinter dem Mann, der noch schwankt zwischen Lust und Pflicht – letztere wird von Neffs väterlichem Freund (der sich rechts außerhalb des Bildes befindet und vor dem sich die Frau verbirgt) verkörpert, der den Mann positiv zu beeinflussen versucht. Und obwohl die Frau und den Mann nicht nur eine Liebesaffäre verbindet, sondern auch der gemeinsam ausgeführte Mord, verweist die das Bild in zwei Teile spaltende Türkante bereits auf die Trennung zwischen den beiden. An diesem Bild zeigt

Abb. 22: Gefangen und im Dunkeln: Selten nur ist das Gefängnis des entfremdeten Helden (Burt Lancaster) real wie in BRUTE FORCE.

sich darüber hinaus, wie der Film noir die vertikale oder schräge Linie – sei sie durch Gegenstände, Personen oder durch die Grenzlinie von Licht und Schatten erzeugt – der horizontalen vorzieht. Damit macht auch der Bildaufbau den Film noir zum Gegenpol des amerikanischen Western: Die Vertikale und die Schräge bleiben die Domäne der Großstadt, die Horizontale dagegen die der ländlichen Weite des

Abb. 23: Muster von Licht und Schatten: Die Ausleuchtung kommentiert das Verhältnis von Mann und Frau. Die Femme fatale (Barbara Stanwyck) ist die treibende Kraft hinter dem zögernden Mann (Fred MacMurray) – DOUBLE INDEMNITY.

unerschlossenen Westens. Dies ist mit ein Grund, warum der Bildstil des Film noir nicht auf die Breitwandverfahren der 50er übertragen werden konnte, die sich, laut Billy Wilder, am besten dazu eignen, »das Leben eines Dackels zu verfilmen«.

Doch zurück zum Schattenspiel des Film noir. Licht und Schatten erzeugen im Film noir ein Spannungsfeld, das in der Ambiguität der Charaktere und in der verwickelten Erzählstruktur wiederholt wird. Die Personen bewegen sich oft alternierend durch Licht und Schatten, ebenso wie sie teils positive, teils negative Eindrücke und Erfahrungen zu verarbeiten haben. Auch wird durch Licht und Schatten die sonst gebräuchliche Dominanz der Personen über ihre Umgebung umgekehrt: Der Raum wirkt als stärker – in ihn tauchen die Figuren ein oder gehen in ihm unter. Die Relation der Personen zu Licht und Schatten wird (wie auch schon DOUBLE INDEMNITY zeigte) zur Meta-

pher dafür, ob sie ihr Schicksal selbst in die Hand nehmen können oder den anonymen Mächten ausgeliefert bleiben.
Schatten stellen aber keineswegs nur den Ort der Bedrohung dar, sie bieten auch Schutz. Gelegentlich naht dem fliehenden Antihelden Gefahr gerade durch das Licht. Er wird im Lichtkegel einer Polizeilampe gefaßt (Abb. 24 und auch Abb. 47) oder die Hausfrau in THE RECKLESS MOMENT von einem Erpresser im Lampenlicht gestellt. In einer Szene von MINISTRY OF FEAR werden sogar Licht und Tod symbolisch gleichgesetzt. Auf dem Höhepunkt der Auseinandersetzung zwischen dem bösen Nazianhänger Willi und seiner Schwester Carla, die auf seiten des aufrechten Helden steht, zerschmettert Willi eine Lampe, um ungehindert aus dem Raum fliehen zu können. Die Lein-

Abb. 24: Gefahr aus dem Licht: Dem Flüchtenden bietet nur die Dunkelheit Schutz – Dennis O'Keefe in RAW DEAL.

wand ist völlig schwarz, dann, als Willi die Zimmertür öffnet und hinausrennt, für einen Moment hell und erneut dunkel. Unmittelbar danach feuert Carla einen Schuß ab, und auf der ansonsten finsteren Leinwand erscheint ein winziger, heller Punkt: Es ist das Schußloch in der Tür, durch das Licht hereinfällt und das (auch von seiner Lage her) anzeigt, daß Willi tödlich getroffen ist. Die Tür öffnet sich, und man sieht den sterbenden Nazi.

Diese Szene zeugt obendrein von der besonderen Vorliebe des Film noir für indirekte Erzählweise und – wie auch der Rest des Films – für das Spiel mit der Erwartungshaltung der Zuschauer. Dem Zuschauer werden die Ereignisse nicht direkt gezeigt, sondern er muß sie sich durch seine Phantasiearbeit erst selbst erschließen. MINISTRY OF FEAR verweist immer wieder darauf, daß die Dunkelheit für den Helden Schutz bedeutet; erst wenn er ins Licht zurückkehren muß, gerät er auch wieder in den Gesichtskreis seiner Verfolger. In OUT OF THE PAST ist es genau umgekehrt. Die neue Existenz des ehemaligen Privatdetektivs ist aufgrund früherer Verfehlungen gefährdet, und gerade aus dem Schatten (dem realen und dem der Vergangenheit) tauchen nun die längst vergessenen Personen wieder auf

Abb. 25: Gefahr aus dem Dunkel: Die Vergangenheit überschattet die neue Existenz des Verfolgten – Kirk Douglas, Jane Greer, Robert Mitchum in OUT OF THE PAST.

(Abb. 25) – ebensogut könnte der Titel des Films »Out of the Shade« lauten.

Aus den genannten Beispielen läßt sich zusammenfassen: Dunkelheit bedeutet im Film noir nicht nur Verborgenheit – gleich im doppelten Sinne, Verborgenheit *der* Gefahr und Verborgenheit *vor* der Gefahr – und damit Anwesenheit (im Dunkeln), sondern auch Abwesenheit (von Personen, von Dingen, nicht zuletzt von Licht). Dunkelheit und Licht sind somit dialektisches Ausdrucksmittel zweier besonderer Spannungsverhältnisse: zum einen der Spannung zwischen der Lust des Verbergens und der Furcht vor dem Verborgenen, zum anderen der Spannung zwischen der Erkenntnisangst und dem Wissensdrang.

Wenn das »Chiaroscuro« des Film noir auch sein offensichtliches und wichtigstes Stilelement ist, so sind doch andere visuelle Ausdrucksmittel nicht zu unterschätzen. Auffällig ist besonders, daß die Mise en scène häufig extreme Schärfentiefe verwendet, die das Spiel von Licht und Schatten erst voll zur Geltung bringt. Wie viele andere Film-noir-Stilelemente wird die Schärfentiefe in CITIZEN KANE – auch von seiner visuellen Gestaltung her *das* Vorbild des Film noir – zum ersten Mal in voller Konsequenz benutzt. Kameramann Gregg Toland selbst führte für diesen Film zahlreiche technische Experimente durch und erreichte schließlich, daß in Verbindung mit Weitwinkelobjektiven das Filmbild vom nahen Vordergrund bis weit in die Tiefe scharf zeichnet. Dies ermöglichte, ja verlangte geradezu eine Bildkomposition längs der Tiefenachse, bei der durch die alles umfassende Schärfentiefe etwa auch kleinen Gegenständen im Vordergrund die gleiche Wichtigkeit zukommen kann wie den Personen im Mittel- oder den Raumbegrenzungen im Hintergrund. Die Schärfe erhält somit den Rang eines wichtigen Ausdrucksmittels, das Bezüge herstellt zwischen Objekten und Personen oder zwischen der Umgebung und den ihr ausgesetzten Figuren. Nur in den seltensten Fällen ergibt sich daraus die Integration der Personen in ihr Milieu, meist zeigt gerade das alles gleich scharf wiedergebende Bild die Person um so bedrohter, um so reduzierter gegenüber dem Schauplatz. In der Halbtotalen vor allem verlieren sich die Personen in ihrer Umgebung (Abb. 1), sie werden selbst zum Teil des Dekors, werden verdinglicht.

Die Schärfentiefe, besonders in Verbindung mit der Weitwinkeloptik, erzeugt eine suggestive Tiefenwirkung, die den Zuschauer stark ins Bild miteinbezieht. Seine Anteilnahme an den Handlungen nimmt zu (Abb. 16). Dieser tiefenwirksame Bildaufbau fordert einen deutlich gestalteten Vordergrund, z. B. durch Objekte oder Personen, die hart am unteren (Abb. 10) oder seitlichen Bildrand (Abb. 25) plaziert sind. Weitwinkellinsen tendieren bei Groß- oder Nahaufnahmen überdies dazu, Proportionen zu verzerren. Alles wächst nach vorne aus dem Bild heraus. Orson Welles etwa wirkt dadurch in einer Szene in TOUCH OF EVIL (Abb. 40) noch voluminöser und gigantischer; er beherrscht den gestellten Gangster und die mit Rauschgift betäubte Frau auf dem Bett nicht nur mit seiner verhältnismäßig winzigen Waffe, sondern vor allem durch den Bildaufbau und seine Körperfülle.

Ein erhöhter Kamerastandpunkt läßt den Zuschauer auf die Personen aus einem Blickwinkel hinabblicken, der dem eines Schachspielers auf seine Spielfiguren entspricht. Die Menschen wirken dadurch in ihrer unwirtlichen Umgebung noch verlorener (Abb. 1), sind in eine Falle geraten und der Gefahr hilflos ausgesetzt (Abb. 26) oder buchstäblich am Boden zerstört (Abb. 27).

Wo immer möglich, verwendet der Bildaufbau eine hermetisch geschlossene Form, bei der die natürlichen Grenzen des Schauplatzes betont und häufig an den Rändern des Bildes gezeigt werden. So er-

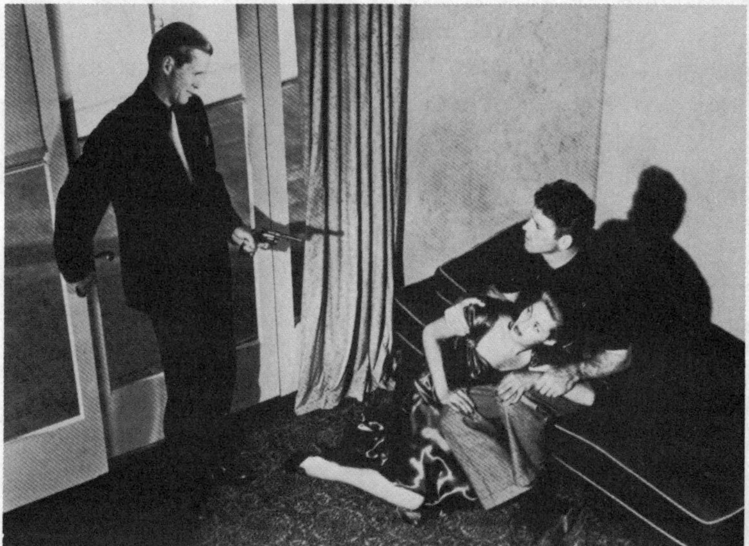

Abb. 26: Die Distanz des Betrachters: Ein erhöhter Kamerastandpunkt läßt den Zuschauer mitleidlos hinabblicken auf die Figuren – Dan Duryea, Yvonne DeCarlo und Burt Lancaster in CRISS CROSS –, die hilflos sind ...

Abb. 27: ... und am Boden zerstört. Everett Sloane in THE LADY FROM SHANGHAI.

hält das Rechteck auf der Leinwand einen inneren »Rahmen«, der von den Wänden, von Möbeln, Lampen, Türen, Geländern, Schatten oder Personen gebildet wird, die, wie bereits gezeigt, auch das Bild selbst gelegentlich in Sektoren teilen. In JOURNEY INTO FEAR wirkt der Held (Abb. 5) eingerahmt oder besser: eingeklemmt, und zwar an einem Ort, zu dem er überhaupt nicht hinwollte und wo ihm Lebensgefahr droht. Bei Straßenaufnahmen, bei denen ein natürlicher Bildrahmen nicht immer erzielt werden kann, werden Querbewegungen (etwa von Personen oder Autos), die den Bildrand überschreiten und die Offenheit des gewählten Ausschnittes demonstrieren würden, meist peinlich vermieden. Immer aber wird betont, daß das Rechteck des Bildausschnittes der künstliche Rahmen ist, innerhalb dessen sich die Bewegungen und Beziehungen der Personen entwickeln. Dem entspricht die typische geringe Bewegungsdynamik der Mise en scène des Film noir, die sich vom Tempo des Gangsterfilms sehr unterscheidet. Vor allem Gewaltszenen, im Gangsterfilm Höhepunkte an Dynamik und Action, werden im Film noir durchweg statisch inszeniert, wodurch die Qual der Opfer sich um so mehr auf die Zuschauer überträgt.

Klaustrophobische Enge, Isolierung der Personen von ihrer Umge-

bung werden auch durch das Gegenteil der Weitwinkelaufnahme erreicht. Strangulierend enge Großaufnahmen, die gelegentlich Stirn und Kinn halb »wegschneiden«, zeigen auf dem dramatischen Höhepunkt das ganze Ausmaß des emotionalen Stresses, die Bedrohlichkeit der obsessiven Täter oder die nackte Angst der Opfer. (Die Stills geben dies sehr unvollkommen wieder, einen ungefähren Eindruck vermitteln am ehesten noch Abb. 9 und 3.) Großaufnahmen oder Nahaufnahmen, die das Umfeld aussparen (Abb. 8 und Abb. 12), wirken bedrohlich besonders dann, wenn die Totalansicht oder orientierende Teilansichten der Szenerie dem Zuschauer vorenthalten oder hinausgezögert werden und er keine Möglichkeit der Einordnung der Personen in die Umgebung bekommt – daraus erwächst ein gefühlsmäßiges Unbehagen, »man weiß nicht, was um einen herum ist«.
Unbehagen vermittelt auch ein weiteres »expressives«, außerhalb des Film noir sehr ungebräuchliches Ausdrucksmittel – die verkantete Kamera, die durch den Verlust der Horizontlinie am deutlichsten wiedergibt, daß die Welt aus den Angeln geraten ist (Abb. 28, weniger gut erkennbar auch Abb. 45).
Kamerafahrten sind verhältnismäßig selten und werden, wenn überhaupt, dann in auffälliger Weise eingesetzt. Typisch ist beispielsweise die Rückwärtsfahrt der Kamera vor einem Fliehenden her. Sie vermittelt dabei die schnelle Bewegung, zeigt gleichzeitig die Panik auf

Abb. 28: Der Verlust des Horizonts: Die Welt gerät aus den Angeln – für den Zuschauer wie für die Figuren selbst. Jean Peters und Richard Widmark in PICKUP ON SOUTH STREET.

dem Gesicht des Rennenden und verweist in der Bildtiefe auf die sichtbare oder unsichtbare Bedrohung im Rücken des Gejagten.
Nicht nur die Mise en scène, auf der im Film noir das Hauptgewicht liegt, versucht, mit dem wohltemperierten Bildaufbau des Hollywood-Stils der 30er zu brechen, indem sie Symmetrien und harmonische Arrangements scheut; analog dazu verzichtet auch die – im Film noir – geringer bewertete Montage auf einen flüssigen, unauffälligen Schnitt. Halbtotalen, die in enge Großaufnahmen springen, oder eine objektive Aufsicht, der unvermittelt eine gewagte subjektive Einstellung folgt, sind für den Film noir ebenso gebräuchlich wie aneinandermontierte, immer gleichgroße Weitwinkeleinstellungen von immer neuen Kamerastandpunkten aus.
Sosehr – ausgenommen das Licht- und Schattenspiel – die visuellen Ausdrucksmittel des Film noir in den einzelnen Filmen oder von Sequenz zu Sequenz desselben Films sich auch unterscheiden mögen, fast jede Einstellung läßt das Bemühen spüren, mit Hilfe expressiver und oft ungewöhnlicher Mittel die Verstricktheit, Entfremdung, Obsession und Neurose der Personen dem Zuschauer vor Augen zu führen. Von wenigen »distanzierenden« Einstellungen einmal abgesehen, versuchen nahezu sämtliche Stilelemente, den Zuschauer in das Bild »hineinzuziehen« und ihn die Gefühle der Figuren selbst erfahren zu lassen. Damit gerät die visuelle Gestaltung in einen (bereits in Kapitel 3 aufgezeigten) dialektischen Widerspruch zu dem Distanz erzeugenden Plotaufbau – und der Zuschauer stürzt in einen verwirrenden Zwiespalt zwischen narrativer und visueller Darbietungsweise.
Den drei Phasen seiner thematischen Entwicklung entsprechend, läßt sich eine Veränderung im Bildstil des Film noir verfolgen, wenn diese auch nur verhältnismäßig gering ausfällt. Die Unterschiede betreffen in erster Linie das Verhältnis von Studioaufnahmen zu an Originalschauplätzen gedrehten Szenen. Die Filme der Phase eins entstanden fast ausschließlich in der Kunstwelt des Studios. Dies gilt nicht nur für Wohnungen, Büros und Bars, selbst die Außenschauplätze der Stadt – bis auf gelegentliche einführende Totalansichten –, die Straßen, Plätze, Häuserfassaden sind alle im Studio gebaut. Die regennassen nächtlichen Straßen sind meist leer, keine einzige unbeteiligte Person ist zu sehen. Oder aber es wird, in den Szenen bei Tag, jeder der Passanten wie in SCARLET STREET sorgfältig choreographiert, mit gegenläufigen Bewegungsrichtungen und in besonderen Rhythmen, die sich von den Zufallsbewegungen der in den späteren Phasen on location gedrehten Szenen völlig abheben. Ansonsten aber vermeidet der Film noir der ersten Phase allzu häufige

Berührung mit der Stadt, die er zwar thematisiert, aber nur gelegentlich zeigt. Allenfalls ein Ausschnitt der realen Stadt ist in einem Fenster zu sehen, dessen Rahmen ihr jedoch die Statik und die Künstlichkeit eines Gemäldes verleiht. Die Haltung des frühen Film noir zur Stadt illustriert, obwohl erst 1948 aufgeführt, THE BIG CLOCK: Unter den Filmtiteln erscheint ein Panorama New Yorks, dann nähert sich die Kamera rasch einem Gebäude und dringt durch ein Fenster hinein. Das reale New York bleibt hinter uns zurück, und wir befinden uns in der Kunstwelt des Filmstudios; die Handlung kann beginnen.

Die Phase zwei benutzt mehr und mehr Originalschauplätze. Zwar schlug sich der nach dem Krieg im Film weltweit zu beobachtende Trend zum Realismus in Hollywood vor allem in der Entwicklung des semidokumentarischen Spielfilms nieder, aber auch der Film noir blieb davon nicht völlig unberührt. Auch er begibt sich in die wirklichen Straßen der wirklichen Stadt, aber selbst hier hat der Naturalismus keinen Platz. Die Stilisierung der Schauplätze besteht fort. Jetzt erst wird die Stadt wirklich zum Beton-Dschungel, erst hier macht der Film noir ausgiebig Gebrauch von den realen und doch so expressiven Schauplätzen jenseits der Alltäglichkeit: Docks, leere Hafenschuppen, zerfallende Warenhäuser, Fluchten von Feuertreppen, schmuddelige Hinterhöfe, finstere Nebenstraßen.

Die dritte Phase behält dies im wesentlichen bei, hinzu kommen kleinere »außergewöhnliche« Städte wie die mexikanisch-amerikanische Grenzstadt in TOUCH OF EVIL oder spießige Kleinstädte und kaum bewohnte Landschaften als Antithesen zur Großstadt.

Aber ob Studiowelt oder vorgefundener Schauplatz, der Stilwille des Film noir wird dadurch nicht geschmälert. Es scheint, als hätten die Chefkameramänner ihre ateliererprobte Beleuchtungstechnik einfach auf die reale Umgebung übertragen. Sie machten die Stadt zum gigantischen Studio. Aus diesem Widerspruch von authentischem Schauplatz und Studiostil wächst eine enorme Spannung, die die Stadt der Phase zwei am interessantesten macht. Wenn man Woody Bredell, der seine Meisterschaft als Kameramann auch in einigen Films noirs unter Beweis stellte*, nachsagte, er könne ein Football-Stadion mit einem einzigen Streichholz ausleuchten, so widerspiegelt sich darin genau das Verhältnis von realem Schauplatz und dem Bemühen um einen low-key-Stil – neben dem professionellem Respekt vor seiner Ökonomie von Aufwand und Wirkung. Zwar war der Film noir nicht die Domäne der Kamerastars – nur gelegentlich,

* CHRISTMAS HOLIDAY, PHANTOM LADY, THE KILLERS, THE UNSUSPECTED.

gleichsam nebenbei, arbeiteten diese im Film noir, etwa Stanley Cortez, James Wong Howe oder Sol Polito –, aber der Beitrag einer Handvoll Kameraleute zu seinem Stil ist kaum hoch genug zu bewerten. Von Gregg Tolands indirektem Einfluß durch seine Pionierarbeit für die Schärfentiefe von CITIZEN KANE war bereits die Rede. Allein aus seinem Engagement als Marine-Kameramann unter John Ford während des Krieges und aus seinem frühen Tod im Jahre 1948 läßt sich erklären, wieso er mit dem Film noir nicht näher in Berührung kam.

Die wenigen »großen« Kameraleute, die im Film noir arbeiteten, waren Lee Garmes* (der ebenso wie Bredell von der Lichtwirkung in den Gemälden Rembrandts begeistert war und sie studierte) und John F. Seitz**, dessen Name auch im Zusammenhang mit einigen technischen Weiterentwicklungen steht. Wichtige Beiträge zum Film noir lieferten Burnett Guffey***, der von 1942 bis in die 60er bei Columbia sehr einflußreich war und den Film-noir-Stil des Studios formte, und der aus Ungarn stammende John Alton**** (eigentlich Aldon Jacko), vor allem in Zusammenarbeit mit Regisseur Anthony Mann. Altons Spezialität waren tiefe, oft schiefwinkelige Perspektiven, und er zeigte gerne bei seinen Innenaufnahmen deutlich die Zimmerdecke. Er galt als ungeheuer schnell, was ihn bei den Billigstudios ebenso beliebt machte wie später bei MGM. Seine langjährige Erfahrung faßte Alton später in dem Buch *Painting With Light* zusammen, das viele andere Kameraleute beeinflußte. Kameramänner mit zahlreichen Arbeiten im Film noir waren auch Nicholas Musuraca*****, der bereits bei dem allerersten Film noir dabei war, und Milton Krasner******.

Einige Kameraleute des Film noir stammten aus Europa und hatten dort den expressionistischen Stil gelernt. Der in Krakow geborene Rudolph Maté arbeitete in Budapest, Wien, Berlin und Paris und ging 1934 als Kameramann nach Hollywood. Als solcher arbeitete er an GILDA (1946), bevor er ein Jahr später selbst Regisseur wurde

* NIGHTMARE ALLEY, CAUGHT, DETECTIVE STORY.

** THIS GUN FOR HIRE, DOUBLE INDEMNITY, THE LOST WEEKEND, THE BIG CLOCK, THE NIGHT HAS A THOUSAND EYES, SUNSET BOULEVARD.

*** MY NAME IS JULIA ROSS, SO DARK THE NIGHT, JOHNNY O'CLOCK, THE RECKLESS MOMENT, IN A LONELY PLACE, HUMAN DESIRE, PRIVATE HELL 36.

**** T-MEN, RAW DEAL, HE WALKED BY NIGHT, BORDER INCIDENT (alle vier mit Mann), THE CROOKED WAY, MYSTERY STREET, I, THE JURY, THE BIG COMBO.

***** STRANGER ON THE THIRD FLOOR, THE SPIRAL STAIRCASE, DEADLINE AT DAWN, OUT OF THE PAST, CLASH BY NIGHT, THE BLUE GARDENIA, THE HITCH-HIKER.

****** THE WOMAN IN THE WINDOW, SCARLET STREET, THE DARK MIRROR, A DOUBLE LIFE, THE ACCUSED, THE SET-UP, HOUSE OF STRANGERS.

und drei gelungene Films noirs realisierte. Franz (Frank) Planer* war aus Karlsbad und kam 1937 über mehrere europäische Länder nach Hollywood, wo er sich auf die On-location-Photographie spezialisierte. In Deutschland hatte er als Assistent des in Böhmen geborenen Karl Freund begonnen und konnte bei der Ufa bald zum selbständigen Kameramann aufsteigen. Freund selbst war in Deutschland eine Berühmtheit. Er arbeitete mit allen Regisseuren von Rang und Namen, vor allem auch für Murnau und eine ganze Reihe von Expressionisten. Von 1926 an war er in Europa für Fox tätig und ging 1929 nach Hollywood (wo er auch als Regisseur arbeitete), aber sein einziger Film noir blieb KEY LARGO. Es überrascht, daß die in die USA geflüchteten Kameraleute – so sehr im Gegensatz zu den deutschen Regisseuren – entweder kaum oder überhaupt nicht im Film noir gearbeitet haben, in dem sie doch die Fortsetzung ihres früheren Stils hätten finden können. Nur zum Teil dürfte die ablehnende Haltung, die die Gewerkschaften und Interessenverbände den europäischen Technikern entgegenbrachten, dabei mitgespielt haben.

Fast von selbst versteht sich, daß eine Bewegung wie der Film noir, die ein so außerordentliches Gewicht auf visuelles Styling legt, eine entwickelte Metaphorik und Symbolik benutzt. Bereits die bislang erwähnten visuellen Ausdrucksmittel zeigten besonders viele metaphorische Bezüge zu der im Film noir zentralen Relation von Mann und Frau. Darüber hinaus entstand im Film noir eine Fülle leicht verständlicher Codes, die dem Zuschauer grundsätzliche Gefühlslagen von Personen oder Szenen vermittelten. Ein paar der häufiger auftretenden und interessanten Metaphern für das Verhältnis der Geschlechter zueinander sollen noch gestreift werden.

In mehreren Films noirs spielt ein gemaltes Porträt der weiblichen Hauptfigur eine wichtige Rolle, besonders deutlich in LAURA, THE WOMAN IN THE WINDOW und SCARLET STREET. In zwei der genannten Filme verliebt sich ein Mann zuerst in das Bild und anschließend in die Frau, die diesem als Modell diente; in SCARLET STREET malt ein Mann ein Porträt nach der Frau, in die er sich soeben verliebt hat. In jedem der drei Filme aber (und auch in NIGHT AND THE CITY in einem Nebenplot) wird im Lauf der Handlung das gemalte Porträt immer wieder in den Bildaufbau miteinbezogen, dominiert ihn sogar häufig (Abb. 29), oder die Handlung kommt immer wieder auf die Frau im Bild zurück.

Genau wie das in dieser Zeit erfundene Pin-up-girl, das den GIs an

* THE CHASE, CRISS CROSS, THE LONG WAIT.

Abb. 29: Die Frau im Rahmen: Ihre Idealisierung durch den Mann macht sie begehrenswert, aber ungefährlich – Dana Andrews vor dem Porträt Gene Tierneys in LAURA.

der Front ein Frauen-Bild – im doppelten Sinne – vermittelte, deutet das Frauenporträt im Film noir immer auf eine Idealisierung der Frau, die auf diese Weise zwar als begehrenswert, aber ungefährlich erscheint. Die Frau bleibt auch in übertragener Bedeutung »im Rahmen«. Darin zeigt sich – wie im Pin-up – die Reduktion der Frau auf ihre äußere Erscheinung; sie wird zum ausschließlich imaginierten Sexualobjekt. In der nur in der Phantasie ausgelebten Sexualität liegt tief verborgen die Angst des Mannes vor einer wirklichen sexuellen Beziehung zur Frau. Diese Angst wird im Lauf der Plotentwicklung transparent: Die Frau tritt wirklich auf und zeigt, für den Mann äußerst beunruhigend, Abweichungen von ihrem Idealbild. Sie erweist sich als eigenwillig, dominant, gefährlich und oft verbrecherisch – immer aber als selbständig-selbstbewußt: Sobald die Frau den rechtwinkligen Rahmen verläßt, bahnen sich für den Mann Chaos und Untergang an.
Ähnliche Bedeutung drückt gelegentlich ein Spiegel aus, in dem die Frau zu sehen ist. Auch hier wird auf den Doppelcharakter der Frau verwiesen, auf den Unterschied zwischen Ideal und Wirklichkeit, zwischen Erscheinung und Wesen. In DOUBLE INDEMNITY kommt bei der bedeutungsschwangeren ersten Begegnung zwischen Neff und Phyllis die Frau die Treppe herunter und nähert sich einem Spiegel. Plötzlich

ist der Mann von ihr optisch umzingelt, auf der einen Seite sieht er ihr Spiegelbild, auf der anderen sie selbst. Der Hinweis ist überdeutlich: Phyllis besitzt zwei Charakterseiten, die Neff nicht zu unterscheiden vermag und zwischen denen er sich verfangen wird. Diese Doppelbödigkeit zeigen nahezu alle Figuren, bei der Frau aber wird sie häufig explizit vermittelt, bis hin zum Doppelgängermotiv in THE GUILTY und in THE DARK MIRROR (Abb. 30). In beiden Filmen wird die Ambivalenz der Frau auf eine gute und eine böse Zwillingsschwester aufgeteilt, wobei letztere das im Titel angesprochene »schwarze Spiegelbild« der guten ist.*

Ein Spiegelkabinett bietet in mehreren Filmen, in FEAR IN THE NIGHT, NIGHTMARE und THE LADY FROM SHANGHAI, einen großartigen Schauplatz, um den Irrwitz der Handlung auch visuell auszudrücken. Im Spiegelkabinett von THE LADY FROM SHANGHAI findet zwischen den beiden bösen Figuren Bennister und Elsa Bennister ein Showdown statt, bei dem sie sich gegenseitig erschießen und dabei die Spiegel zerstören (Abb. 27); und erst als die Zerrspiegel zerbrochen sind, ist auch für das immer wieder betrogene Opfer O'Hara der Alptraum beendet. Das Zersplittern des Spiegels ist für ihn ebenso Befreiung wie in THE DARK MIRROR die Entlarvung der bösen Zwillingsschwester für die gute.

Wie sehr der Film noir mit visuellen Kürzeln operiert, zeigt sich vor allem in der Ikonographie der sexuell attraktiven und aktiven Frau, bei der Kleidung, Ambiente und einzelne Gegenstände bereits ihre Rollenfunktion oder ihre Charaktereigenschaften verraten. Die Frau wird (in DOUBLE INDEMNITY) in ein Badetuch gehüllt auf einem hohen Treppenabsatz stehend gezeigt, sie frühstückt ausgiebig im Bett (Abb. 37), trägt legere Hauskleidung oder ein besonders exotisches (Abb. 5) oder gewagtes (Abb. 6) Kostüm, oder aber ausgesprochen männliche Kleidung – Mildred Pierce etwa ein Streifenkostüm mit wattierten Schultern, das wie ein Anzugjackett wirkt und sie als »männliche« Karrieristin diffamiert (Abb. 41). Gegenstände wie ein Fußkettchen an einer seidenbestrumpften Wade können den Helden in erotische Verwirrung bringen (DOUBLE INDEMNITY); oder die Zigarettenspitzen von Gilda und von Norma Desmond in SUNSET BOULEVARD drücken mit geradezu phallischer Symbolkraft sexuelle Macht ebenso deutlich aus wie die Pistole in der Hand der Rächerin in THE BIG HEAT und KISS ME DEADLY. Diese Macht findet sich auch in Gildas

* Das Standfoto zeigt darüber hinaus das Spiegelbild *einer* der beiden Schwestern, und zwar der bösen, denn nur bei ihr gibt es die Diskrepanz zwischen Sein und Schein; die andere dagegen hat kein Spiegelbild und keinen doppelten Charakter, sie ist so, wie sie aussieht: gut.

Abb. 30: Die Ambivalenz der Frau: Die böse und die gute Seite ihres Charakters sind hier verteilt auf zwei Zwillingsschwestern (Olivia de Havilland in einer Doppelrolle) – THE DARK MIRROR.

durch das Ausziehen eines langen, schwarzen Handschuhs angedeutetem Striptease (Abb. 6), den der eifersüchtige Mann wild entschlossen verhindert.

Das Interessanteste am Film noir ist sicherlich seine visuelle Gestaltung, sie ist es, die auch aus einem zweit- oder drittklassigen Film immer noch ein *sehens*wertes kleines Meisterwerk macht. Und am besten ist der Film noir dann, wenn er geschickten Gebrauch von Objets trouvés macht – etwa auf dem simplen natürlichen Effekt einer spiegelnden Fensterscheibe und einer flackernden Neonröhre eine außerordentlich spannende Szene aufbaut.

Dies gelingt nicht nur – wie eingangs beschrieben – MURDER, MY SWEET, sondern auch dem im übrigen ziemlich schwachen THE UNSUSPECTED in einem Teil seiner Handlung: Ein Entflohener soll einen Mann töten; er wird dazu von dem psychopathischen Radio-Entertainer Grandison gezwungen, der eine erfolgreiche Sendereihe mit überaus plastischen Beschreibungen von berühmten und besonders grausigen Kriminalfällen bestreitet. Zu Beginn der entscheidenden Sequenz sitzt das vorgesehene Opfer in einem Zugabteil, hört im Radio, wie Grandison gerade einen seiner Fälle schildert, und sieht dabei aus dem Fenster. In einer technischen Tour de force wendet sich die Kamera Woody Bredells nun vom Zugfenster ab und fährt durch die verlassenen Straßen einer Stadt bis hin zu dem Fenster eines Hotels namens *Peekskill*. In dem schäbigen Zimmer hinter dem Fenster liegt der unter Druck gesetzte Entflohene rauchend auf seinem Bett und denkt darüber nach, ob er die Tat ausführen soll. Auch er hört im Radio die Stimme seines »Herrn«, der immer noch bei seinem »Fall« ist, der in Wirklichkeit keinen geschehenen Mord beschreibt, sondern bis ins Detail die geplante Tat. Die suggestive Wirkung der Stimme unterstützt die einzige Lichtquelle des Zimmers: das periodisch aufflackernde Hotel-Reklameschild, dessen erster Teil verdeckt ist, während der einzig sichtbare Rest den Befehl Grandisons wiederholt: »KILL – KILL – KILL . . .«

6 Expressionismus, Poetischer Realismus und Gangsterfilm: Filmische Ursprünge

Während sich die Einflüsse der hartgesottenen Krimischreiber in erster Linie auf die komplexe Erzählstruktur und die pessimistisch-gebrochene Grundstimmung der Figuren des Film noir auswirken, reichen die Wurzeln seiner visuellen Ausdrucksmittel bis in andere filmische Stil-Bewegungen. Wenn diese im europäischen Kino der 20er und 30er Jahre zu finden sind, so überrascht das angesichts der Vorherrschaft Hollywoods, von dem eher Anregungen auszugehen scheinen, als daß es solche aufnimmt – noch dazu mit einer Verspätung von ein, zwei Jahrzehnten. Dennoch, die beiden wichtigsten filmischen Vorbilder für den Film noir sind der deutsche expressionistische Film der 20er und der französische Poetische Realismus der 30er.

In den 20er Jahren hatte der deutsche Film Weltrang. Er konnte sich neben dem amerikanischen nicht nur überall gut behaupten, sondern war auch in den USA populär und inspirierte sichtlich manchen Regisseur und Produzenten. Auch wurden deutsche Filmschaffende, Stars ebenso wie Regisseure und Autoren, gerne nach Hollywood geholt, wo sie beachtliche Erfolge verbuchen konnten. Vor allem aber fanden zahllose deutsche Regisseure, Kameraleute, Produzenten, Techniker und Darsteller nach 1933, nach der »Machtergreifung« Hitlers, in Hollywood Asyl vor dem Naziterror und nicht selten eine neue Heimat. Die Exilanten arbeiteten besonders im Film noir und auch in den B-Pictures aller Genres, wobei sie ihre künstlerische Prägung nicht verleugneten, sondern bewußt und unbewußt in die amerikanischen Filme einbrachten und mit ihren neugewonnenen sozialen und kulturellen Erfahrungen verschmolzen. Daraus erst konnte sich der besondere Charakter des Film noir entwickeln.

Bevor aber, in einem späteren Kapitel, näher auf die Emigranten eingegangen werden soll, möchte ich die Charakteristika des deutschen expressionistischen Films und ihre Wirkung auf den Film noir aufzeigen. Zu Anfang des Jahres 1920 wurde in Deutschland mit immensem Erfolg DAS CABINET DES DR. CALIGARI uraufgeführt. Mit diesem Film hatte die Bewegung des Expressionismus, die in der bildenden Kunst entstanden und dann auf Literatur und Theater übergegangen war,

Abb. 31: »Das Filmbild muß Graphik werden« – Beginn und Höhepunkt des expressionistischen Films: DAS CABINET DES DR. CALIGARI.

auch das Kino erfaßt. Eine der wichtigsten Figuren der nun beginnenden expressionistischen Filmperiode war der Drehbuchautor Carl Mayer, der in den 20er Jahren zu den meisten großen Filmen die Vorlage lieferte und auch zu CALIGARI, zusammen mit Hans Janowitz, das Drehbuch verfaßt hatte.

Die phantastische Geschichte um den Jahrmarkthypnotiseur Dr. Caligari und sein somnambules Medium Cesare, das im Auftrag seines Meisters in einer Kleinstadt Morde begeht, schien den beiden Autoren die geeignete Parabel ihrer Kritik an Tyrannei im allgemeinen und am autoritären deutschen Staatssystem der Kriegsjahre im besonderen. Nach einem Vorschlag von Fritz Lang, der ursprünglich die Regie übernehmen sollte, bettete der Regisseur Robert Wiene die Geschichte über die Verbrechen in eine Rahmenhandlung ein, die das Ganze der irren Phantasie eines Geistesgestörten zuschrieb. Der Bösewicht Caligari wurde somit zu einem gütigen Anstaltsleiter, der den Verrückten zuversichtlich heilen will. Die Autoren wandten sich vergeblich gegen diese Rahmenhandlung, da sie erkannten, daß, wie Siegfried Kracauer es formulierte, »ein revolutionärer Film so in einen konformistischen Film umgewandelt wurde«[1]. Kracauer übertreibt zweifellos, denn wohl kaum kann eine knappe Rahmenhandlung das »Revolutionäre« der Kernhandlung völlig umkrempeln; auf jeden Fall aber blieb das wahrhaft Revolutionäre des Films, seine visuelle Gestaltung, davon unberührt.

Wiene übertrug die Verantwortung für Ausstattung und Szenenbild des Films drei expressionistischen Malern und Architekten, von denen einer, Hermann Warm, ihre Absichten in den programmatischen Satz »Das Filmbild muß Graphik werden« faßte. Die drei Künstler nutzten ihre große experimentelle Freiheit, bemalten die Leinwände der Studiohintergründe und den Boden mit grotesk verzerrten perspektivischen Darstellungen von Häuserwänden und engen Gassen und überzogen alles mit bizarren Schattenmustern. Sie ließen Stühle und Tische mit seltsamen Proportionen bauen, und auch die Kostüme des Hypnotiseurs und des Mediums und dessen Maske waren nach ihren Vorstellungen gestaltet. Das gesamte Dekor des Films wurde zum Ausdrucksmittel der psychologischen Disposition der Personen. Besonders die stilisierten Gassen der Kleinstadt, durch die das Medium nächtens schleicht, und die schiefwinkeligen Dächer, über die es später flieht, wirken wie Ausgeburten einer wirren Phantasie, hinter denen das vergleichsweise naturalistische Spiel der Darsteller weit zurücksteht. Kamine neigen sich in einem gewagten Winkel, Fenster haben die Form von spitzwinkeligen Dreiecken oder wilden Zackenmustern, Bäume erinnern an zusammengestürzte und verkeilte Telegraphenstangen. In die »Graphik des Filmbildes« ist selbst die Schrift miteinbezogen, in einer Szene erscheint überall auf Hausmauern und auf dem Straßenpflaster der Befehl »DU MUSST CALIGARI WERDEN«. Auf diese Weise wird – dem »Kill« in THE UNSUSPECTED vergleichbar – der obsessive Wunsch des Psychiaters, seinem Vorbild Caligari nachzueifern, eindringlicher vermittelt als durch die sonst üblichen Zwischentitel.

In CALIGARI zeigte sich die Haltung des Expressionismus aufs deutlichste: die Absage an jedwede naturalistische Realitätsvorstellung, die Auflehnung gegen rationale Ordnung und Logik, der Protest gegen die herrschende Gewalt. Die Enttäuschung einer Intellektuellen- und Künstlerschicht angesichts der Schrecken des Krieges und der Wirren der Nachkriegszeit – der Situation zur Entstehungszeit des Film noir nicht unähnlich – fand in dieser Stilrichtung ihren genuinen Ausdruck. Die Expressionisten zogen sich, unfähig, die Wirklichkeit nach ihrem Willen zu gestalten, in eine realitätsferne Innerlichkeit zurück und schufen sich ihre eigene Kunstwelt, die den Verletzungen ihrer Psyche entsprach. Emotionen wurde jede Freiheit verschafft, und anstelle der Darstellung der Oberflächenrealität der Dinge und Personen rückte die Visualisierung der nach außen gekehrten inneren Struktur, der »wahren« Natur. Einer der Hauptmeister und Initiatoren des Expressionismus, der Maler Schmidt-Rottluff drückte es so aus: »Wer Expressionismus sagt, meint Dramatik der Bildstruktur.« Der Kampf des Individuums stand im Zentrum der Auseinandersetzung, und Grundgefühle wie Angst, Haß, Gier und Liebe fanden ihre Darstellung – weitaus mehr als differenziertere Emotionen.

In dieser Welt war alles artifiziell und im Film besonders. Wider die Naturgesetze waren dort Licht und Schatten verteilt, sie wurden aufgemalt nach ausschließlich psychologischen Regeln. Die Filmkünstler beschränkten sich auf die Kunstwelt der Studiokulissen – Außenaufnahmen hatten in diesen Filmen keinen Platz. Der russische Schriftsteller Ilja Ehrenburg prägte zu Recht das Wort von der »Traumfabrik«. Das »Chiaroscuro« des expressionistischen Films war jedoch keine Erfindung der Schöpfer von CALIGARI. Sie konnten auf den Bühnenexperimenten des Theatermachers Max Reinhardt aufbauen, der ab 1917 zahlreiche expressionistische Dramen inszeniert und dabei mit der naturalistischen Lichtführung radikal gebrochen hatte.

DAS CABINET DES DR. CALIGARI löste einen Stil aus, der, gelegentlich als »Caligarismus« verspottet, zwar zahlreiche Nachahmer fand, der aber mit seinem ersten Film bereits ein unübertreffbares Meisterwerk geschaffen hatte. Die Geschlossenheit dieses Films und die experimentelle Freiheit seiner Schöpfer wurden nie mehr erreicht. Der zeitgenössische Theoretiker des expressionistischen Films, Rudolf Kurtz, bezeichnete diese Periode als »die Geschichte einer Reihe von Wiederholungen. Der Anfang ist nicht übertroffen worden.«[2] In den schwächeren »Wiederholungen« von CALIGARI, die bis 1925 entstanden, konnten zahlreiche Filmschaffende der Weimarer Republik frühe eigenständige Arbeiten vorweisen oder damit debütieren, wenn sie auch den Expressionismus bald hinter sich zurückließen: Robert Wiene außer mit CALIGARI noch mit RASKOLNIKOW (1923) und ORLACS HÄNDE (1924), Fritz Lang mit DER MÜDE TOD (1921) und DR. MABUSE, DER SPIELER (1922), Paul Leni mit DAS WACHSFIGURENKABINETT (1924), Paul Wegener mit DER GOLEM, WIE ER IN DIE WELT KAM (1920), Lupu Pick mit SCHERBEN (1921) und SYLVESTER – TRAGÖDIE EINER NACHT (1924), Karl Heinz Martin mit VON MORGENS BIS MITTERNACHT (1920) nach dem expressionistischen Drama von Georg Kaiser, Arthur Robison mit SCHATTEN (1923) und – bereits über den Expressionismus hinausweisend – Friedrich Wilhelm Murnau mit NOSFERATU – EINE SYMPHONIE DES GRAUENS (1922).

Die Zentralfigur des expressionistischen Films wie des Films der 20er Jahre überhaupt aber blieb Carl Mayer, der zu gut einem Dutzend expressionistischer Filme das Drehbuch schrieb. Der hochgerühmte Kameramann Karl Freund war von Mayers visuellen Fähigkeiten angetan und lobte: »Ein Manuskript von Carl Mayer war bereits ein

Abb. 32: Stilbildend: die Treppe im expressionistischen Film (RASKOLNIKOW), ...

Abb. 33: ... der Schatten im expressionistischen Film (DAS CABINET DES DR. CALIGARI) ...

Film.« Mayer hatte aber nicht nur den expressionistischen Film mitinitiiert, er läutete auch dessen Ende ein mit seiner »Kammerspielfilm«-Trilogie SCHERBEN, HINTERTREPPE (beide 1921) und SYLVESTER (1924). Diese Reihe von Kleinbürgerdramen über Mord, Selbstmord, sozialen Abstieg, Verzweiflung und triebhaftes Verhalten – die noch von mehreren anderen Filmen fortgesetzt wurde – zeigte deutlicher als in den phantastischen Stoffen des Caligarismus das soziale Engagement der Filmemacher. Dennoch behielt man viele expressionistische Stilelemente bei, wenn auch das Dekor mehr in die natürlichen Schauplätze eingepaßt wurde. Eine noch andere Art von Filmen waren die – wieder auf Mayers Ideen beruhenden – »Straßenfilme«, die 1923 mit DIE STRASSE eingeleitet wurden und Kleinbürger im Dschungel der nächtlichen Großstadt beschrieben.
Neben der Schatten-und-Licht-Dramatik des expressionistischen Films benutzten die Filme der frühen 20er teilweise bereits Dekor- und Stilelemente, die später im Film noir übernommen oder abgewandelt wurden, u. a. Treppen (die bereits im expressionistischen Theater ein wichtiges Element des Bühnenbilds waren – seit den berühmten »Jeßner-Treppen«) und dunkle, unheimliche Korridore. Schatten, Silhouetten, Spiegelbilder und Porträts dienten als Metaphern für Ich-Spaltung, Entfremdung und Ausgeliefertsein an fremde, höhere Mächte. Spiegelbilder und Porträts verwiesen dar-

Abb. 34: ... und Treppe und Schatten im Film noir – THE SPIRAL STAIRCASE.

über hinaus auf den Mythos des Doppelgängers und die Existenz eines dunklen Alter egos.
Nicht die aufgemalten Schatten des Caligarismus, sondern vor allem die realen Schatten der Kammerspiel- und Straßenfilme wurden, als symbolische Vorboten des Unheils, Allgemeingut der Filmsprache.
Der expressionistische Film und seine Ableger boten den Filmemachern der 40er Jahre eine Fundgrube stilistischer Mittel, ihre düsteren Thriller-Geschichten auf die Leinwand zu bringen. Dabei war kaum

ein Unterschied, ob ein Filmkünstler den Expressionismus in Deutschland selbst oder erst über die Rezeption deutscher Filme kennengelernt hatte. Der expressionistische Stil wurde natürlich nicht glatt übernommen, sondern den Erfordernissen der Kriminalhandlung, der narrativen Technik, des anderen kulturellen Zusammenhangs und nicht zuletzt denen des Tonfilms angepaßt. Unverfälscht traten die Ausdrucksmittel der deutschen Filme am ehesten noch auf in einzelnen Film-noir-Sequenzen, die einen Traum, einen Alptraum, einen Drogenrausch oder die psychische Verwirrung der Personen subjektiv wiedergaben. Mehr als alles andere aber weist der Film noir eine ähnliche Grundstimmung der Angst, Bedrohung und Verstörtheit wie der Expressionismus auf. Auch aus der häufigen Verwendung von Rahmenhandlung, die das Hauptgeschehen als Vergangenheit thematisiert, ergibt sich eine deutliche Parallele zwischen beiden Stil-Bewegungen.

Fritz Langs Werk der zweiten Hälfte der 20er und der frühen 30er Jahre ist eigentlich nicht mehr dem Expressionismus zuzuschlagen, obwohl noch zahlreiche Elemente dieses Stils in die nun realistischere Handlung und Milieuzeichnung einbezogen sind. Einige seiner Filme, M (1931), DAS TESTAMENT DES DR. MABUSE (1933), in mancher Hinsicht auch METROPOLIS (1927) und SPIONE (1928), bilden gleichsam eine Brücke zwischen Expressionismus und Film noir. SPIONE, ein »kleiner« Film nach dem aufwendigen METROPOLIS, spielt wie später Langs MINISTRY OF FEAR in einer Geheim- und Schattenwelt zwischen der britischen Abwehr und einem internationalen Agentenring. Langs erster Tonfilm M schildert die Jagd der Berliner Unterwelt nach einem Kindermörder, über den sie später Gericht hält und ein Todesurteil ausspricht. Bezüglich seiner visuellen Gestaltung stellt der Film einen klaren Rückgriff auf den Schattenstil des Expressionismus dar, und in der Thematisierung eines obsessiven Mörders und einer »normalen« Verbrecherwelt nimmt er den Film noir vorweg.

Die zweite europäische Stilrichtung, auf der der Film noir aufbauen konnte, wenn auch nicht in dem Maße wie auf dem deutschen Expressionismus, entstand in Frankreich in der zweiten Hälfte der 30er Jahre. Die gesellschaftlichen Grundbedingungen waren ähnlich wie beim Expressionismus und beim Film noir. Es war eine Zeit des politischen und kulturellen Aufbruchs und Niedergangs – von der »Front populaire« bis zum Kriegsausbruch – und eine Zeit wirtschaftlicher Unruhen mit zahlreichen Arbeitslosen und finanziellen Zusammenbrüchen. Letztere betrafen auch die großen Filmgesellschaften, wovon unabhängige, kleine Firmen profitierten, und der französische Film prosperierte quantitativ und qualitativ. Die damals entstehen-

Abb. 35: Zwischen Expressionismus und Film noir:.Fritz Langs erster Tonfilm M.

den Filme – die man später mit »Poetischer Realismus« etikettierte, wobei die erste Hälfte des Begriffs die treffendere ist – widmeten sich den eher düsteren Seiten des Alltagslebens in einem großstädtisch-hektischen Milieu und versuchten, soziale Probleme anhand von Ein-

zelschicksalen aufzuzeigen. Zwar waren die Filme aus einer pessimistischen Lebenseinstellung heraus konzipiert, benutzten bei der Zeichnung ihrer Charaktere jedoch kräftige romantische Töne. Drei Regisseure sind der Inbegriff dieser Bewegung: Marcel Carné, Jean Renoir und Julien Duvivier. Vor allem aber stand mit Jacques Prévert wieder – wie im Expressionismus mit Carl Mayer – ein Drehbuchautor und Literat als Spiritus rector zur Verfügung.
Am besten harmonisierte Prévert mit Marcel Carné. Aus ihrer Kooperation entstanden französische Filmklassiker wie DRÔLE DE DRAME (1937), QUAI DES BRUMES (1938) und LE JOUR SE LÈVE (1939). Geschichten über Außenseiter, verlorene Figuren, die ihren Platz in der Gesellschaft noch einmal einzunehmen versuchen, bevor sie endgültig scheitern – auch in der Liebe.
Visuelle Topoi dieser Filme waren, wie im Film noir, nicht selten »mythische« Plätze wie enge nächtliche Straßen, Speicherhäuser, Kaimauern und überhaupt neblige Hafengegenden mit vor Anker liegenden Schiffen, deren baldiges Auslaufen noch einmal die Sehnsucht nach einem neuen Leben ankündigt, das dann doch nie erreicht wird. Licht- und Schattenwirkung entsprach den Schauplätzen, allerdings dramatisch überhöht. Gelegentlich wurde die Rückblende als dramaturgisches Mittel verwendet, um den Prozeß der Fehlanpassung des Helden an seine soziale Umwelt nachzuliefern, an deren Folgen er in der aktuellen Kernhandlung dann endgültig zerbricht.
Ein Darsteller, einer der wenigen wirklichen französischen Stars, verkörperte wie kein zweiter in seiner Person den gebrochenen Antihelden dieser Filme: Jean Gabin. Er war nicht nur der Held von QUAI DES BRUMES und LE JOUR SE LÈVE, sondern stellte auch in LA BANDERA (1935) und PÉPÉ LE MOKO (1937), beide von Duvivier, mythische Figuren dar: in dem ersten einen spanischen Fremdenlegionär, in dem zweiten einen französischen Gangster in der Kasba von Algier, der der Polizei in die Hände fällt, als er aus Liebe zu einem Mädchen unvorsichtig wird. Seine Arbeit im Poetischen Realismus setzte Regisseur Duvivier mit einer Reihe ähnlicher Filme fort, etwa LA BELLE ÉQUIPE (1936) und UN CARNET DE BAL (1937).
Jean Renoir war derjenige dieser drei Regisseure, der mehr die realistische Seite des Stils vertrat und gesellschaftliche Zusammenhänge stärker herausarbeitete. LA CHIENNE (1931) war ein Kleinbürgerdrama über einen Bankkassierer und Freizeitmaler, der von einer jungen Frau betrogen wird und zum Clochard absteigt. Mit Prévert arbeitete Renoir 1936 bei LE CRIME DE MONSIEUR LANGE zusammen, dann zeigten zwei seiner Filme Jean Gabin als Star: LA GRANDE ILLUSION (1937), der das Schicksal dreier Kriegsgefangener schildert, und LA

BÊTE HUMAINE (1938), in dem Gabin einen Lokomotivführer darstellt, der sich in eine Frau verliebt und von ihr zum Mord an ihrem Ehemann verführt wird. In diesem Film wird das Paar, wie später in vielen Films noirs, durch die Tat entzweit und verliert seine letzte Lebensperspektive. Daraufhin tötet der Lokomotivführer seine Geliebte und sich. Wie sehr die Filme des Poetischen Realismus dem Film noir ähneln, zeigen nicht zuletzt die beiden danach gedrehten Remakes von Fritz Lang: Nach LA CHIENNE entstand 1945 SCARLET STREET und nach LA BÊTE HUMAINE 1954 HUMAN DESIRE.

Mehrfach wurde in diesem Buch bereits Bezug zum amerikanischen Gangsterfilm der 30er Jahre genommen, der neben dem gleichen Schauplatz und seiner thematischen Nähe zum Film noir auch einige der narrativen und visuellen Eigenarten dieses Stils antizipierte. Der Gangsterfilm dieser Jahre, die seine klassische Periode darstellen, schildert die Arbeit organisierter Verbrecher in der Zeit der Prohibition und Wirtschaftsdepression. Dadurch ist der historische Rahmen der Handlung abgesteckt, er umfaßt die 20er und die frühen 30er Jahre bis 1933, dem Ende der Prohibitionszeit. Das Gangster-Genre wurde von der Bewegung des Film noir abgelöst, und es gibt eine

Abb. 36: Verbrechen als soziale Aufstiegsmöglichkeit: Der Gangster ist die »fehlgeleitete« Personalisierung des American Dream – Paul Muni in SCARFACE.

ganze Reihe von Filmhistorikern, die durchaus stichhaltig die Meinung vertreten, nach 1939/40 – also dem Beginn des Film noir – sei kein wirklicher Gangsterfilm mehr entstanden.
Gemeinsam mit dem Western bildet der Gangsterfilm die beiden genuin amerikanischen Filmgenres, die gleichsam als die beiden Seiten ein und derselben Medaille die Mythologie der Entwicklung der USA schildern. Der Gangsterfilm zeigt in der Figur des Gangsters für die Großstadt und die Gegenwart ebenso einen amerikanischen Volkshelden, wie dies der Western mit seiner Zentralfigur für das Land und die Vergangenheit tut. Beide Volkshelden, Gangster wie Westerner, sind gleichermaßen Personalisierungen des American Dream, beide lehren den Zuschauer amerikanische Kardinaltugenden wie Fleiß, persönliches Wagnis, Optimismus – wenn auch mit unterschiedlichen Mitteln.
Anders als im Film noir, der psychische Konflikte thematisiert, zeigt der Gangsterfilm soziale Konflikte: Entweder schildert er, aus welchen sozialen Schichten sich der Held zum Gangster emporarbeitet (und wie er wieder scheitert), oder er beschreibt die sozialen Beziehungen des Gangsters zu seiner nicht-kriminellen Umwelt, oder er befaßt sich mit den sozialen Beziehungen innerhalb einer Gang. Was am Gangsterfilm den Film noir beeinflußte, ist einmal die Auseinandersetzung mit dem Verbrechen als zentralem Element des Plots, zum anderen die Stilisierung der Großstadt als Handlungsschauplatz. Im Gestus der Gefühlslage der Personen, im Verhältnis von Umwelt zum Individuum, in seiner Haltung zu Gut und Böse und in der Beziehung von Mann und Frau liegen gewichtige Unterschiede, die bei tiefergehendem Vergleich den Film noir näher zum Expressionismus und zum Poetischen Realismus rücken als zum Gangsterfilm, der oberflächlich dem Film noir zu gleichen scheint. Der Gangsterfilm mit seinem Optimismus, mit seinem Glauben an den sozialen Aufstieg, an den Lohn persönlicher Bemühungen ist dem Film noir ebenso fremd wie dem deutschen Film der 20er und dem französischen der späten 30er Jahre.

7 Immigranten und Einheimische: Regisseure

Nachdem am 30. Januar 1933 die »Machtergreifung« Hitlers vollzogen war, zeigte sich eine große Zahl der deutschen Filmschaffenden zumindest beunruhigt, wenn unter ihnen auch der Zweckoptimismus, so schlimm würde alles gar nicht werden, noch weit verbreitet war. Doch dann begann nach dem Reichstagsbrand in der Nacht vom 27. zum 28. Februar die Jagd der Nazis auf Juden und Linksintellektuelle, und spätestens mit der Gründung des »Reichsministeriums für Volksaufklärung und Propaganda«, als dessen Minister Joseph Goebbels am 13. März ernannt wurde, fingen die Illusionen über die Richtung, die der deutsche Film nehmen sollte, und über deren Auswirkung auf viele der Filmschaffenden rasch an zu verblassen.

Am 28. März hielt Goebbels im Berliner Hotel »Kaiserhof« eine Rede über die Zukunft des deutschen Films, die letzte Zweifel ausräumte. Am darauffolgenden Tag bestellte er Fritz Lang zu sich und bot ihm praktisch die Leitung des deutschen Filmwesens an; Lang bat um 24 Stunden Bedenkzeit und reiste noch am selben Abend nach Paris. An eben diesem Tag wurde, ein bezeichnender Zufall, Langs DAS TESTAMENT DES DR. MABUSE von der Filmprüfstelle Berlin wegen »Gefährdung der öffentlichen Ordnung und Sicherheit« verboten, und der Film mußte im Mai in Wien uraufgeführt werden.

Bereits vor Lang, zwischen dem Reichstagsbrand und dem Tag nach der »Kaiserhof«-Rede, hatten zahlreiche Film- und Theaterkünstler Deutschland verlassen, darunter Billy Wilder, Robert Wiene, Wilhelm Thiele, E. A. Dupont, Peter Lorre, Erich Pommer und Leopold Jeßner. Eine zweite große Emigrationswelle begann nach der »Reichskristallnacht« vom 9. November 1938. Eins der wichtigsten Assylländer für die Flüchtlinge aus Deutschland, später auch aus Frankreich, waren die USA, wohin viele erst nach wahren Odysseen durch verschiedene europäische Nachbarstaaten des Deutschen Reiches gelangten. Doch die amerikanische Einwanderungspolitik war alles andere als liberal. In Amerika überwog bis zum Kriegseintritt der USA eine isolationistische Einstellung der Politiker, die sich vor allem in dem Quotensystem, das die Zahl der Einwanderer aus den

einzelnen Ländern beschränkte, und in der Forderung nach zwei amerikanischen Bürgen niederschlug.
Der Höhepunkt der Einwanderungen erfolgte 1941, aber erst im Januar 1944, nach einer großen Protestkampagne, begannen sich die Tore Amerikas weit für die Flüchtlinge zu öffnen – für viele um Jahre zu spät.
Der überwiegende Teil der europäischen Exilanten ließ sich in Kalifornien und besonders in Hollywood und Umgebung nieder, nicht nur Filmschaffende, auch Literaten, Maler, Musiker und andere Künstler und Wissenschaftler. Bereits in den 20er Jahren war ein stetiger Strom von deutschen Filmemachern nach Hollywood geflossen. Ernst Lubitsch, Friedrich Wilhelm Murnau (der 1931 starb), William Dieterle, Edgar G. Ulmer und Fred Zinnemann hatten dort Arbeit und eine neue Heimat gefunden. Nach 1933 folgten dann Billy Wilder, Curt Siodmak, Fritz Lang, Wilhelm Thiele, Otto Preminger, Henry Koster, Anatole Litvak, Peter Lorre, Fritz Kortner, Luise Rainer, Albert Bassermann, Curt Bois, Erich Pommer, Douglas Sirk und viele mehr. Anfang der 40er Jahre kamen mit vielen anderen noch Curtis Bernhardt, Max Ophüls, Robert Siodmak, Paul Henreid und Conrad Veidt hinzu. Die schier endlose Namensliste der in Hollywood und Umgebung lebenden Exilanten las sich wie ein deutsch-österreichisches Prominentenlexikon: Thomas und Heinrich Mann, Lion Feuchtwanger, Bertolt Brecht, Alfred Döblin, Franz Werfel, Friedrich Torberg, Curt Goetz, Arnold Schönberg, Otto Klemperer, Hanns Eisler, Alfred Polgar, Theodor W. Adorno, Max Horkheimer, Ludwig Marcuse, Ernst Deutsch, Alexander Granach, Valeska Gert, Oskar Homolka und viele mehr. Aus dieser Ballung der bedeutendsten europäischen Talente, wie sie es auf derart engem Raum vielleicht nur noch im Florenz der Renaissance gegeben hatte, ergab sich zwar ein angeregtes künstlerisch-intellektuelles Klima, aber die amerikanische Filmindustrie, auf der die Hoffnung vieler Exilanten lag, nutzte nur einen Bruchteil dieses künstlerischen Potentials. Die großen Studios stellten nicht einmal wenige der europäischen Flüchtlinge ein, als Drehbuchautoren vorwiegend, aber die meisten davon wurden – spärlich – bezahlt dafür, daß sie nichts tun durften.
Die Situation der einzelnen Emigranten war extrem unterschiedlich. Während die einen in einem drittklassigen Hotelzimmer vegetierten, konnten andere sich einen Luxusbungalow mit Swimmingpool leisten. Vor allem die Schauspieler scheiterten nicht selten an nahezu unüberwindlichen Sprachproblemen; bei den Regisseuren dagegen spielte ein starker Akzent keine Rolle, und die Autoren konnten weiterhin in ihrer Muttersprache schreiben. Sehr viel hing von der Bereit-

schaft ab, sich ganz auf die Kultur des Gastlandes einzulassen. Diejenigen, die sich in freiwillig gewählten Gettos abkapselten und ihre Gedanken nur auf die Rückkehr in die Heimat richteten, waren am schlechtesten dran. Carl Zuckmayer nannte das Exil in weiser Voraussicht »eine Reise ohne Wiederkehr«, was ein Großteil der Exilanten nicht wahrhaben wollte.

Für viele der deutschen und österreichischen Regisseure in Hollywood bot vor allem der Film noir die Möglichkeit, ihr kulturelles und künstlerisches Erbe, die Eindrücke ihrer Fluchterlebnisse, die Entfremdung durch den Verlust ihrer Heimat, die Hoffnungen und Ängste, die sie mit ihrer Zukunft als Exilant verbanden, und ihre kritische Distanz zu ihrem Gastland in den amerikanischen Film einzubringen. Diejenigen, die diese heterogenen Erfahrungen und Einflüsse im richtigen Mischungsverhältnis miteinander legieren konnten, schufen die interessantesten Films noirs und wurden die bedeutendsten Regisseure dieses Stils. Dazu zählen Fritz Lang, Robert Siodmak, Billy Wilder und Otto Preminger; und auch Max Ophüls, Edgar G. Ulmer, Curtis Bernhardt, John Brahm und William Dieterle leisteten im Film noir Beachtliches.

Fritz Lang (1890–1976), der zunächst in seinem Pariser Exil einen Film drehte, kam im Sommer 1934 nach Hollywood, wo er bereits im Februar des folgenden Jahres seine Einbürgerungsurkunde erhielt. Der 44jährige hatte zwar noch vor seiner Reise in die USA in London einen Vertrag mit MGM unterschrieben, aber es sollte bis 1935 dauern, bis er mit seinem ersten amerikanischen Film beginnen konnte. Langs Arbeit in den USA der 30er und frühen 40er Jahre, also noch vor seinem Einstieg in den Film noir, umfaßt sieben Filme, darunter auch zwei Western (einen weiteren drehte er später). In diesen Filmen konnte Lang viele seiner stilistischen Eigenarten beibehalten und weiterentwickeln, so daß sein amerikanisches Œuvre und das der Weimarer Republik kein scharfer Bruch trennt. Lang kam, dies ist auch einer der Gründe seiner Kontinuität, mit dem Studioapparat der großen Filmfirmen, für die er fast alle arbeitete, sehr gut zurecht. Die frühen amerikanischen Filme Langs griffen teilweise bereits auf den Stil und die Thematik seiner Films noirs vor. Langs Films noirs, von denen er (inklusive »Nachzügler«) zehn * und damit mehr als jeder andere Regisseur gedreht hat, zeigen – wie seine anderen – seine besondere Vorliebe für schicksalhafte und mit weitreichenden Konsequenzen ver-

* MINISTRY OF FEAR, THE WOMAN IN THE WINDOW, SCARLET STREET, HOUSE BY THE RIVER, CLASH BY NIGHT, THE BLUE GARDENIA, THE BIG HEAT, HUMAN DESIRE, WHILE THE CITY SLEEPS, BEYOND A REASONABLE DOUBT.

bundene Zufälle. Die Personen werden gleichsam vom Schicksal verfolgt, aber selbst noch in der desolatesten Situation machen sie (wenn auch gelegentlich recht schwache) Versuche, sich zu wehren – und sie verlieren oft. Ihr »Schicksal« ist meist nichts anderes als die Summe banaler Einzelereignisse, mit denen sie zu tun haben, die in ihrer Gesamtheit aber ein undurchdringliches Fangnetz bilden.
Dies zeigt sich deutlich in den Films noirs: angefangen bei MINISTRY OF FEAR, wo der Held zufällig einen Kuchen mit einem eingebackenen Mikrofilm erhält und ohne eigenes Zutun eine Hetzjagd auf sich auslöst, über die zufällige, aber schicksalhafte Begegnung des Biedermanns mit einer schönen jungen Frau in THE WOMAN IN THE WINDOW und SCARLET STREET bis hin zu dem zufälligen Tod des Verlegers in BEYOND A REASONABLE DOUBT, der den Schriftsteller in große Bedrängnis und schließlich in die Todeszelle bringt. Lang beschreibt Personen, die wie ein Rotkäppchen nur für einen einzigen Augenblick ihren üblichen Weg verlassen (in manchen Filmen buchstäblich) und sofort in eine Falle geraten, aus der sie sich entweder nicht oder nur mit äußerster Anstrengung wieder befreien können. Die Suche nach einem Ausweg ist aber, entsprechend einem Expressionismus-Motiv, auch eine, allerdings den Personen aufgezwungene Suche nach innen:

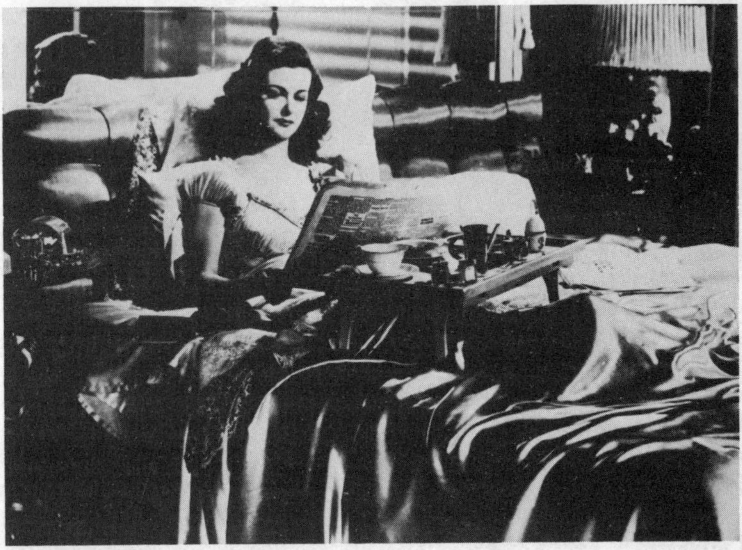

Abb. 37: Exil in Hollywood: Fritz Lang, der Klassiker des Film noir (Joan Bennett in THE WOMAN IN THE WINDOW) ...

Abb. 38: ... und Robert Siodmak, dessen Virtuose – Fay Helm und Alan Curtis in PHANTOM LADY.

Ihnen offenbart sich eine neue Dimension ihres Charakters, die ihnen bislang unbekannt war. Zu seinen Figuren hält Lang kühle Distanz (der Vergleich, daß er diese wie Schachfiguren über das Brett bewege, ist nicht unberechtigt) und auch zu seinen Zuschauern, er ist weder Komplize der einen noch der anderen – auch dies ein Erbe seiner deutschen Filme.

Während Lang sowohl inner- als auch außerhalb des Film noir große Filme machte – obwohl nicht immer anerkannt, aber mit der Zeit wird so manche Unterbewertung einiger seiner amerikanischen Filme revidiert –, so blieb Robert Siodmak, der zweite der wichtigsten Exilregisseure des Film noir, mit seinen besten Arbeiten auf den Film noir beschränkt und hatte darin regelmäßig den Erfolg, der sich bei seinen anderen Filmen nur gelegentlich, gleichsam per Zufall einstellte. Siodmak drehte zwischen 1944 und 1950 immerhin neun Films noirs *, die neben ein paar Genrefilmen (Horror, Abenteuer, Western, Komödie) sein Hauptwerk bilden. Anders als Lang scheint Siodmak

* PHANTOM LADY, CHRISTMAS HOLIDAY, THE STRANGE AFFAIR OF UNCLE HARRY, THE SPIRAL STAIRCASE, THE KILLERS, THE DARK MIRROR, CRY OF THE CITY, CRISS CROSS, THE FILE ON THELMA JORDAN.

außerhalb dieser Bewegung nicht mehr die Kongruenz von persönlicher Obsession und stilistischen Ausdrucksmöglichkeiten gefunden zu haben. Robert Siodmak, der 1900 in der Nähe von Memphis in den USA geboren wurde, aber in Dresden aufwuchs (wo seine Eltern 1901 hinzogen), wurde 1930 durch seine Mitarbeit an dem kleinen dokumentarischen Spielfilm MENSCHEN AM SONNTAG bekannt. An diesem mit Laiendarstellern und stumm gedrehten Film wirkten auch Billy Wilder, Edgar G. Ulmer, Eugen Schüfftan, Fred Zinnemann und Seymour Nebenzal in der einen oder anderen Funktion mit, die alle später in Hollywood Fuß fassen konnten – wenn auch mit recht unterschiedlichem Erfolg. Siodmak wurde durch dieses Filmchen immerhin so bekannt, daß er bald mit den größten deutschen Schauspielern arbeiten durfte.

1933 flüchtete er nach Paris, wo er ein vielbeschäftigter Regisseur blieb, mußte sich aber nach 1940 in Hollywood als völlig Unbekannter wieder eine neue Karriere aufbauen. Er fing mit den billigsten der Billigfilme an, arbeitete sich allmählich hoch und erreichte dann im Film noir eine erstaunliche Einheitlichkeit von Themen und einem Stil, der Kamera, Schnitt, Dekor, Licht und auch Ton und Musik gleichermaßen virtuos handhabte. Nach eigenem Bekenntnis haßte Siodmak Außenaufnahmen (trotz seines MENSCHEN AM SONNTAG), weil es »da so vieles gibt, was man nicht kontrollieren kann«, und obwohl er den deutschen expressionistischen Film nur als Kinobesucher kennengelernt haben kann, bevorzugte er davon stark geprägte Licht- und Schattenwirkungen. Die Films noirs des Nicht-Expressionisten Siodmak wirken somit »expressionistischer« als die des ehemaligen Expressionisten Lang.

In vielen seiner Filme zeigt Siodmak Frauenfiguren, die selbstbewußt und selbständig agieren; in PHANTOM LADY und CHRISTMAS HOLIDAY explizit – in den anderen findet sich zumindest eine selbständige Frau als wichtige Nebenfigur. Selbst sein noir-typischstes Opfer, das stumme Mädchen in THE SPIRAL STAIRCASE, zeigt, zumal für seine Opferrolle, eine überraschende Stärke und Wehrhaftigkeit. Nahezu alle Personen Siodmaks scheinen besessen zu sein von einem einzigen Charakterzug – sei es die Aktivität der Frau von PHANTOM LADY, die die Unschuld ihres Chefs beweisen will; sei es die Passivität des sich nicht mehr wehrenden Mannes in THE KILLERS; oder seien es die psychopathischen Obsessionen des Mörders in THE SPIRAL STAIRCASE, der eifersüchtigen Schwester in UNCLE HARRY oder der bösen Zwillingsschwester in THE DARK MIRROR.

Gerade die Fälle an der Grenze von Psychologie zu Phantastik, so scheint es, rufen das Interesse Siodmaks hervor, wie unter anderem

THE DARK MIRROR und THE SPIRAL STAIRCASE eindrucksvoll belegen – auch dies erinnert an die Verwurzelung des Regisseurs im Expressionismus. Weitaus mehr als Lang, allerdings nicht mit der Perfektion Billy Wilders, benutzt Siodmak in seinen Films noirs komplizierte Rückblenden, die wie in THE KILLERS und CHRISTMAS HOLIDAY die Vergangenheit und die Motive der Hauptfiguren zu durchdringen versuchen.

Siodmak gilt es als Autorenfilmer, sicherlich eingegrenzt auf seine Films noirs, noch zu entdecken. Jedenfalls ist die Zeitspanne, in der er »groß« war, relativ kurz, sie umfaßt gerade ein halbes Jahrzehnt. Danach hatte er Schwierigkeiten, in Hollywood Arbeit zu finden, und das Ende des Film noir war auch Siodmaks Ende als amerikanischer Regisseur. Nachdem seine Erfolgssträhne unwiderruflich abgerissen war, kehrte er 1955 nach Deutschland zurück, wo er, bis wenige Jahre vor seinem Tod 1973, regelmäßig, aber selten Filme drehte.

Der berühmteste, beste und wohl auch amerikanischste der europäischen Film-noir-Regisseure ist Billy (eigentlich Samuel »Billie«) Wilder, Siodmaks Gefährte von MENSCHEN AM SONNTAG. Sein Beitrag zum Film noir ist verglichen mit den beiden vorangehenden Regisseuren quantitativ geringer und umfaßt nur vier Films noirs *, aber jeder von diesen liefert einen prototypischen noir-Plot. DOUBLE INDEMNITY und SUNSET BOULEVARD gelten allgemein als Meisterwerke des amerikanischen Films. Obwohl man den »dramatischen« Billy Wilder von dem Komödienregisseur gerne trennt, ist sein umfangreiches Œuvre thematisch wie stilistisch geschlossen. In beiden Bereichen, ob Drama oder Komödie, gelangte er zu großer Meisterschaft, und hier wie da offenbart sich ein Zyniker und Ironiker, den die Absurditäten des Lebens nicht mehr zu verblüffen vermögen.

Wilder, 1906 geboren und wie Lang Österreicher, machte in Wien und ab 1926 in Berlin als Reporter, bald auch als Drehbuchautor Furore. Am Tag nach dem Reichstagsbrand flüchtete er nach Paris, wo er seinen ersten Film als Regisseur machen konnte. Der Ankauf eines Drehbuchs durch Columbia ermöglichte ihm 1934 die Reise nach Hollywood. Zwei Jahre später war er fester Autor bei Paramount und ab 1942 dort auch Regisseur, nachdem er 1939 die amerikanische Staatsbürgerschaft erhalten hatte.

In Wilders gesamtem Werk finden sich bittere Seitenhiebe auf die amerikanische Gesellschaft, in den Films noirs ebenso wie in den Komödien, von denen so manche als Fortsetzung des Film noir mit anderen Mitteln erscheint. Zwei seiner Films noirs, THE LOST WEEKEND

* DOUBLE INDEMNITY, THE LOST WEEKEND, SUNSET BOULEVARD, THE BIG CARNIVAL.

und THE BIG CARNIVAL, öffnen die Privatheit der Film-noir-Charaktere zu breiter angelegter Sozialkritik: Der erste setzt sich engagiert mit dem Problem des Alkoholismus auseinander, der andere ist (wie Langs WHILE THE CITY SLEEPS) eine scharfe Verurteilung des Sensations-Journalismus. Gleich Wilders erster Film noir, DOUBLE INDEMNITY, wurde sein unübertroffenes Meisterwerk in dieser Bewegung. Dieser Film von 1944 bildet die Brücke zwischen der Kriegs- und der Nachkriegsphase des Film noir, in ihm wird zum ersten Mal das Thema von Femme fatale und Mittelklasseopfer vollgültig dargestellt. Auch wegen seiner narrativen Technik mit langer Rückblende und Off-Erzählung war DOUBLE INDEMNITY für die weitere Entwicklung des Film noir von außerordentlicher Wichtigkeit. Ebenso bahnbrechend wurde SUNSET BOULEVARD als *der* Film über das alte und (damals) neue Hollywood empfunden. An diesen Erfolgsfilm versuchte Wilder mit dem 1978 in der Bundesrepublik gedrehten FEDORA, mit ähnlicher Thematik und gleichem Erzählgestus, etwas krampfhaft wieder anzuknüpfen. Der Film ist damit auch eine Art Wiederbelebungsversuch des Film noir, der aber nur in Ansätzen gelang.

Ein weiterer Österreicher, der 1906 in Wien geborene Otto Preminger, war hauptsächlich im Theater tätig gewesen (zeitweise bei Max Reinhardt), als er 1935 in die USA ging und dort seine Theaterarbeit zunächst fortsetzte. Zwar hatte er bereits 1931 in Wien einen Film gedreht, aber seine Laufbahn als Filmregisseur begann eigentlich erst 1936 bei der 20th Century-Fox, wo er bis 1950 unter Vertrag stand. Immer wieder aber kehrte Preminger, der auch als Producer tätig war, zum geliebten Theater zurück. Der herausragende Film seiner Zeit bei Fox und der erste seiner vier Films noirs * war LAURA, der auch die Entwicklung des Film noir vorantrieb. Der einem Puzzle gleichende Plot des Films betont zum einen das Thema der unterdrückten Sexualität, zum anderen spielt er geschickt mit dem Verhältnis von Abbildung (das Porträt als Idealisierung der Frau) und Realität (in der die Frau widersprüchliche Charaktereigenschaften zeigt).

Der in Deutschland lange Zeit völlig unterschätzte Curtis (Kurt) Bernhardt (1899–1981) wurde erst in den letzten Jahren als Regisseur »wiederentdeckt«. Er begann 1926 in Deutschland, drehte in Frankreich und England und kam 1940 nach Hollywood, wo er bei Warner Brothers von Anfang an A-Filme machen konnte. Im Gegensatz zu seinen oft berühmteren Emigrantenkollegen fand er kontinuierlich Arbeit, da er sich den Anforderungen des Studios gut anpassen

* LAURA, FALLEN ANGEL, WHERE THE SIDEWALK ENDS, ANGEL FACE.

konnte. Die meisten seiner Filme, in denen sehr häufig Frauen die Hauptfiguren sind, waren durchaus respektable Standardware, gingen gelegentlich sogar darüber hinaus. Seine Vorliebe für psychologische Stoffe mit leicht melodramatischem Touch prädestinierte ihn für zwei gute Films noirs: CONFLICT mit Humphrey Bogart und POSSESSED mit Joan Crawford – immerhin vertraute man ihm große Stars an. Seinen dritten Film noir, HIGH WALL, drehte er für MGM (wohin er 1947 gewechselt war), doch auch dieser hätte gut in den Firmenstil der Warners gepaßt.

Max Ophüls (1902–1957), der sich in den USA zeitweise Opuls nannte, eigentlich aber Oppenheimer hieß, hatte in Deutschland lange als Theaterschauspieler und -regisseur gearbeitet, bevor er 1930 seinen ersten Film drehen konnte. Er verließ Deutschland 1933 und kam nach Stationen in einem halben Dutzend europäischer Länder 1941 in die USA. Nur gelegentlich erhielt er Verträge als Regisseur und konnte vor 1947 keinen Film beenden. Seine beiden Films noirs sind CAUGHT und THE RECKLESS MOMENT, wovon zumindest der letztere zu seinen gelungensten Filmen gehört. Beide kamen 1949 in die Kinos, doch noch im selben Jahr kehrte Ophüls nach Paris zurück, wo er endlich die Bedingungen vorfand, unter denen er seine Meisterwerke drehen konnte. Ophüls war ein »Frauenregisseur«, der auch mit seinen Films noirs ungewöhnliche Frauenporträts lieferte.

William (Wilhelm) Dieterle (1893–1972) war bereits seit 1929 in Hollywood, wo er deutschsprachige Fassungen amerikanischer Filme herstellte. 1936 drehte er mit SATAN MET A LADY eine nicht gerade gelungene Fassung (die zweite von dreien) von Hammetts *The Maltese Falcon,* und seine beiden Films noirs, THE ACCUSED und DARK CITY, gehören auch eher zum Durchschnitt. Er kehrte 1958 nach Europa zurück, um überwiegend beim Theater und gelegentlich als Filmregisseur zu arbeiten.

Ein weiterer aus der MENSCHEN-AM-SONNTAG-Crew, der 1904 in Wien geborene und 1972 gestorbene Edgar G. Ulmer, konnte sich in den 30ern in den USA als B-Film-Spezialist etablieren, der einige kultische Verehrung erreichte, bevor er in den 60ern wieder in Europa arbeitete. Seine beiden Films noirs DETOUR und RUTHLESS sind zwar unvollkommen, zeigen aber hochinteressante Varianten typischer Film-noir-Plots.

Zu erwähnen wäre noch der in Hamburg geborene John (Hans) Brahm (1893–1982), der seit 1937 in Hollywood lebte und eine nicht ungeschickte Verfilmung von Chandlers *The High Window* anfertigte: THE BRASHER DOUBLOON. Aus der großen Zahl der Emigranten aus europäischen Ländern, die nach 1933 in die USA kamen, ging noch eine ganze Reihe weiterer Film-noir-Regisseure hervor, etwa der als Kameramann renommierte polnischstämmige Rudolph Maté und die Ungarn André De Toth (Tóth Endre), der 1941 in die USA kam und den Film noir PITFALL drehte, und Michael Curtiz (Kertész Mihály), der vor 1928 häufig für die Ufa arbeitete und einer der verläßlichsten Regie-Handwerker der Warner Brothers wurde. Seine beiden bekanntesten Filme sind wohl CASABLANCA und der Film noir MILDRED PIERCE.

Gerade die deutschen Emigranten, die sich im Film noir – und überhaupt in den 30er und 40er Jahren – in Hollywood als Filmregisseure betätigten, widerlegen die griffige Formel europäischer Cinéasten, Hollywood als anonyme Produktionsfabrik gegen die hehre künstlerische Freiheit des europäischen Autorenkinos auszuspielen. Die Beispiele im amerikanischen Kommerz gescheiterter europäischer »Filmkünstler«, die diese »Weltanschauung« untermauern sollen, reichen zwar von Eisenstein bis Wim Wenders, aber Gegenbeweise liefert nicht nur der Film noir zuhauf. Zahlreiche deutsche Regisseure bewiesen in den USA, daß sie mit dem Studioapparat umgehen konnten, und drehten Filme, die ihren in Deutschland sowohl vor als auch nach dem Krieg entstandenen zumindest ebenbürtig, wenn nicht gar überlegen sind.

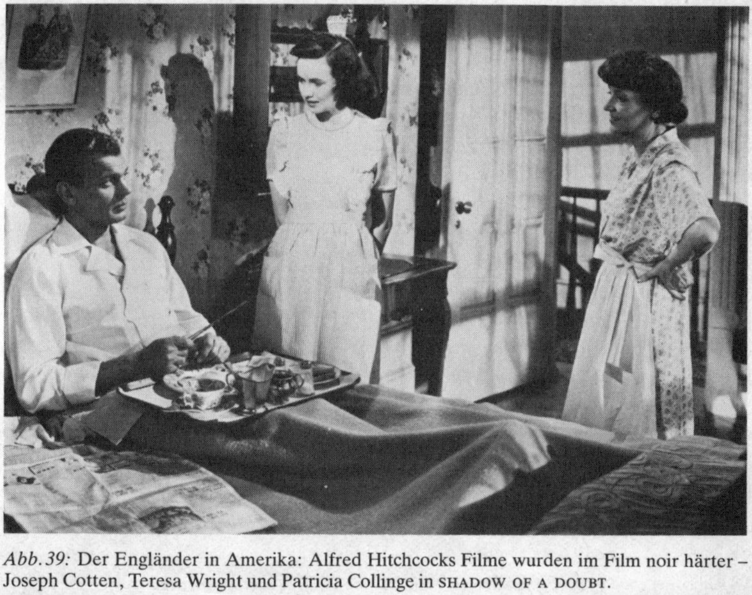

Abb. 39: Der Engländer in Amerika: Alfred Hitchcocks Filme wurden im Film noir härter – Joseph Cotten, Teresa Wright und Patricia Collinge in SHADOW OF A DOUBT.

Zu den Europäern im amerikanischen Filmbusiness zählt – seit 1940 – auch Alfred Hitchcock (1899–1980), der mit Chaplin wohl erfolgreichste Engländer, der sich je in Hollywood niedergelassen hat. Hitchcock, dessen britische Filme böser waren als die meisten seiner amerikanischen, unterlief in den USA die Politik der Studios und die Zwänge der Selbstzensur, indem er anstelle provokativer Offenheit Raffinement setzte. Obwohl er sich voll und ganz dem Thriller verschrieb, ist Hitchchock letztlich kein Film-noir-Regisseur. Auch seine Stoffe gewannen in der Periode des Film noir an Härte, ohne jedoch sein Harmoniestreben ernsthaft in Frage zu stellen, das ihn zwischen guten und bösen Charakteren eine scharfe Grenze ziehen ließ und ihn nahezu immer zu einem im Prinzip »happy« zu nennenden Ende führte. Seine technische Meisterschaft im Umgang mit dem Apparat und seine Beherrschung der filmsprachlichen Mittel ließen seine Fans damals wie heute über seinen muffigen Moralismus hinwegsehen. Gerade vom Film noir aus betrachtet, fehlt seinen Personen die wirkliche Verzweiflung, und die Ambiguität mancher seiner Helden gründet nicht gerade tief. SHADOW OF A DOUBT, in dem Hitchcock sein Standardthema des unschuldig Verdächtigten einmal (selbst-)ironisch umdreht und gleichsam einen nichtverdächtigten Schuldigen zeigt, und STRANGERS ON A TRAIN, der die Highsmith-Romanvorlage jedoch wesentlich entschärft, sind noch seine beiden dem Film noir am ehesten zuzuschlagenden Werke. Auch sein 1956 gedrehter THE WRONG MAN ist dem Film noir nahe und zeigt dementsprechend ein für Hitchcocksche Verhältnisse äußerst pessimistisches Ende – die Auswirkungen des falschen Verdachts können für die Ehefrau des letztlich rehabilitierten Helden nicht wieder rückgängig gemacht werden, sie bleibt davon für alle Zeit gezeichnet.

Betrachtet man die Namen der einheimischen amerikanischen Regisseure, so fällt auf, daß unter diesen eine Reihe versierter Hollywood-Handwerker die häufigsten Beiträge zum Film noir geliefert hat. Diese konnten allerdings die führenden deutsch-österreichischen Film-noir-Regisseure weder quantitativ noch qualitativ erreichen. Sechs Filme (plus HE WALKED BY NIGHT, bei dem er nur Co-Regie führte) umfaßt das Noir-Œuvre Anthony Manns *, der bis 1950, also auch in seiner Film-noir-Zeit, fast ausschließlich Billigfilme drehte und erst mit seinen späteren Western sich größere Anerkennung erwerben konnte. Dennoch liefern einige seiner Films noirs, zumal die mit dem Kameramann John Alton (vgl. Kapitel 5), durchaus interessante Plot-Varianten – so RAW DEAL, gleichsam mit einem Homme

* DESPERATE, RAILROADED, T-MEN, RAW DEAL, BORDER INCIDENT, SIDE STREET.

fatal, und SIDE STREET über einen kleinen Dieb, der per Zufall in die Welt der großen Mobster gerät.
Joseph H. Lewis, der vier Films noirs drehte *, die noch zu den besseren gehören, schaffte ebenfalls nie den Sprung zum A-Film. Doch MY NAME IS JULIA ROSS hatte immerhin ein etwas größeres Budget als die vorangehenden Filme, und mit ihm begann, auch nach Lewis' eigener Einschätzung, seine »eigentliche« Karriere bei Columbia. Mit GUN CRAZY gelang ihm sogar ein hochinteressanter Schlüsselfilm des Film noir über ein neurotisches und waffennärrisches Killerpärchen, dessen Verbrechen sich aus der gegenseitigen sexuellen Abhängigkeit motivieren. Lewis gehört sicherlich zu der langen Reihe der Regisseure, die gerade im Film noir ihre besten Arbeiten zeigten. Ähnliches gilt für Edward Dmytryk **, dessen MURDER, MY SWEET zugleich sein bester Film überhaupt ist, für den Australo-Amerikaner John Farrow *** und in etwa für Raoul Walsh **** und Robert Wise *****, die aber auch in allen möglichen Genres gute Durchschnittsware lieferten.
Auch renommiertere Regisseure wie Henry Hathaway und John Huston zeigten im Film noir überdurchschnittliche Leistungen. Hathaway ****** allerdings interessierte sich mehr für die Semidokumentarfilme jenseits des Film noir, und selbst Huston *******, der seine langjährige Reputation hauptsächlich seinen Filmen mit Humphrey Bogart und unter diesen vor allem THE AFRICAN QUEEN verdankt, konnte außerhalb des Film noir nur noch selten die Erwartungen erfüllen, die man in ihn gesetzt hatte. Ihm gebührt allerdings das Verdienst, mit THE MALTESE FALCON den Reigen des Film noir (beinahe) eröffnet zu haben.
Nicholas Ray debütierte wie auch Huston und Dassin im Film noir. ******** Seinem Hauptthema, der Darstellung verzweifelter und oft aggressiver Außenseiter, blieb er auch außerhalb des Film noir treu, beispielsweise in seinem hochgerühmten Western JOHNNY GUITAR von 1954 und dem ebenso geschätzten REBEL WITHOUT A CAUSE, aus dem Jahr darauf, mit dem »jugendlichen Rebellen« James Dean. Dennoch war seine Hollywood-Karriere in den späten 50ern so gut wie am Ende. Ob inner- oder außerhalb des Film noir, immer

* MY NAME IS JULIA ROSS, SO DARK THE NIGHT, GUN CRAZY, THE BIG COMBO.
** MURDER MY SWEET, CORNERED, CROSSFIRE.
*** THE BIG CLOCK, THE NIGHT HAS A THOUSAND EYES, HIS KIND OF WOMAN.
**** WHITE HEAT, THE ENFORCER (ungeklärte Regiemitarbeit).
***** BORN TO KILL, THE SET-UP, ODDS AGAINST TOMORROW.
****** THE DARK CORNER, KISS OF DEATH, NIAGARA.
******* THE MALTESE FALCON, KEY LARGO, THE ASPHALT JUNGLE.
******** THE LIVE BY NIGHT, IN A LONELY PLACE, ON DANGEROUS GROUND.

schilderte Ray, mehr als andere Regisseure, auch die romantische Seite seiner Außenseiter, und er benutzte häufig ländliche Gegenden als Kontrastschauplatz zur korrupten Stadt.

Jules Dassin, trotz seines französisch klingenden Namens ein waschechter Amerikaner, begann im Film noir und kam nahezu ausschließlich darin zu besseren Leistungen*. Wie Dmytryk wurde Dassin Opfer McCarthys, und er emigrierte 1950 nach Europa, wo er (in Frankreich) 1954 den hervorragenden Gangsterfilm DU RIFIFI CHEZ LES HOMMES machte. Weitere Filme drehte er mit seiner Frau Melina Mercouri in Griechenland. Auch Joseph Losey kam früh zum Film noir**, aber seine besten Werke machte er erst außerhalb dieser Bewegung – nach seiner Emigration vor der »Hexenjagd« – in England und Frankreich.

Ein weiterer amerikanischer Regisseur, Orson Welles, der drei Films noirs machte und bei einem weiteren eine Zeitlang als Regisseur beteiligt war***, steht nicht ohne Grund am Ende des Kapitels, das mit Fritz Lang begann. Lang und Welles sind wohl die entferntesten Pole im Spektrum der Film-noir-Regisseure und gleichzeitig die beiden, deren Individualstil sich als stärker erweist als der der Film-noir-Bewegung. Lang könnte man als den Klassiker der Bewegung bezeichnen, während Welles die barocken Werke dazu beisteuerte. Welles ist *der* Stilist des Film noir. Er ist auch der einzige der amerikanischen Regisseure, dessen Position im Film noir ebenso wichtig ist wie die der europäischen. Bereits sein Debütfilm CITIZEN KANE aus dem Jahre 1941 – ein Film, der immer wieder im Zusammenhang mit dem Film noir genannt werden muß – zeigte narrative Konstruktion, Stilelemente und Gefühls-Gestus eines Film noir. Er ist gewissermaßen ein Film noir, bei dem das Kriminalelement ausgespart ist.

Welles' wirkliche Films noirs zeigen immer wieder stilistische und narrative Rückgriffe auf seinen Erstling. Welles, dessen Metathema der – ungleiche – Kampf zwischen Jäger und Gejagtem ist, lieferte zu jeder der drei Entwicklungsphasen des Film noir wichtige Beiträge und benutzte die archetypischen Figuren. JOURNEY INTO FEAR zeigt einen romantischen Helden, der schwächere, aber erfolgreiche THE STRANGER den entfremdeten Außenseiter, THE LADY FROM SHANGHAI die Femme fatale und ihr männliches Opfer, der Spät-noir TOUCH OF EVIL

* BRUTE FORCE, THIEVES' HIGHWAY, NIGHT AND THE CITY.

** THE PROWLER, M.

*** JOURNEY INTO FEAR (Co-Regie), THE STRANGER, THE LADY FROM SHANGHAI, TOUCH OF EVIL.

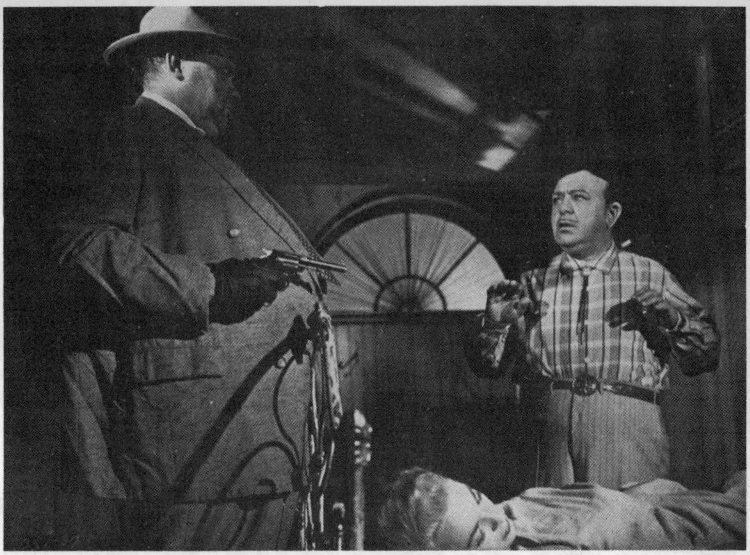

Abb. 40: The American Wunderkind: Orson Welles liefert als Regisseur wie als Darsteller die barockesten Beiträge zum Film noir – Welles, Janet Leigh und Akim Tamiroff in TOUCH OF EVIL.

den obsessiven, völlig neurotischen Polizisten. Dieser Nachzügler von 1958 hat als letzter Film noir eine ebenso herausragende Position wie CITIZEN KANE für den Anfang der Bewegung. In seinen vier Films noirs begnügte sich Welles nicht mit den ausgeformten Figuren, er unterwarf sie seiner Sicht und lieferte charakteristische Abwandlungen und Weiterentwicklungen zur Typologie des Film noir. Dies beruht nicht zuletzt auf seiner Arbeit als Schauspieler mit einer unmäßig expressiven, gar expressionistischen Darstellungsweise, die sich nicht selten als gefährliche Gratwanderung entlang des Manierismus und der Karikatur gestaltete.

8 Femme fatale und harter Bursche: Darsteller, Typen, Rollen

Im Kanon der Ausdrucksmittel des Film noir nimmt die Darstellungsweise der Akteure eine zwar wichtige, aber keine herausragende Position ein. Der darstellerische Ausdruck muß sich im Film noir mehr als üblich in den Kontext von Schauplatz, Dekor, Ausleuchtung, in Mise en scène und Montage einfügen und stellt damit nahezu gegenteilige Anforderungen an den Darsteller als die Star-Vehikel, in denen alles auf die Aura des oder der Hauptdarsteller(s) abgestimmt ist. Im Film noir muß selbst der Star bereit sein, sich zu integrieren, sich (im übertragenen wie im Wortsinn) in den Schatten zu begeben und notfalls an die Wand spielen zu lassen. Auf der anderen Seite liefern gerade die gebrochenen, zwiespältigen Charaktere des Film noir den Darstellern interessantere Rollen als die linearen und aufrechten Figuren anderer Filme.

Allerdings ist der Film noir nicht der Ort der Erfüllung *schauspielerischer* Ambition. »Schauspielerei« hat keinen Platz im Film noir: Anstelle der ausdrucksvollen Mimik und der theatralischen Geste tritt die physische Präsenz, und nicht der Schauspieler, der Darsteller ist gefordert (dies jedoch gilt nicht nur für den Film noir, sondern mehr oder weniger für das amerikanische Kino überhaupt). Ebenso wie besonders expressives Spiel (die Ausnahmen sind Orson Welles und in einigen Szenen James Cagney) kommt auch naturalistische Darstellung nicht in Betracht. Das, was sich im Film noir am besten in den visuellen Stil einfügt, ist eine verhaltene, geistesabwesende, gleichsam somnambule Ausdrucksweise, bei der die Darsteller wie hinter einer starren Maske agieren, durch die im Idealfall der Schimmer eines zweiten, vielleicht »wahren« Ichs dringt. Diese sorgfältig ausbalancierte Stilisierung des verschlossenen, unergründlichen Charakters kündet weder zu offensichtlich von dessen Emotionen, noch leugnet sie diese völlig.

Darsteller, denen man gemeinhin jegliches schauspielerische Talent absprach, konnten im Film noir nicht nur die besten Leistungen ihrer Karriere erreichen, sie waren hier auch ihren Schauspieler-Kollegen gegenüber weit im Vorteil. Dies läßt sich auch daran ablesen, daß mehrere Darsteller, die bereits auf eine längere Film- und eventuell auch Bühnenkarriere zurückblicken konnten, im Film noir ihre Darstellungsweise veränderten und nun erst zu ihrem unverwechselbaren Ausdruck fanden; ferner daran, daß eine ganze Reihe Debütanten im Film noir rasch zu Erfolg kamen und ihren Typus entwickelten, den sie in ihrer anschließenden langjährigen Laufbahn nicht mehr veränderten.

All das gilt für Frauen ebenso wie für Männer. Obwohl der Film noir durchaus ein Kino aus dem Blickwinkel des Mannes ist, zeigt er sich am interessantesten – und das ist alles andere als ein Widerspruch – in seinem Frauenbild, in dem sich die jeweils aktuelle Angst-Lust der Männerphantasien widerspiegelt. Gerade das Bild der Frau sagt alles über Frauen *und* Männer. Selbst in den gewagtesten Verzerrungen und Diffamierungen der Frauenfiguren vermittelt sich noch ein Abbild weiblicher Selbständigkeit und Kraft wie sonst selten im Hollywood-Film, und die Frauen sind wirklich zentral im Plot, nicht Staffage beim Transport männlicher Ideologie. Verständlicherweise bot der Film noir – und nicht nur zu seiner Kriegsphase, als männliche Darsteller rar waren – gerade für Darstellerinnen ungeahnte Möglichkeiten vielfältiger und interessanter Rollen. Positive Frauenfiguren sind im Film noir selten Hauptcharaktere, im Mittelpunkt steht nahezu immer die tatsächlich oder scheinbar »böse« Frau – als Femme fatale oder als bad good Girl – und die Frau als Opfer. Damit zeigt der Film noir nicht Frauen, die, wie sonst häufig im amerikanischen Film, ihr Lebenszentrum in Ehe und Familie finden oder danach streben, einen Mann für dieses Ziel zu gewinnen, vielmehr Frauen, denen diese Bindungen fehlen oder die sich von ihnen befreien wollen, oft mit Hilfe eines jüngeren und attraktiveren Mannes.

Die meisten der weiblichen Hauptrollen finden sich in der zweiten Phase des Film noir, und sie thematisieren vorwiegend die Femme fatale, ohne Zweifel den vielschichtigsten Frauentypus des Film noir überhaupt. Die Femme fatale verkörpert Eigenschaften wie Aktivität, Selbstbewußtsein, Stärke und erotische Attraktivität, die ihr jedoch nicht wie beim Vamp der 20er Jahre zum Selbstzweck gereicht, sondern als Mittel zu einem Zweck dient. Dieses Ziel heißt Unabhängigkeit – von ehelichen Fesseln wie von finanziellen Beschränkungen. Nicht selten erscheint die Femme fatale geradezu besessen vom Wunsch nach Geld. Die Femme fatale ist die Verkörperung der Film-noir-Ambiguität zwischen Erscheinung und Wesen – *sie sieht gut aus, ist aber böse*.

Der zweite wichtige (obwohl seltenere) Frauentypus ist gleichzeitig der Femme fatale sehr ähnlich – auch in der Ikonographie – und dennoch das genaue Gegenteil: das bad good Girl. Es stellt die gleiche Ambiguität wie die Femme fatale dar, nur genau andersherum – *es erscheint böse, ist aber gut*. Beide Frauentypen liefern äußerst attraktive Hauptrollen, die den Darstellerinnen die Möglichkeit bieten, Doppelbödigkeit, widersprüchliche Charaktereigenschaften und nicht zuletzt Allmacht über die Männer (und über die männlichen Darstellerkollegen) voll auszuspielen. Der Typus der Frau als Opfer, ohnehin selten als Zentralcharakter, bietet geringere Ausdrucksmöglichkeiten.

Die oberste Darstellerin des Film noir war Barbara Stanwyck. In der Komödie THE LADY EVE von Preston Sturges spielte sie 1941 eine raffinierte Falschspielerin und Betrügerin, die den gutgläubigen Millionenerben Henry Fonda reinlegt. Sie verfolgt ihr Ziel mit enormer Chuzpe, büßt dabei aber kein Jota ihrer weiblichen Ausstrahlung ein. Wie die Zeichentrickschlange im Vorspann und der Titel suggerieren, agiert sie mit den sogenannten Waffen einer Frau: mit weiblicher List und Erotik. Bereits in diesem Film verkörperte Barbara Stanwyck eine Art Femme fatale, die durch die Komödienhandlung noch gebremst ist; auf jeden Fall aber bahnte diese Rolle ihr den Weg zu ihren Frauenfiguren im Film noir.

Ihre Darstellung im Film noir ist maskenhafter als die in der Sturges-Komödie. Doch die Motivation und die Mittel ihrer Charaktere sind die gleichen, nur ist deren Vorgehen nicht mehr Spiel, sondern tödlicher Ernst. In DOUBLE INDEMNITY (Abb. 2 und 23), der wohl bedeutendsten Rolle ihrer Karriere, zeigt die Stanwyck eine Femme fatale, die mit außerordentlicher Kraft und eisiger Erotik, die dem damaligen Publikum kaum faßbar schien, einen Mann in einen Strudel von Sex & Crime zieht. Diese Paraderolle konnte sie in THE STRANGE LOVE OF MARTHA IVERS in etwa wiederholen und auch in THE FILE ON THELMA JORDAN, selbst wenn ihr darin die Verführung des Mannes nicht gelingt. Die späte Erkenntnis ihrer männlichen Opfer faßt Fred MacMurray in DOUBLE INDEMNITY zusammen: »How could I know that murder sometimes smells like honeysuckle?« Selbst wenn Stanwyck einmal eine Frau als Opfer des Mannes darstellt wie in SORRY, WRONG NUMBER (Abb. 9), so offenbaren die Rückblenden noch ihre frühere Macht über ihren Ehemann, den sie zum Schwächling stempelt. In CLASH BY NIGHT, ihrem fünften und letzten Film noir, ist sie die »Frau mit Vergangenheit«, eine ehemalige Femme fatale, die aus der Großstadt zurückkehrt, sich in ihrem Heimatstädtchen niederläßt und nun bereit ist, in ein bürgerliches Leben abzutauchen. Die schauspielerische Palette Barbara Stanwycks war nicht übermäßig farbenreich, aber ihre wachen Augen und ihr klargeschnittenes Gesicht vermittelten hinter ihrer coolen Art stets den Eindruck energiegeladener Präsenz.

Ebenfalls als Femme fatale, wenn auch nur im Postkartenformat, fungierte Lizabeth Scott (Abb. 48) in zwei Filmen, aber sie ist für den Mann nie so gefährlich wie die Stanwyck: In DEAD RECKONING bezahlt sie ihr doppeltes Spiel mit dem Tod, in PITFALL wird sie selbst zur Mörderin und muß sich vor Gericht verantworten, während der Mann besser davonkommt.

Gene Tierney stellt in LEAVE HER TO HEAVEN die wohl böseste und eine der neurotischsten Frauen des Film noir dar, die – mit einem Elektrakomplex belastet – ihren Mann abgöttisch liebt und, um ihn ganz für sich zu behalten, jeden vermeintlichen Störenfried dieser Liebe ermordet. Dies ist einer der verrücktesten der nicht gerade seltenen Amours fous des Film noir. Zu dieser Rolle prädestinierte Tierney geradezu ihre ungewöhnliche Schönheit, die die Diskrepanz zwischen Erscheinung und Wesen ins Extreme steigerte. Ähnlich fasziniert und zurückgestoßen von Tierneys Frauenfiguren zeigen sich die Männer in LAURA (Abb. 21) und in NIGHT AND THE CITY, in dem sie eine Night-Club-Sängerin darstellt.

Als weitere Femme fatale zieht Joan Bennett in THE WOMAN IN THE WINDOW (Abb. 10 und 37) und in SCARLET STREET einen mittelalten Biedermann, beidesmal Edward G. Robinson, ins Verderben. Bennett war einer der attraktivsten Stars ihrer Zeit, stellte aber auch einen ganz anderen Frauentyp glaubhaft dar: In THE RECKLESS MOMENT spielt sie eine Hausfrau, die sich erfolgreich gegen Erpressung und den Mordverdacht, unter den ihre Tochter gerät, alleine zu helfen weiß, während ihr Mann auf Geschäftsreisen ist.

Etwas positivere Frauen als die typischen Femmes fatales, die aber dennoch die gleiche Kraft und Zielstrebigkeit besitzen, waren vor allem die Domäne von Joan Crawford, die eine Art Gegenpol zu Barbara Stanwyck bildet. In den meisten ihrer vier Film-noir-Rollen zeigt sich ein guter Kern, und es bleibt ihren Heldinnen die vage Hoffnung auf einen Neuanfang und auf eine bessere Zukunft. Crawford hatte bereits eine erfolgreiche Karriere als Flapper der 20er Jahre hinter sich und bildete eine Zeitlang zusammen mit Clark Gable ein beliebtes Leinwandpaar, als sie 1945 mit MILDRED PIERCE (Abb. 41), ihrem ersten Film noir, einen »Oscar« gewann. Sie stellt darin eine aktive und karrierebewußte Frau dar, die ihre Ehe verläßt und ihren sozialen und ökonomischen Aufstieg einzig aus eigener Kraft erreicht, ohne kriminell zu werden wie die Femme fatale – wenn auch auf Kosten ihrer Töchter und weiterer Menschen ihrer Umgebung. Eine ähnliche Rolle verkörpert sie in THE DAMNED DON'T CRY, in dem sie wiederum ihre Ehe um der Verbesserung ihres sozialen Status willen aufgibt, dabei aber in Gangsterkreise gerät und reumütig nach Hause zurückkehrt. Die Hausfrau als Opfer ihrer Umstände zeigt Crawford in POS-

Abb. 41: Selbstbewußtsein und Zielstrebigkeit: Joan Crawford als Karrierefrau in MILDRED PIERCE.

SESSED, wo sie vor Eifersucht mordet und wahnsinnig wird, und in SUDDEN FEAR, in dem sie einen Neurotiker heiratet, der sie umbringen will. Diese Frauenfigur erinnert an die der Stanwyck in SORRY, WRONG NUMBER, mit dem für beide Darstellerinnen bezeichnenden Unterschied, daß Joan Crawford in SUDDEN FEAR die negative Charakterdimension der Stanwyck-Figur fehlt.

Die Reihe ihrer Film-noir-Charaktere verlängerte Joan Crawford mit einer völlig genre-untypischen Rolle in dem 1954 aufgeführten Western JOHNNY GUITAR, der allerdings nicht von ungefähr unter der Regie des Film-noir-Regisseurs Nicholas Ray entstand. Ihr nicht eigentlich schön zu nennendes Gesicht wies – vor allem in ihren Rollen nach der Mitte der 40er Jahre – nicht wie bei der Stanwyck auf tief verborgene Erotik, sondern eher auf emotionale Leere und Gefühlskälte. In ihren späten Filmen, in denen sie häufig durch ihre steif zurückgekämmten Frisuren und ein maskenhaftes Make-up nahezu entstellt wurde, zeigte ihr Aussehen fast nur noch Verschlossenheit und unbarmherzige Härte, was die lockere Extravertiertheit ihrer Rollen aus den 20er und 30er Jahren Lügen zu strafen schien.

Abonniert auf die masochistische Seite des Film-noir-Opfers war Gloria Grahame, die oft junge Frauen verkörperte, die gedemütigt und gequält werden. Ihr wird von Lee Marvin in THE BIG HEAT mit brühendheißem Kaffee das Gesicht entstellt – eine Szene, die an die vergleichsweise harmlose Grapefruit aus THE PUBLIC ENEMY von 1931 erinnert, die James Cagney Mae Clarke ins Gesicht drückte. In IN A LONELY PLACE ist sie das Opfer eines alkoholsüchtigen Mannes. In HUMAN DESIRE darf sie auch mal eine Femme fatale spielen, aber ihre Rollen standen nie wie die besten Stanwycks oder Crawfords im Zentrum der Handlung.

Ganz anders Rita Hayworth, die in zwei Films noirs hervorragende Frauenporträts zeichnete. Die südländische und dennoch kühle Schönheit ihres Gesichts und ihr makellos-aufregender Körper verhalfen ihr nach unbedeutenden Nebenrollen zu der Karriere des beliebtesten Pin-up-girl (Abb. 42), dessen Foto fünfmillionenfach den Soldaten an der Front zur »Aufmunterung« diente. Dieses Frauenbild verkörperte sie anschließend im Film als COVER GIRL (1944), wobei sie auch ihre tänzerischen Fähigkeiten unter Beweis stellen konnte (und während dessen Dreharbeiten sie »Mrs. Orson Welles« wurde).

In GILDA (Abb. 6) stellt sie die Inkarnation des romantischen bad good Girl dar, die vorgeblich schlechte, in Wirklichkeit aber gute Frau, die sich nur verstellt, um den Helden zu erobern. Gilda ist aber auch ein wenig Opfer – ihr Freund geht nicht gerade sanft mit ihr um – und ein bißchen fatal – ihr Ehemann Bannister wird erschossen, woran sie nicht völlig unschuldig ist. Ganz zur Femme fatale machte sie in THE LADY FROM SHANGHAI ihr (Gerade-noch-)Ehemann Orson Welles, der selbst das von ihr ausgetrickste Opfer darstellte. Andererseits wurde Hayworth als Darstellerin das Opfer von Welles' Bestrebungen, den Mythos des Glamour-Stars ebenso in Scherben zersplittern zu lassen wie das Spiegelkabinett am Ende des Films. In THE

Abb. 42: Vom Pin-up zum bad good Girl: Rita Hayworth auf einem Plakat zu GILDA.

LADY FROM SHANGHAI entwickelt sich der Charakter der Frau genau andersherum als in GILDA, sie entpuppt sich als zunehmend schlecht.

Hayworths Sexualität ist lebendiger, ihre Ausstrahlung – zumal in GILDA – weiblicher und weniger verschlossen als die der beiden anderen großen Film-noir-Darstellerinnen Stanwyck und Crawford. Auch ist ihr Sex in GILDA nicht synthetisch wie in ihrer Pin-up-Phase. Es genügt, wenn Gilda singt, tanzt und einen schwarzen Handschuh abstreift, um mehr Erotik auf die Leinwand zu bringen als andere, die einzig die Handschuhe anbehalten.

Das in den Kriegsjahren noch weitgehend entspannte Verhältnis von Mann und Frau fand seinen Niederschlag nicht nur in der Entwicklung des bad good Girl. Noch bezeichnender für die romantische Phase des Film noir war der Typus einer dem Mann ebenbürtigen Partnerin, die sich nicht gegen ihn wendet, sondern ihn unterstützt, ohne sich ihm zu unterwerfen. Dieses ausbalancierte Kräfteverhältnis zwischen den Geschlechtern und damit auch zwischen weiblichem und männlichem Hauptdarsteller ermöglichte die Etablierung zweier romantischer Leinwandpaare: Alan Ladd & Veronica Lake und Humphrey Bogart & Lauren Bacall, die weitaus mehr miteinander gemeinsam hatten als die jeweilige Alliteration ihrer Nachnamen.

Veronica Lake war wie Hayworth ein beliebtes Pin-up-girl, und ihr Markenzeichen war ihr *Peek a boo bang,* gewissermaßen der Vorläufer einer Popperfrisur, mit langem blonden Haar, das eine Gesichtshälfte verdeckte. Ihr Partner Alan Ladd drehte am allerliebsten mit ihr, vor allem, weil sie mit 1,57 Meter immerhin noch fünf Zentimeter kleiner war als er selbst. Beide sahen sich ziemlich ähnlich, waren blond und blaugrauäugig, hatten einen coolen Blick und waren alles andere als Schauspieler (Abb. 43). Hinter ihrem maskenhaften, von keinem Mienenspiel getrübten Gesichtsausdruck und ihrem monotonen Tonfall spürte man dennoch die Verletzlichkeit ihrer Film-noir-Charaktere. Ihre Dialoge lieferten sie sich wie in Watte verpackt, und vor allem Lake mit ihrer relativ tiefen Stimme war perfekt im lässigen Hinwerfen schlagfertiger Bemerkungen. Als Team erreichten sie bereits mit THIS GUN FOR HIRE große Popularität, worin Ladd einen Killer spielt, der aber – wie bei allen gemeinsamen Filmen – durch den Einfluß der Lake, hier eine willensstarke Sängerin und Amateuragentin, ein wenig zum Besseren beeinflußt wird. Ein Happy-End war jedoch in der Story nicht drin, da der Profimörder, natürlich, am Ende sterben muß.

Ladds Darstellung des »engelgesichtigen« Killers war ebenso wie seine Aufmachung mit Trenchcoat und breitkrempigem Borsalino

Abb. 43: Das romantische Film-noir-Paar: Veronica Lake und Alan Ladd in THE GLASS KEY – Stilisierung ...

(vgl. Titelbild) stilbildend für zahlreiche ähnliche Gestalten bis hin zu Alain Delon in LE SAMOURAÏ im Jahre 1967. Obwohl pathologische Negativfigur, sympathisiert der Zuschauer mit ihm über weite Strekken und ist gerne bereit, seine negativen Charakterzüge zu verdrängen.

In THE GLASS KEY und THE BLUE DAHLIA sind die romantischen Aspekte des Paares weiter herausgearbeitet, und da beide mehr oder weniger »gut« sind, steht dem Happy-End nichts mehr im Wege. Die Lake hilft Ladd im ersten Film bei seiner detektivähnlichen Aufgabe als Assistent eines Politikers, im zweiten unterstützt sie ihn in seiner Rolle als Kriegsveteran, der zu Unrecht des Mordes an seiner Frau verdächtigt wird. Chandler, nach dessen Originaldrehbuch THE BLUE DAHLIA gedreht wurde, zog, wie er 1946 seinem Verleger Hamilton schrieb, Bogart Alan Ladd (vermutlich in seiner Rolle als Killer in THIS GUN FOR HIRE) vor: »Bogart ist natürlich auch viel besser als jeder andere Schurkendarsteller. Ladd ist hart, bitter und gelegentlich charmant, aber schließlich kommt er doch nicht über die Vorstellung hinaus, die sich der kleine Moritz von einem bösen Schurken macht. Bogart ist da absolut echt.«[1]

»Echt« ist Bogart in acht Films noirs, von denen er drei mit Lauren Bacall an seiner Seite drehte. B. & B. setzten das von L. & L. angelegte romantische Paar weiter fort, wobei die Bacall mit ihrer rauchigen Stimme, ihrem berühmten, bei gesenktem Kopf nach oben gerichteten »Bacall-Blick« und ihrer lässigen Raucherpose die perfekte Ergänzung zu Bogies stereotypen Manierismen und seiner eigenartigen, mit steifer Oberlippe leicht lispelnden Sprechweise lieferte (Abb. 44). Die Bogart-Charaktere erscheinen allerdings ein wenig verzweifelter als die Ladds, wohl auch, weil sie teilweise bereits in die zweite Film-noir-Phase fallen. In DARK PASSAGE stellt Bogart einen

Abb. 44: ... und Erotik – Humphrey Bogart und Lauren Bacall in DARK PASSAGE.

entflohenen Sträfling, in KEY LARGO einen entlassenen Kriegsteilnehmer dar – und nachdem er seine Charakterfestigkeit hinreichend bewiesen hat, ist er endlich mit der Frau, die er liebt, vereint. In THE BIG SLEEP spielt Bacall ein bad good Girl, und der Detektiv braucht entsprechend lange, bis er herausbekommt, daß die Motive ihres Verhaltens weitaus nobler sind, als er zu träumen wagte.
In diesem Film arbeitete Howard Hawks die romantische Beziehung der beiden ohnehin schon romantischen Figuren, Detektiv und bad good Girl, heraus, und in jeder gemeinsamen Szene zeigt sich die erotische Spannung des Paars, das im Vergleich zu Ladd und Lake weniger stilisiert und menschlicher erscheint. DARK PASSAGE leidet dagegen unter der Ambition des Regisseurs, unbedingt ein Drittel des Films mit subjektiver Kamera drehen zu wollen, und die Beziehung zwischen Bogart und Bacall kommt erst spät zum Tragen.
Bogart wie Ladd begannen ihre eigentliche Karriere erst mit dem Film noir. Bis zu seinem ersten dieser Filme, THE MALTESE FALCON, hatte Bogart zwar die enorme Zahl von 41 Filmen gedreht, aber die ganz große Rolle, die seinen Status als Star begründen sollte, ließ immer noch auf sich warten. Selbst in HIGH SIERRA, kurz vor THE MALTESE FALCON aufgeführt, erschien sein Name im Vorspann noch an zweiter Stelle, und man schrieb den enormen Erfolg des Films weniger Bogart als dem Regisseur Raoul Walsh zu. Nach einem weiteren, unbedeutenden Film kam dann Ende September 1941 THE MALTESE FALCON heraus, und Bogie hatte den Durchbruch geschafft. Mit seiner begrenzten, manieristischen »Spiel«weise war Bogart für die negativen Helden des Film noir geradezu prädestiniert, während er in gelegentlichen positiven Rollen farblos wirkte. In Bogarts Interpretation des Privatdetektivs (Abb. 4, 15 und 50) – mehr noch bei seinem Philip Marlowe als bei seinem Sam Spade – kommen Darsteller und Rolle zu einer derart perfekten Kongruenz, daß seine anderen Film-noir-Rollen, vor allem die ohne Bacall, im Vergleich schwächer erscheinen. Als Mörder seiner Frau in CONFLICT, als Staatsanwalt in THE ENFORCER, als aggressiver Alkoholiker in IN A LONELY PLACE oder als entfremdeter Kriegsheimkehrer in DEAD RECKONING ist Bogart zwar gut, aber nicht *at his best*.
Die kultische Verehrung, die Bogart zuteil geworden ist und die immer noch anhält, insbesondere auch wegen seiner Rolle als Philip Marlowe, läßt leicht vergessen, daß ein anderer, nämlich Dick Powell, die Figur am überzeugendsten verkörperte – zumindest so, wie sie in den Chandler-Romanen angelegt war. Dies sah auch Chandler ein, der Powell als Marlowe (den dieser, noch anderthalb Jahre vor

Bogarts THE BIG SLEEP, in MURDER, MY SWEET darstellte) sehr schätzte, dessen – nie real gewordene – Traumbesetzung aber Cary Grant hieß. Powell vermittelt die Verletzlichkeit des Detektivs genau, wie sie konzipiert ist (Abb. 45), und verzichtet auf den Bogartschen Heroismus. Auch bei Powell, der in vier weiteren Films noirs ausgezeichnete Charaktere schuf, wird deutlich, daß die Beschränkungen seiner schauspielerischen Mittel sich im Film noir positiv auswirkten.

Abb. 45: Marlowe ohne Heroismus: Dick Powell in MURDER, MY SWEET.

Hinter seinem weichen, oft jungenhaften Gesicht steckt, vor allem bei seiner Marlowe-Interpretation, eine stoische Gleichgültigkeit Gefahren und Rückschlägen gegenüber und eine beachtliche Beharrlichkeit beim Verfolgen seines Weges. Die Härte, die er als Detektiv durchaus auch zeigt, ist der Figur naturgemäß und scheint weniger plakativ als bei Bogart.

Mit seinen Film-noir-Rollen war Powell *off-typecast* gegenüber seinem früheren Image als braver Musical-Star, und er konnte in seinem neuen Fach in den 40ern beträchtliche Erfolge verbuchen, bevor er als Regisseur zu dilettieren begann. In CORNERED als Veteran, der den Mörder seiner Frau verfolgt, in JOHNNY O'CLOCK unter Mordverdacht oder als Opfer einer Frau in PITFALL und als entlassener Strafgefangener auf Rachefeldzug in CRY DANGER bot er wie Bogart eine breite Palette ausgezeichneter Film-noir-Charaktere, war jedoch in seinen Leistungen gleichförmiger als sein berühmterer Kollege.

Edward G. Robinson und James Cagney, zwei Darsteller, die in den 40er Jahren schon auf lange Karrieren zurückblicken konnten und die die beiden erfolgreichsten Interpreten der Gangsterfilme der 30er waren, machten im Film noir interessante Rollenwechsel durch. Insbe-

Abb. 46: Der anachronistische Gangster, kurz vor seinem Ende: Edward G. Robinson in KEY LARGO.

sondere Robinson, der als ein sehr variabler Schauspieler galt, verkörperte in sieben Films noirs unterschiedliche, stets aber überzeugende Charaktere. Am besten waren seine Darstellungen als Mittelschichtopfer in den Lang-Filmen SCARLET STREET und THE WOMAN IN THE WINDOW (Abb. 10). Auch als hartnäckiger, fast besessener Versicherungsdetektiv in DOUBLE INDEMNITY oder als Inspektor in THE STRANGER lieferte er faszinierende Rollenstudien. Wie ein ironischer oder selbstparodistischer Kommentar zu seiner Vergangenheit als Star des Gangsterfilms wirkt seine Rolle als eschatologischer Gangsterboß und Gegenspieler Bogarts in KEY LARGO, der den Anachronismus großer Gangsterfiguren wie seines LITTLE CAESAR von 1930 aufzeigte (Abb. 46). Der Star-Status von Robinson und Bogart hatte sich, wie der Film verkündet, inzwischen ebenso umgekehrt wie ihre Rollenverteilung: Bogart ist nun die Nummer 1, und er, der in den 30ern in BULLETS OR BALLOTS oder in KID GALAHAD von Robinson erschossen wurde, ist es jetzt, der den alten Gangsterboß tötet.

Auch James Cagney, der PUBLIC ENEMY von 1931, griff im Film noir auf seine früheren Gangsterrollen zurück, in charakteristischer Abwandlung. Er spielte zweimal den obsessiv-neurotischen Gangster, der den Glauben an sein Tun und seine psychische und soziale Integrität verloren hat und nur noch im Tod einen Ausweg sieht. Großartig war seine Paraderolle in WHITE HEAT (Abb. 11), während deren Wiederholungsversuch in KISS TOMORROW GOODBYE schwächer ausfällt. Seine schauspielerische Extravertiertheit konnte er in vollem Umfang eher außerhalb des Film noir zeigen, dennoch ist Cagney einer der wenigen Darsteller, die – wie sonst nur Orson Welles – im Film noir ein expressives Spiel wagten.

Für eine ganze Reihe von Darstellern bedeutete der Film noir eine Art Sprungbrett, von dem aus sie zu anderen und größeren Rollen aufsteigen konnten. Besonders vier Darsteller, um 1915 geboren und damit ein bis anderthalb Jahrzehnte jünger als die Bogart/Cagney/Powell/Robinson-Riege, zeigten im Film noir beachtliche Leistungen, die den Grundstein für langjährige Karrieren legten. Richard Widmark, Burt Lancaster und Kirk Douglas begannen mit Films noirs, und Robert Mitchum fand im späten Film noir zu seinem persönlichen Stil.

Widmark hatte 1947 ein erstaunliches Debüt als sadistischer Killer in KISS OF DEATH, und er setzte diese Rolle mit dem neurotischen Aufsteiger und Gejagten in NIGHT AND THE CITY (Abb. 47) in etwa fort. Auch in seinen anderen Films noirs, PANIC IN THE STREETS und PICKUP ON SOUTH STREET (Abb. 28) – mit Ausnahme allerdings von DON'T BOTHER TO KNOCK, wo er die Neurotikerrolle an Marilyn Mon-

Abb. 47: Abonniert auf neurotische und gehetzte Figuren: Richard Widmark in NIGHT AND THE CITY.

roe abtreten mußte –, sowie in seinen späteren Rollen pflegte er die gleiche erprobte nervös-hektische Spielweise. Noch heute ist Widmark spezialisiert auf solide Charakterrollen gestörter oder eruptiver Charaktere, die auch in den ruhigsten Momenten die Möglichkeit jederzeitiger Explosion vermitteln. Dazu trägt seine metallische

Stimme mit einem trockenen Lachen ebenso bei wie sein bohrender Blick.

Eine breitere Palette von Charakteren, sowohl gewalttätige Verbrecher als auch masochistische Opfer, verkörperte Burt Lancaster, der 1946 mit THE KILLERS debütierte. Darin zeigt er – gemäß der Hemingway-Vorlage – den resigniertesten aller Film-noir-Charaktere, der vor seinen Killern nicht mehr wegläuft, sondern den Tod ruhig erwartet. Mit seiner Darstellung des aufrührerischen Gefängnisinsassen in BRUTE FORCE (Abb. 22) und des entlassenen Sträflings in I WALK ALONE (Abb. 48) vergrößerte sich seine schauspielerische Reputation rasch. In SORRY, WRONG NUMBER und CRISS CROSS (Abb. 26) stellte er jeweils einen schwächlichen Ehemann dar, der zu Verbrechen getrieben wird. Die resignierten, meist Frauen unterlegenen Film-noir-Figuren Lancasters erinnern, da sie in diametralem Widerspruch zu seiner athletischen Erscheinung stehen, an gefährliche Tiere, die in eine stählerne Falle geraten und nun wehrlos sind. Nach dem Film noir konnte sich Lancaster bis heute mit seinen fast immer eigenwilligen

Abb. 48: Drei Film-noir-Debütanten: Burt Lancaster, Kirk Douglas und Lizabeth Scott in I WALK ALONE.

Interpretationen als langjähriger Star etablieren, obwohl seine schauspielerische Virtuosität gelegentlich die Rollen sprengte. Erst in den letzten Jahren ist er von seinen eindimensionalen, betont virilen Helden wieder zu ambivalenteren Charakteren zurückgekehrt, bei denen er ganz auf seine zeitweiligen Manierismen verzichten konnte.
Ähnliches gilt auch für Kirk Douglas, der stets wie Lancaster starker Regisseure bedurfte, die sein Spiel eher bremsten. Auch Douglas besitzt eine enorme Vielfalt an Ausdrucksmöglichkeiten. Er begann 1946 mit einer Nebenrolle in THE STRANGE LOVE OF MARTHA IVERS und war kurz darauf in OUT OF THE PAST (Abb. 25) Robert Mitchums und in I WALK ALONE (Abb. 48) Burt Lancasters jeweiliger Gangster-Gegenspieler. Zwei Top-Rollen erhielt er 1951 als sadistischer New

Abb. 49: »Buster Keaton mit Power«: Robert Mitchum, der stoischste Darsteller des Film noir – mit Shelley Winters in THE NIGHT OF THE HUNTER.

Yorker Bulle in DETECTIVE STORY und insbesondere als heruntergekommener, skrupelloser Journalist in THE BIG CARNIVAL, in denen er seine dynamische Ausstrahlung voll einsetzen konnte. Außerhalb des Film noir wechselte er bald zu einer schier endlosen Kette von Heldenrollen über, die ihm selbst wohl am liebsten waren.

Von den drei bisher Genannten hebt sich Robert Mitchum völlig ab. Er ist der wohl lakonischste, nahezu katatonische Darsteller des Film noir. Mit seinen schläfrigen Augen, seiner stoischen Miene und seiner maulfaulen Redeweise wurde er einmal treffend als »ein Buster Keaton mit Power« bezeichnet. 1947 stellte er in OUT OF THE PAST (Abb. 25) einen verzweifelten Exdetektiv dar, den eine längst vergessene Affäre mit einer Gangsterbraut wieder einholt. In CROSSFIRE mußte er sich mit einer Nebenrolle als Polizist zufriedengeben, dann aber, nachdem er in HIS KIND OF WOMAN fast eine Witzausgabe eines Film-noir-Opfers abgegeben hatte, wurde er mit zwei Paraderollen belohnt: in ANGEL FACE als proletarischer Chauffeur, der mit seiner Freundin aus reichem Hause deren Eltern umbringt, und in NIGHT OF THE HUNTER (Abb. 49) als psychopathischer Prediger, der mit Vorliebe Witwen tötet. Mitchum konnte sich bald als Star etablieren, der immer ein wenig unterschätzt wurde und wird; sicherlich weil seine

Abb. 50: Der geborene Held und der geborene Verlierer: Bogart und Elisha Cook Jr. in THE MALTESE FALCON.

durchweg intelligenten Rolleninterpretationen hinter seinem scheinbaren Phlegma nicht recht deutlich wurden. 1975 und 1978 gelang es ihm in zwei Chandler-Verfilmungen als Philip Marlowe – in seiner Interpretation ein müder, resignierter und gealterter Detektiv (Abb. 51) –, die schlafmützige Darstellung seiner Film-noir-Rollen fast zu parodieren (vgl. Kapitel 9).
Schließlich darf von den zahlreichen weiteren Darstellern des Film noir einer nicht unerwähnt bleiben, der 1940 schon beim allerersten, STRANGER ON THE FLOOR, dabei war und mit mehr als einem Dutzend wohl die meisten Film-noir-Rollen gespielt haben dürfte, wenn er auch nie über Nebendarstellungen hinauskam: Elisha Cook Jr. Mit seiner schmächtigen Statur und seinen angsterfüllten Augen war er (auch außerhalb des Film noir) der geborene Verlierer. Er hatte darauf fast ein Monopol, und seine unvergleichliche Karriere erstreckt sich von dem ungeschickten Gangstergehilfen in THE MALTESE FALCON (Abb. 50), den er 34 Jahre später auch in der »Fortsetzung« THE BLACK BIRD wieder spielte, über ein Mordopfer in THE BIG SLEEP und vielen, vielen weiteren Rollen bis hin zu dem getreuen Taxifahrer in Wenders' HAMMETT von 1982.

9 Rezeption und Renaissance: Film noir heute

Heute, viereinhalb Jahrzehnte nachdem der erste Film noir mehr Schatten als Licht auf eine Kinoleinwand warf, ist das Interesse am Film noir ungebrochen. Im Gegensatz zu vielen Filmen aus dieser Zeit sind die Films noirs nicht in den Archiven verschwunden. In Kommunalen, in Programm- und Studentenkinos werden sie immer wieder aufgeführt und stellen einen wichtigen Filmstock der Spätvorstellungen der Fernsehhaupt- und vor allem der dritten Programme dar. Immer neue Generationen von Filmzuschauern entdecken für sich den Reiz der vor ihren Augen und Ohren ausgebreiteten Konflikte zwischen den meist starken Frauen und den ihnen nicht selten unterlegenen Männern und lassen sich mitreißen in den Strudel von Verbrechen, Angst-Lust und Neurose. Als Detektiv, Outsider, Gejagter oder Jäger, als Femme fatale oder bad good Girl starten sie zu einer Reise durch den Großstadt-Dschungel des San Francisco, Los Angeles, New York oder Chicago der 40er Jahre.
Offenbar haben die Bedürfnisse der Menschen Mitte der 80er Jahre mehr gemein mit der Romantik, Entfremdung und Obsession der 40er und frühen 50er, als man auf Anhieb glauben mag. Die gesellschaftlichen und ökonomischen Krisen dauern an – von den ideologischen, die im Augenblick gerne »geistig-moralische« genannt werden, ganz zu schweigen –, und auch die Auseinandersetzungen zwischen Männern und Frauen kreisen immer noch um denselben Punkt. Und selbstbewußte und selbständige Frauen – die, wie im Film noir häufig, durch ihre Erscheinung und ihr Handeln noch die repressivsten Plots konterkarieren – sieht man auch im Kino unserer Tage nicht allzu oft. Damit bietet der Film noir auch heute noch die Möglichkeit, die Sehnsüchte und Ängste seiner Zuschauer aus- und aufzulösen.
Die wirklichen Anhänger des Film noir sehen sich dieselben Filme immer wieder an und machen sie zu Objekten ihres Kults. Gerade der Film noir ist ein Kultkino par excellence. Er ist die einzige wirkliche Stil-Bewegung des amerikanischen Kinos und bietet seinen Aficionados thematische Vielfalt bei stilistischer Geschlossenheit – das ver-

spricht Abwechslung und Vertrautheit zugleich. Nicht von ungefähr erwachsen aus dem Film noir die meisten Kultfilme und die meisten Kultdarsteller; fast jeder der »großen« Film-noir-Darsteller und -Darstellerinnen hat seine feste Fan-Gemeinde, und ihren Films noirs bleibt stets ein Ehrenplatz auf dem Altar reserviert.
Gerade in den B-Filmen dieses Stils zeigen sich die Interaktionen der Charaktere, die Art und Weise, wie sie in Bewegung gesetzt sind, die »Machart« genauer als in den Prestigepictures – ähnlich wie bei einer abgetragenen und vertrauten Jeans das Gewebe immer deutlicher hervortritt. Selbst dann, wenn der Plot einmal allzu hanebüchen sein sollte, kann man immer noch von der Distanz einer Metaebene aus amüsiert beobachten, wie Charakterentwicklung und Mise en scène angelegt sind. Der auf Farbfilm und brillante Ausleuchtung eingeschliffenen Sehweise erscheinen Schwarzweißfilme als künstlicher und zumal das »Chiaroscuro« des Film noir auch künstlerischer; und die auf Figuren, Schauplatz und Atmosphäre vertrauenden Geschichten bilden einen angenehmen Kontrast zu den anämischen Sternenspektakeln und den blutüberströmten Horror-und-Metzel-Streifen des neuen Unterhaltungskinos.
Films noirs sind Filme, die – wie das europäische Kino in seinen besten Momenten – das Handwerkliche spüren lassen, an deren Unebenheiten sich die Werkzeugspuren ihrer Regisseure, Autoren, Kameraleute, Darsteller und Musiker zeigen – und damit Filme, die von einem Hollywood erzählen, das längst passé ist. Zweifellos ist der Film noir somit zum Teil auch ein Kino der Flucht vor der Gegenwart – dem Gestus seiner Antihelden nicht unähnlich – in eine vergangene Welt, deren einst reale Schrecken wir von heute aus mit wohligem Schauer genießen können.
Aber auch auf andere Weise lebt der Film noir weiter fort. Als Bewegung war er spätestens Ende der 50er Jahre tot, nicht aber sein Stil und seine Tradition. Auch nach 1950 wurden immer wieder, wenn auch mit gelegentlich jahrelangem Abstand, Filme gedreht, deren Regisseure stilistische oder thematische Elemente des Film noir aufgriffen oder zitierten. Die Bandbreite dieser Revivals reichte von der Verneigung vor einer der kreativsten Perioden Hollywoods über den Versuch, den Stil weiterzuentwickeln, bis hin zur kannibalischen Ausschlachtung von garantiert funktionierenden Stereotypen.
Am leichtesten gelangen diese Anknüpfungsversuche an den Film noir über die Figur des Privatdetektivs. Zwei Filme, die ganz bewußt und mit beträchtlichem Erfolg an die romantischen Detektivfiguren der Kriegsphase anschlossen (durchaus nicht ohne diese einer Prüfung zu unterziehen), lösten eine wahre Renaissance des Detektiv-

films aus; Robert Altmans THE LONG GOODBYE von 1973 und Roman Polanskis CHINATOWN aus dem folgenden Jahr. THE LONG GOODBYE (Der Tod kennt keine Wiederkehr) basiert auf dem gleichnamigen Roman von Raymond Chandler – dessen *The Little Sister* bereits vier Jahre zuvor als MARLOWE ziemlich ungenügend fürs Kino adaptiert worden war. Altmans Film transponiert die Marlowe-Figur, mit Elliott Gould als eine Art Anti-Bogart, in die 60er Jahre und entfernt sich weit von der Grundstimmung und dem Plot des Romans. Vielleicht wollte Altman, wie auf einer Kreisbahn, gerade durch Entfernen von der Romanstory die Annäherung an Chandlers Haltung und an die des Film noir erreichen. Das Ergebnis aber war nicht überzeugend. Behutsamer ging Polanski vor, dessen CHINATOWN auf einem Originaldrehbuch (von Robert Towne) beruht, das die Handlung in das Los Angeles von 1937 einbettete. Polanski beschreibt eine Detektivfigur, die sich von ihren Vorbildern in ihrer Weichheit unterscheidet, und benutzt eine lineare, von der Perspektive des Detektivs bestimmte Erzählweise. Auch sein braun und beige getöntes Technicolor und das Panavision-Format vermitteln mehr den *Geist* des Film noir, als daß sie direkte Stilanlehnungen wären.
In zwei weiteren Chandler-Verfilmungen spielt beidesmal Robert Mitchum den Philip Marlowe, in FAREWELL, MY LOVELY (1975; Fahr zur Hölle, Liebling) und THE BIG SLEEP (1978; Tote schlafen besser). Der erste dieser Filme ist im Los Angeles des Jahres 1941 (damit ein Jahr später als im Roman) angesiedelt und bleibt der Vorlage treuer als MURDER, MY SWEET, der Verfilmung aus dem Jahre 1944 – von der 1942er-Version mit dem eher an Hammett erinnernden Titel THE FALCON TAKES OVER (die kein Film noir ist) ganz zu schweigen. FAREWELL, MY LOVELY, bei dem Dick Richards Regie führte, ist, mit Rückblende, Off-Erzählung und sehr viel (Chandlerschem Original-) Dialog, aber mehr ein Film über einen Film noir als – wie CHINATOWN – ein der Tradition *und* der gegenwärtigen gesellschaftlichen Entwicklung gerecht werdendes Werk. Obwohl Mitchum zur Zeit der Dreharbeiten bereits 57 Jahre alt war und seine Interpretation viel Kritik erregte, überzeugt mich seine Darstellung des skrupulösen, verletzlichen und desillusionierten Detektivs mehr als die des damals über ein Jahrzehnt jüngeren Bogart in THE BIG SLEEP von 1946, und Charlotte Ramplings Spiel ist mindestens so faszinierend wie das der Bacall. Vermutlich hätte Chandler Mitchum in dieser Rolle gemocht. THE BIG SLEEP (1978), dessen Story Michael Winner ins heutige England verlegte, ist ein Flop auf der ganzen Linie, der weder von dem Roman oder dem Bogart-Film etwas zu transponieren vermag noch als eigenständiger Film Qualität zeigt.

Abb. 51: Robert Mitchum und Charlotte Rampling als Bogart & Bacall – FAREWELL, MY LOVELY.

Arthur Penns NIGHT MOVES (1975; Die heiße Spur), nach einem Originaldrehbuch entstanden, zeigt den Detektiv nicht als Loner, sondern als einen mit einer kaputten Ehe zusätzlich belasteten Voyeur, der seiner eigenen Frau hinterherzuspionieren pflegt und auch jahrelang nach seinem Vater gesucht hat. Wenn Marlowes und Spades Sucht nach Wissen und Wahrheit eine Tugend war, so ist sie für Penns Detektiv eher verhängnisvoll: Wo seine Vorgänger Zusammenhänge erkannten, sieht er ausschließlich Einzelfakten, in denen er sich verzettelt. Ebensowenig überzeugt der im selben Jahr gedrehte THE DROWNING POOL (Unter Wasser stirbt man nicht) von Stuart Rosenberg, der seiner exzellenten Romanvorlage des Chandler-Adepten Ross Macdonald nicht gerecht wird.

Eine kleine Reihe von Streifen schlachtet den Film noir aus, indem sie ihn mehr oder weniger parodiert: David Gilers THE BLACK BIRD (1975; Die Jagd nach dem Malteser Falken) setzt die Jagd nach der – nun doch echten Statuette – aus THE MALTESE FALCON weiter fort; oder Carl Reiners DEAD MEN DON'T WEAR PLAID (1982; Tote tragen keine Karos) kombiniert geschickt Originalausschnitte aus mehr als einem Dutzend Films noirs mit darüberkopierten und dazwischengeschnittenen Neuszenen (frisch erfunden oder alten Szenen nachgestellt) und kompiliert das Ganze zu einer Kriminalkomödie. Der Detektiv (der neugedrehten Teile) steht so in scheinbar direktem Kontakt zu und führt Dialoge mit Alan Ladd, Veronica Lake, Barbara Stanwyck, Humphrey Bogart, James Cagney, Fred MacMurray, Burt Lancaster, Robert Mitchum, Joan Crawford, Ray Milland, Lana Turner, Kirk Douglas und vielen anderen und löst en passant noch einen halb absurden, halb klassischen Kriminalfall.

Als vorläufig letzter in der Reihe der in der Tradition des Film noir stehenden Detektivfilme schildert Wim Wenders' in den USA gedrehter HAMMETT (1982) den letzten Fall des damals, 1928, debütie-

Abb. 52: Der Blickwinkel des Film noir in einem Film von 1982: Frederic Forrest (rechts) als Hammett in HAMMETT.

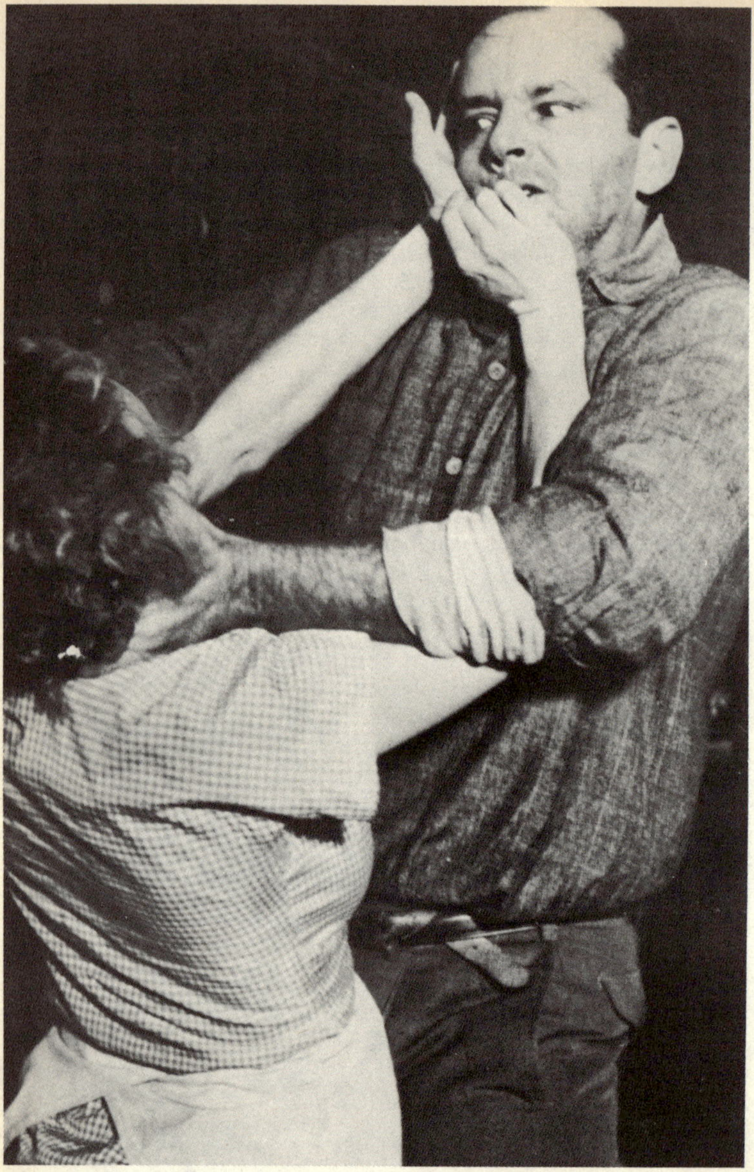

Abb. 53: Remake des Remakes des Remakes: Die vierte Verfilmung des Cain-Romans – Jack Nicholson und Jessica Lange in THE POSTMAN ALWAYS RINGS TWICE.

renden Schriftstellers Dashiell Hammett. Von einem Freund darum gebeten, kehrt er noch einmal zu seinem früheren Beruf als Detektiv zurück und hilft eine komplizierte Verschwörung aufzudecken. Wenders gelingt es, mit seinen Studioaufnahmen scheinbar mühelos das San Francisco der 20er Jahre ähnlich sicht- und erfühlbar zu machen wie Polanski mit seinen on location gedrehten Szenen das Los Angeles der 30er.

Einige klassische Films noirs erlebten in den 70er und 80er Jahren Neuauflagen – wie ein Teil der neuen Detektivfilme ja auch Remakes waren –, die in sehr unterschiedlichem Maße der Qualität ihrer Vorbilder gerecht wurden. Erwähnt seien nur die (vierte) Verfilmung von Cains Erfolgsroman THE POSTMAN ALWAYS RINGS TWICE (mit dem deutschen Schwachsinns-Titel »Wenn der Postmann zweimal klingelt«) von Bob Rafelson aus dem Jahre 1981, und I, THE JURY (Ich,

Abb. 54: Der entfremdete, negative Held im New York der 70er Jahre: Robert de Niro in TAXI DRIVER.

der Richter) aus demselben Jahr, nach dem Roman von Mickey Spillane und dem Film von 1953.
Während derartige Filme oft recht plakativ den Film noir kopierten, gibt es eine größere Anzahl von Filmen, in denen sich die im Film noir gewonnene Sicht auf die amerikanische Großstadt und der im Film noir entwickelte Stil nahtlos in die moderne Thematik einfügen. Vor allem Paul Schrader, der als Filmkritiker sich mit dem Film noir dezidiert auseinandersetzte, ließ seine Faszination von diesen Filmen in seine Arbeit als Drehbuchautor von Martin Scorseses TAXI DRIVER (1976) und als Autor-Regisseur von HARDCORE (1979; Hardcore – Ein Vater sieht rot) einfließen. In beiden Filmen wird die Großstadt, einmal New York, einmal Los Angeles, expressiv überhöht und bewußt anti-naturalistisch als Dschungel beschrieben – wie im Film noir. In TAXI DRIVER verliert sich der Ex-Marine und Taxifahrer in eben diesem Asphalt-Dschungel und beginnt einen blutigen, obsessiven Feldzug gegen käuflichen Sex und Drogenhandel. Der moralische Unterton des Drehbuchautors wird in seiner eigenen Regiearbeit HARDCORE penetranter, wenn er die heile calvinistische Welt (seiner eigenen Herkunft), aus der ein junges Mädchen in den Porno-Sumpf von L. A. absinkt, gegen die ach so böse Großstadt setzt. Wie seine Hauptfigur, der Vater des Mädchens, der die einschlägige Scene aufzumischen versucht, zeigt sich auch der (ehemalige?) Puritaner Schrader ebenso abgestoßen wie fasziniert von der Unterseite der Stadt.
Eine andere Art von Renaissance erfuhr der Film noir bereits viel früher in dem Land seiner Erstentdeckung und frühesten Wertschätzung, in Frankreich. Nachdem einige der Kritiker der *Cahiers du Cinéma* zu Filmemachern geworden waren und selbst eine Film-Bewegung, die Nouvelle vague, begründet hatten, zeigten sie die Begeisterung, die sie in ihren Kritiken und Aufsätzen dem amerikanischen Kino gegenüber bekundet hatten, auch in ihren eigenen Regiearbeiten. Sie drehten Filme, die bei den Stil- und Plotelementen des Film noir ungehemmt Anleihen machten. Jean-Luc Godard widmete seinen ersten Spielfilm À BOUT DE SOUFFLE (1960; Außer Atem) – der, seltsam genug, 1983 wiederum als BREATHLESS (Atemlos) in den USA *remade* wurde – den Monogram Pictures, also dem B-Film-Studio, das auch einige Films noirs produzierte. Jean-Paul Belmondo, der negative Held des Films, gibt sich ganz als Bonsai-Bogart und scheut sich nicht, mit einem Bogart-Plakat in einem Kinoschaukasten einen stummen Dialog zu führen und ein paar der typischen Gesten seines großen Vorbilds zu imitieren. Auch François Truffaut, der die Story des Godard-Films erfand, schuf mit seinem im selben Jahr uraufgeführten TIREZ SUR LE PIANISTE (Schießen Sie auf

den Pianisten) praktisch eine Film-noir-Hommage über einen einsamen, verlorenen Pianisten, der in eine Auseinandersetzung mit Gangstern gerät und den Tod seiner Freundin verkraften muß. 1968 und 1969 verfilmte Truffaut dann zwei Romane des Film-noir-Autors Cornell Woolrich: Nach *The Bride Wore Black* entstand LA MARIÉE ÉTAIT EN NOIR (Die Braut trug Schwarz), und aus *Waltz Into Darkness* wurde LA SIRÈNE DU MISSISSIPPI (Das Geheimnis der falschen Braut). Der erste schildert den Rachefeldzug einer Frau gegen die Mörder ihres Bräutigams, der zweite ist die Geschichte des Amour fou eines Mannes, der

Abb. 55: Der eiskalte Engel: Alain Delon als Alan Ladd in LE SAMOURAÏ.

von einer Femme fatale betrogen wird, sich aber in sie verliebt und einen Mord begeht.

Ein französischer Regisseur, der nicht zur Nouvelle vague zählt, ihr aber nahesteht, widmete fast sein gesamtes Œuvre Geschichten über einzelgängerische Verbrecher, die dem Film noir entsprungen scheinen. Er nahm, aus der Begeisterung für den amerikanischen Schriftsteller Herman Melville, den Namen Jean-Pierre Melville an, und seine Filme mit schattenreicher Bildgestaltung und pessimistischer, entfremdeter Grundstimmung der Figuren zeigen den Killer oder Gangster in Paris, wie der Film noir ihn in Los Angeles oder New York beschrieb. Vor allem Melvilles berühmtester Film LE SAMOURAÏ (1967, Der eiskalte Engel), in dem Alain Delon einen von seinen Auftraggebern betrogenen und nun auf Rache sinnenden Killer darstellt, erinnert in nahezu jeder Szene an Ladd in THIS GUN FOR HIRE. Beide Darsteller fast gleichen Vornamens haben das gleiche Outfit von Borsalino & Trench, haben regelmäßige, aber gefühllose Gesichtszüge, und beide wurden ähnlich umschrieben: dort »engelgesichtiger Killer« – hier »eiskalter Engel«. Auch Melvilles Filme kümmern sich nicht um den sozialen Background der Figuren, sondern legen ihr Gewicht auf die Beschreibung des Milieus, in dem sich der Verbrecher bewegt, und auf die Darstellung seiner professionellen und psychischen Probleme, die ihn die Realität nur verzerrt wahrnehmen lassen.

Auch in Zukunft werden Drehbuchautoren und Regisseure – in Europa ebenso wie in Amerika – immer wieder zurückgreifen auf den seltsamen Stil, den Hollywood da in den 40ern und frühen 50ern hervorgebracht hat. Und jeder, der von den Nacht- und Schattenseiten der Großstadt und deren verlorenen Helden und Heldinnen erzählen will, wird sich messen lassen müssen – an den Schattenspielen des Film noir.

Lexikon des Film noir

Abkürzungen: A(llied) A(rtists), Col(umbia), Mono(gram), Para(mount), 20(th Century-)Fox, U(nited) A(rtists), Uni(versal), W(arner) B(rothers). **R** = Regie, **B** = Drehbuch, **K** = Kamera, **M** = Musik, **D** = Darsteller.
Die Jahresangabe bezieht sich auf das Datum der Uraufführung.

THE ACCUSED (Frau in Notwehr/Vergewaltigt). Para 1949. **R** William Dieterle. **B** Ketti Frings n. d. Roman *Be Still, My Love* v. June Truesdell. **K** Milton Krasner. **M** Victor Young. **D** Lorette Young (Wilma Tuttle), Robert Cummings (Warren Ford), Wendell Corey (Lt. Ted Dorgan), Sam Jaffe, Douglas Dick, Suzanne Dalbert. 101 Min. – Die schüchterne, junge Psychologieprofessorin Wilma Tuttle tötet einen ihrer Studenten, als er versucht, sie zu vergewaltigen. Sie tarnt die Tat als Autounfall, macht dann aber einen Suizidversuch. In der Klinik wird sie unter Druck gesetzt, bis sie ein Geständnis ablegt. Die Anklage wegen Mordes endet jedoch mit einem Freispruch. Intellektualität bedeutet in der Nachkriegsphase des Film noir für die Frau, ihre Menschlichkeit zu verleugnen. Vor allem die beruflich erfolgreiche Frau muß ihre Sexualität verdrängen, die zu erwecken für den Mann tödlich sein kann.

ACT OF VIOLENCE. MGM 1949. **R** Fred Zinnemann. **B** Robert L. Richards. **K** Robert Surtees. **M** Bronislau Kaper. **D** Van Heflin (Frank R. Enley), Robert Ryan (Joe Parkson), Janet Leigh (Edith Enley), Mary Astor, Phyllis Thaxter, Barry Kroeger. 82 Min. – Der Kriegsveteran Parkson befindet sich auf einem Rachefeldzug gegen Enley, der im Krieg Parksons Kameraden verraten hat. Enley taucht in der Stadt unter, will zuerst seinen Verfolger töten lassen, opfert dann aber sich selbst, um Parkson zu retten. Mehr als unter der Bedrohung durch seinen Verfolger leidet Enley durch die Erinnerung an seinen Kameradenverrat. Seine panische Flucht wird zu einer alptraumhaften Reise aus der bürgerlichen Wohlanständigkeit in die Nachtwelt des Film noir.

ANGEL FACE (Engelsgesicht). RKO 1953. **R** Otto Preminger. **B** Frank Nugent, Oscar Millard. **K** Harry Stradling. **M** Dimitri Tiomkin. **D** Robert Mitchum (Frank Jessup), Jean Simmons (Diane Tremayne), Mona Freeman (Mary), Herbert Marshall, Leon Ames, Barbara O'Neil. 90 Min. – Die noir-typische Kombination von Sexualität und Geld als Handlungsmotiv: Ein proletarischer Chauffeur, Frank, verliebt sich in die höhere Tochter Diane. Gemeinsam bringen sie deren Eltern um, geraten in Verdacht und werden wegen Mordes vor Gericht gestellt. Um die Sympathie der Jury zu gewinnen, heiraten sie und werden freigesprochen. Frank will sich von der Frau trennen, doch Diane bringt ihn und sich selbst um. Vor allem Frank, dem die Sympathie des Zuschauers gehört, erscheint als der in seinem Schicksal Verfangene, der sich von der »bösen« Frau nicht zu lösen vermag.

THE ASPHALT JUNGLE (Asphalt-Dschungel/Raubmord). MGM 1950. **R** John Huston. **B** Ben Maddow, John Huston n. d. Roman v. W. R. Burnett. **K** Harold Rosson. **M** Miklos Rozsa. **D** Sterling Hayden (Dix Handley), Louis Calhern (Alonzo D. Emmerich), Jean Hagen (Doll Conovan), James Whitmore, Sam Jaffe, John McIntire. 112 Min. – Ein komplizierter Juwelenraub, durchgeführt von einer Handvoll Spezialisten, scheitert ebenso wie die anschließende Flucht an verschiedenen Mißgeschicken. Der schwerverletzte Handley flieht vor der Polizei in die Farmgegend Kentuckys, wo er aufgewachsen ist. Dort erliegt er seinen Wunden. Huston versucht sich an einer Mischung aus Naturalismus und Film noir und erreicht nicht die stilistische Geschlossenheit seiner anderen, »reinen« Films noirs. Dennoch überzeugen die teilweise grotesken Charaktere, und das erzeugte Klima der Verzweiflung und Unausweichlichkeit macht den Film zu einem Klassiker.

BEWARE, MY LOVELY. RKO 1952. **R** Harry Horner. **B** Mel Dinelli n. seinem Stück u. seiner Short Story *The Man*. **K** George E. Diskant. **M** Leith Stevens. **D** Ida Lupino (Mrs. Gordon), Robert Ryan (Howard), Taylor Holmes (Mr. Armstrong), Barbara Whiting, James Williams. 77 Min. – Der psychisch gestörte Gelegenheitsarbeiter Howard, der bereits einen seiner Arbeitgeber in einem Wahnanfall getötet hat, würgt bei einem weiteren Zusammenbruch die Kriegswitwe und Lehrerin Mrs. Gordon, für die er kleinere Arbeiten verrichtet. In einem günstigen Moment gelingt es ihr, die Polizei zu benachrichtigen. Dinelli, der unter anderem auch das Drehbuch zu THE SPIRAL STAIRCASE verfaßte, kommt hier über Plotklischees nicht hinaus, denen die uninspirierte visuelle Gestaltung entspricht.

BEYOND A REASONABLE DOUBT (Jenseits allen Zweifels). RKO 1956. **R** Fritz Lang. **B** Douglas Morrow. **K** William Snyder. **M** Herschel Burke Gilbert. **D** Dana Andrews (Tom Garrett), Joan Fontaine (Susan Spencer), Sidney Blackmer (Austin Spencer), Philip Bourneur, Shepperd Strudwick, Arthur Franz. 80 Min. – Der aufstrebende Schriftsteller Garrett und sein zukünftiger Schwiegervater, der Verleger Spencer, planen einen journalistischen Coup: Sie legen Indizien aus, die Garrett als Mörder erscheinen lassen, um dann im letzten Moment seine Unschuld zu beweisen und somit die Absurdität der Todesstrafe anprangern zu können. Der Verleger stirbt, und der Unschuldsbeweis kann nicht erbracht werden. Susan kann Garrett in letzter Sekunde retten, aber er verrät ihr unbeabsichtigt, daß er in Wahrheit doch der Mörder ist, und sie übergibt ihn der Polizei. In dieser verwickelten Geschichte – die sowohl pro als auch contra Todesstrafe plädiert – läßt Lang den Zuschauer bis zum Schluß im ungewissen und erzielt, auch durch widersprüchliche, versteckte visuelle Hinweise, ein beängstigendes Gefühl der Orientierungslosigkeit.

BEYOND THE FOREST. WB 1949. **R** King Vidor. **B** Lenore Coffee n. d. Roman v. Stuart Engstrand. **K** Robert Burks. **M** Max Steiner. **D** Bette Davis (Rosa Moline), Joseph Cotten (Dr. Lewis Moline), David Brian (Neil Latimer), Ruth Roman, Minor Watson, Dona Drake. 96 Min. – Rosa, die Frau des Kleinstadtarztes Dr. Moline, hat eine kurze Affäre mit dem Chicagoer Millionär Latimer. Als sie deswegen erpreßt wird, erschießt sie den Erpresser bei einer Jagd, wird aber von jedem

Vorwurf freigesprochen. Eine Schwangerschaft durchkreuzt ihren Plan, ihren Mann zu verlassen, und sie provoziert eine Fehlgeburt durch einen Sturz, bei dem sie selbst schwer verletzt wird. Im Fieber flieht sie aus dem Krankenhaus, bricht aber zusammen und stirbt, bevor sie den Zug nach Chicago erreichen kann. Das spießige Kleinstadt-Amerika wird als repressives Milieu geschildert für eine ambitionierte Frau, die vom Leben etwas mehr erwartet. Weniger die Liebe zu dem Millionär bestimmt ihr Handeln als ihre Sehnsucht zur Großstadt, dem Symbol der Freiheit, die sie nie erreicht.

THE BIG CARNIVAL/ACE IN THE HOLE (Reporter des Satans). Para 1951. **R** Billy Wilder. **B** Billy Wilder, Lesser Samuels, Walter Newman. **K** Charles B. Lang. **M** Hugo Friedhofer. **D** Kirk Douglas (Charles Tatum), Jan Sterling (Lorraine), Robert Arthur (Herbie Cook), Porter Hall, Frank Cady, Richard Benedict. 111 Min. – Eine außerordentlich zynische Story Wilders: Ein heruntergekommener Top-Journalist, in die Provinz verbannt, verzögert die Rettung eines in einem Stollen Verschütteten, um mit einer großen Sensationsreportage sein eigenes Comeback zu erreichen. Jeder versucht, aus dem Unglück des einen das Beste für sich herauszuholen: der Reporter, die Erfrischungshändler, der Sheriff (der die Publicity gut gebrauchen kann), die sensationsgierigen Zuschauer. Der Film wurde wegen seiner Mitleidlosigkeit kritisiert – vor allem von amerikanischen Journalisten, die sich offenbar getroffen fühlten.

THE BIG CLOCK (Spiel mit dem Tode). Para 1948. **R** John Farrow. **B** Jonathan Latimer, Harold Goldman n. d. Roman v. Kenneth Fearing. **K** John F. Seitz. **M** Victor Young. **D** Ray Milland (George Stroud), Charles Laughton (Earl Janoth), Maureen O'Sullivan (Georgette Stroud), George Macready, Rita Johnson, Elsa Lanchester. 95 Min. – Der erfolgreiche Herausgeber eines Kriminalmagazins, Stroud, muß diesmal im Auftrag seines Verlegers Janoth einen Fall lösen, bei dem sich herausstellt, daß er selber der unschuldig Verdächtigte des Mordes an der Geliebten Janoths ist – dabei ist Janoth der Mörder, der die Tat einem anderen in die Schuhe schieben will. Mit Off-Erzählung und Rückblende versehen, zeigt sich die Qualität als Film noir vor allem in der gigantischen Verfolgungsjagd im Verlagsgebäude inklusive Showdown zwischen Stroud und Janoth und in Laughtons neurotischer Darstellungsweise des Verlegers.

THE BIG COMBO (Geheimring 99). AA 1955. **R** Joseph H. Lewis. **B** Philip Yordan. **K** John Alton. **M** David Raskin. **D** Cornel Wilde (Leonard Diamond), Richard Conte (Mr. Brown), Brian Donlevy (McClure), Jean Wallace, Robert Middleton, Lee Van Cleef. 89 Min. – Der Detektiv Diamond ist auf der Jagd nach dem Gangsterboß Brown, ohne bei der Wahl seiner Mittel besonders wählerisch zu sein. Diamond kann Brown zur Strecke bringen mit Hilfe der Ehefrau des Gangsters und tötet ihn bei einem Schußwechsel. Sexualität ist das Leitmotiv des Films: Brown und seine Geliebte verbinden eine wechselseitige Abhängigkeit und die Fetischisierung des anderen, zwei offensichtlich homosexuelle Gangster erfreuen sich an sadistischen Quälereien ihres Gefangenen Diamond, dieser selbst scheint seine sexuelle Frustration mit der manischen Jagd auf den Gangsterboß zu kompensieren.

THE BIG HEAT (Heißes Eisen). Col 1953. **R** Fritz Lang. **B** Sydney Boehm n. d. Roman v. William P. McGivern. **K** Charles B. Lang. **M** Daniele Amfitheatrof. **D**

Glenn Ford (Dave Bannion), Gloria Grahame (Debby Marsh), Jocelyn Brando (Katie Bannion), Alexander Scourby, Lee Marvin, Jeanette Nolan. 90 Min. – Bannion ist Sergeant beim Morddezernat und befindet sich in einer Art Privatkrieg gegen Gangster, Kollegen und Vorgesetzte, die allesamt dem Syndikatschef Lagana gehorchen. Lagana wehrt sich gegen Bannion, indem er ihm eine Bombe ins Auto plaziert, der aber Bannions Frau zum Opfer fällt. Bannion verliert obendrein seinen Job und wird zum einsamen Racheengel, der zahlreichen unschuldigen und weniger unschuldigen Personen Kummer bereitet, indem er sie rücksichtslos für seine Zwecke benutzt. Der Gangsterbraut Debby etwa wird von ihrem Freund eine Gesichtshälfte mit brühheißem Kaffee verunstaltet. Debby rächt sich, bringt Lagana indirekt zur Strecke und muß dafür mit dem Leben bezahlen. Lang schildert die Obsession eines Polizisten, dessen moralischer Rigorismus absurd erscheint angesichts der komplexen Realität. Sein Pyrrhussieg läßt ihn am Sinn seines Handelns (ver)zweifeln.

THE BIG SLEEP (Tote schlafen fest). WB 1946. **R** Howard Hawks. **B** William Faulkner, Leigh Brackett, Jules Furthman n. d. Roman v. Raymond Chandler. **K** Sid Hickox. **M** Max Steiner. **D** Humphrey Bogart (Philip Marlowe), Lauren Bacall (Vivian Rutledge), John Ridgeley (Eddie Mars), Martha Vickers (Carmen Sternwood), Dorothy Malone, Patricia Clarke, Elisha Cook Jr. 114 Min. – Privatdetektiv Marlowe wird engagiert, um einen Erpressungsfall zu lösen. Er verliebt sich in Vivian Rutledge, eine der beiden Töchter seines Auftraggebers Sternwood, gerät bald in einen Strudel von Mord und anderen Verbrechen, den er meistert, indem er die Beteiligten gegeneinander ausspielt. Los Angeles dient in diesem Film-noir-Klassiker als realistischer und mythischer Hintergrund zugleich für die Reise des Detektivs durch alle Schattenbereiche menschlicher Existenz. Gegenüber der Romanvorlage Chandlers romantisiert der Film vor allem die Beziehung zwischen Marlowe und Vivian und wird somit zum geeigneten Star-Vehikel für das Leinwand- und Ehepaar Bogart & Bacall.

BLACK ANGEL (Vergessene Stunde). Uni 1946. **R** Roy William Neill. **B** Roy Chanslor n. d. Roman von Cornell Woolrich. **K** Paul Ivano. **M** Frank Skinner. **D** Dan Duryea (Martin Blair), June Vincent (Catherine), Peter Lorre (Marko), Broderick Crawford, Constance Dowling. 80 Min. – Blair, ein alkoholkranker Musiker, versucht, den Mord an seiner Exfrau aufzuklären, und muß am Ende erkennen, daß er selbst sie getötet und seine Tat verdrängt hat. Er gesteht den Mord, kurz bevor ein deswegen bereits Verurteilter gehenkt werden kann. Der Mörder bleibt bis zum Schluß Sympathieträger, während die »unschuldigen« Gangsterfiguren und Spießbürger negativ gezeichnet sind. Zwar ein B-Film, der aber die Beschränkungen des Budgets durch die Phantasie der Beteiligten mehr als wettmachen kann.

THE BLUE DAHLIA (Die blaue Dahlie). Para 1946. **R** George Marshall. **B** Raymond Chandler. **K** Lionel Lindon. **M** Victor Young. **D** Alan Ladd (Johnny Morrison), Veronica Lake (Joyce Harwood), William Bendix (Buzz Wanchek), Howard da Silva, Doris Dowling, Tom Powers. 96 Min. – Der Kriegsveteran Morrison kehrt nach Hause zurück und erfährt von der Untreue seiner Frau. Er verläßt sie und wird des Mordes beschuldigt, als sie tot aufgefunden wird. Auf der Flucht vor der Polizei und der Suche nach dem Täter freundet er sich mit der mysteriösen Joyce Harwood an, der er aber mißtraut. Sie ist die Ehefrau des Geliebten von Morrisons Frau und will sich nun rächen. Gemeinsam entlarven sie den wirklichen Täter, einen erfolglosen Erpresser. Chandlers einziges Originaldrehbuch faßt alle Plotelemente des Nachkriegs-Film-noir zusammen: Amnesie aufgrund einer Kriegsverletzung spielt ebenso eine Rolle wie die Desillusionierung der Kriegsveteranen angesichts der wirklichen oder vermeintlichen Untreue ihrer Frauen während der Kriegsjahre und des Problems, im zivilen Leben wieder Fuß zu fassen.

THE BLUE GARDENIA (Gardenia – Eine Frau will vergessen). WB 1953. **R** Fritz Lang. **B** Charles Hoffman n. d. Short story *Gardenia* v. Vera Caspary. **K** Nicholas Musuraca. **M** Raoul Kraushaar. **D** Ann Baxter (Norah Larkin), Richard Conte (Casey Mayo), Ann Sothern (Crystal Carpenter), Raymond Burr, Jeff Donnell, Richard Erdman, Nat »King« Cole. 90 Min. – Mit dem Feuerhaken wehrt sich Norah gegen die Annäherungsversuche eines aufdringlichen Playboys und flieht aus dessen Wohnung – als sie am nächsten Morgen mit einem schweren Kater erwacht und erfährt, daß der Mann tot in seiner Wohnung aufgefunden worden ist, hält sie sich für seine Mörderin. Der gerissene Reporter Mayo fordert in einem Artikel die ihm unbekannte »Mörderin« auf, sich zu stellen. Norah besucht ihn mehrfach, verliebt sich in ihn und wird von ihm zu einem Geständnis überredet. Sie wird verhaftet, aber Mayo findet die wirkliche Täterin: die schwangere Freundin des Playboys. Dieses Melodram ist der schwächste aller Films noirs Langs – nur wenige Sequenzen zeigen Noir-Qualität.

BODY AND SOUL (Jagd nach Millionen). UA 1947. **R** Robert Rossen. **B** Abraham Polonsky. **K** James Wong Howe. **M** Hugo Friedhofer. **D** John Garfield (Charles Davis), Lilli Palmer (Peg Born), Hazel Brooks (Alice), Anne Revere, William Conrad, Joseph Pevney. 104 Min. – Davis will als Boxer aus den Slums aufsteigen, läßt sich mit einem Spieler und Promoter ein und entfremdet sich seinem sozialen Umfeld, seiner Freundin, seinem besten Freund und seiner Familie. Durch den Tod eines Vertrauten beginnt er, sein Leben zu überdenken, und stellt sich gegen die Bande der Wettbetrüger. Box»sport« dient als Modell für eine korrupte, dollarfixierte Welt, in der sich der Held verliert. Die mit der Handkamera gedrehten Szenen im Boxring waren Vorbild für zahllose spätere Boxerfilme.

BORDER INCIDENT. MGM 1949. **R** Anthony Mann. **B** John C. Higgins. **K** John Alton. **M** André Previn. **D** Ricardo Montalban (Pablo Rodriguez), George Murphy (Jack Bearnes), Howard da Silva (Owen Parkson), James Mitchell, Arnold Moss. 92 Min. – Die Bande des Ranchers Parkson schmuggelt illegal mexikanische Arbeiter nach Kalifornien und beutet sie schamlos aus. Zwei Agenten – ein Amerikaner und ein Mexikaner – schleichen sich in die Bande ein und zerschlagen sie. Vorher aber wird der amerikanische Agent enttarnt, und sein Kollege muß hilflos mitansehen, wie dieser getötet wird. Ein Film noir nur am Rande und höchstens wegen der Kameraarbeit John Altons, der den Schattenstil selbst in der mexikanischen Landschaft aufrechterhält.

BORN TO KILL. RKO 1947. **R** Robert Wise. **B** Eve Greene, Richard Macauley n. d. Roman *Deadlier Than the Male* v. James Gunn. **K** Robert de Grasse. **M** Paul Sawtell. **D** Claire Trevor (Helen Trent), Lawrence Tierney (Sam Wild), Walter Slezak (Arnold Arnett), Philip Terry, Audrey Long (Georgia), Elisha Cook Jr. 92 Min. – Wild, ein cholerischer Exboxer, bringt seine Freundin und ihren Begleiter aus Eifersucht um. Er lernt die reiche Georgia kennen und heiratet sie. Deren Schwester Helen fühlt sich ebenfalls zu Wild hingezogen und plant, Georgia von Wild töten zu lassen. Herbeigerufene Polizei kann dies verhindern, doch Wild tötet Helen, bevor die Polizei ihn erschießt. Obwohl ein etwas schwacher B-Film, dennoch ein treffendes Beispiel für den RKO-Stil: verwickelter Plot, interessante Charakterzeichnungen auch der Nebenfiguren und eine beklemmende Atmosphäre.

THE BRASHER DOUBLOON. 20Fox 1947. **R** John Brahm. **B** Dorothy Hannah, Dorothy Bennett, Leonard Praskins n. d. Roman *The High Window* v. Raymond Chandler. **K** Lloyd Ahern. **M** David Buttolph. **D** George Montgomery (Philip Marlowe), Nancy Guild (Merle Davis), Conrad Janis (Leslie Murdock), Roy Roberts, Fritz Kortner, Florence Bates. 72 Min. – Auf der Suche nach einer gestohlenen Goldmünze gerät Privatdetektiv Marlowe in einen Sumpf von Verbrechen: von Raub über Erpressung bis hin zu Mord. Dabei erweist sich seine Auftraggeberin, die ebenso exzentrische wie vermögende Mrs. Murdock, als der Initiator aller und der Exekutor der meisten Schandtaten. Merle, die Sekretärin der Witwe Murdock, leidet an einer Männer-Phobie (aufgrund von Schuldgefühlen wegen eines angeblichen Mordes), von der sie Marlowe en passant befreit. Die Romanhandlung ist im Film zwar vereinfacht, aber das Ergebnis zweifelsohne ein gelungener B-Film-noir mit einer geschickten visuellen Gestaltung der Schauplätze und einer schönen Nebenrolle für Fritz Kortner.

THE BREAKING POINT (Menschenschmuggel). WB 1950. **R** Michael Curtiz. **B** Ranald MacDougall n. d. Roman *To Have and Have Not* v. Ernest Hemingway. **K** Ted McCord. **M** Ray Heindorf. **D** John Garfield (Harry Morgan), Patricia Neal (Leona Charles), Phyllis Thaxter (Lucy Morgan), Juano Hernandez, Wallace Ford, Edmond Ryan. 97 Min. – Morgan besitzt ein Boot, mit dem er sich und seine Familie mehr schlecht als recht ernährt. Er wird von einem Mieter des Bootes reingelegt und befindet sich ohne Geld in einem mexikanischen Hafen, als man ihm das Angebot macht, von Mexiko aus Chinesen in die USA zu schmuggeln. Später zwingt man ihn zu einer weiteren ungesetzlichen Fahrt, mit der er Gangster nach Catalina bringen soll. Diese drohen ihn umzubringen, doch er kann, obwohl selbst schwer verwundet, die Mobster töten und wird von der Küstenwache gestellt. Sein verletzter Arm muß amputiert werden. Eine der Hemingway-Vorlage getreuere Adaptation als die romantisierende Verfilmung TO HAVE AND HAVE NOT aus dem Jahre 1944 mit Bogart & Bacall, die nicht zum Film noir zu rechnen ist.

BRUTE FORCE (Zelle R 17). Uni 1947. **R** Jules Dassin. **B** Richard Brooks. **K** William Daniels. **M** Miklos Rozsa. **D** Burt Lancaster (Joe Collins), Hume Cronyn (Capt. Munsey), Charles Bickford (Gallagher), Yvonne De Carlo, Ann Blyth, Ella Raines. 98 Min. – Collins und einige seiner Zellengenossen wollen aus dem Gefängnis ausbrechen, wo ein sadistischer Aufseher, Capt. Munsay, die Gefangenen terrorisiert. Zur Ablenkung wird ein Aufruhr inszeniert, doch der Ausbruch scheitert, und in dem folgenden Gemetzel werden viele der Gefangenen und Munsay getötet. Das Gefängnis ist eine Hölle, aus der es kein Entrinnen gibt und in der die faschistoiden Wärter absolute Macht haben. Einzig die Rückblenden auf die Vorgeschichte der Häftlinge verweisen auf die Außenwelt. Weniger ist die Flucht das Ziel als die Vernichtung des sadistischen Aufsehers. Verzweiflung, Gewalt und Mißtrauen sind die bestimmenden Elemente.

CAGED (Frauengefängnis / Verlorene Frauen). WB 1950. **R** John Cromwell. **B** Virginia Kellogg, Bernard C. Schoenfeld. **K** Carl Guthrie. **M** Max Steiner. **D** Eleanor

Parker (Marie Allen), Agnes Moorehead (Ruth Benton), Ellen Corby (Emma), Hope Emerson, Betty Garde, Jan Sterling. 96 Min. – Unter dem Einfluß einer sadistischen Gefängniswärterin, gegen die auch die reformwillige Leiterin machtlos ist, entwickelt sich die wegen einer geringfügigen Straftat einsitzende Marie Allen vom naiven Mädchen zur desillusionierten, harten Frau, die nach ihrer Entlassung Prostituierte wird. Stilistisch ein Film noir am Rande, in seinem sozialkritischen Ansatz aber über weite Strecken eher zu den *semi-documentaries* gehörend.

CAUGHT (Gefangen). MGM 1949. **R** Max Ophüls, John Berry (im Vorspann nicht aufgeführt). **B** Arthur Laurents n. d. Roman *Wild Calendar* v. Libbie Block. **K** Lee Garmes. **M** Frederick Hollander. **D** James Mason (Larry Quinada), Barbara Bel Geddes (Leonora Eames), Robert Ryan (Smith Ohlrig), Ruth Brady, Curt Bois, Frank Ferguson. 88 Min. – Das unbedeutende Kaufhaus-Mannequin Leonora zieht das große Los und heiratet einen Millionär. Der aber stellt sich als arger Neurotiker heraus und behandelt sie miserabel. Ihre Versuche, sich von diesem Mann zu lösen und mit dem Arzt Quinada glücklich zu werden, haben erst dann Erfolg, nachdem sie eine Fehlgeburt erlitten hat, die sie ihrem Mann noch mehr entfremdet. Den Graben zwischen Traum und Realität scheint die Frau mühelos zu überspringen, doch Aschenputtel wird zur Gefangenen ihrer Wunschträume und zahlt einen hohen Preis für ihre neugewonnene Freiheit, die auch nicht von Dauer sein wird. Ein Epilog, aus dem hervorgeht, daß Leonora ihren Nerz nicht mehr tragen mag und verschenkt hat, scheint zumindest unglaubhaft.

THE CHASE. UA 1946. **R** Arthur Ripley. **B** Philip Yordan n. d. Roman *The Black Path of Fear* v. Cornell Woolrich. **K** Franz F. Planer. **M** Michel Michelet. **D** Michèle Morgan (Lorna), Robert Cummings (Chuck Scott), Steve Cochran (Eddie Roman), Lloyd Corrigan, Jack Holt, Don Wilson. 86 Min. – Der abgebrannte Kriegsheimkehrer Scott wird Chauffeur eines Millionärs in Miami, dessen Reichtum zweifelhafter Provenienz ist. Scott hilft der Millionärsgattin, ihren Mann zu verlassen, und setzt sich mit ihr nach Havanna ab. Unterbrochen wird diese scheinbar einfache Geschichte durch einen quälenden Alptraum des an Malaria leidenden Veteranen, in dem er und die Frau Opfer der ihnen nachspürenden Killer des Millionärs werden. Ein Alptraum, der später beinahe Wirklichkeit wird. Woolrichs Roman lieferte all die Ingredienzen, die ein Film noir braucht, und der deutsche Expressionismus-Kameramann Franz Planer findet dazu die geeigneten Bilder.

CHRISTMAS HOLIDAY (Weihnachtsurlaub). Uni 1944. **R** Robert Siodmak. **B** Herman J. Mankiewicz n. d. Roman v. William Somerset Maugham. **K** Woody Bredell. **M** Hans J. Salter. **D** Deanna Durbin (Jackie Lamont/Abigail Mannette), Gene Kelly (Robert Mannette), Richard Whorf (Simon Fenimore), Dean Harens, Gladys George, Gale Sondergaard. 92 Min. – Die Sängerin Jackie Lamont erzählt an einem Weihnachtsabend in New Orleans einem durchreisenden Soldaten ihre Lebensgeschichte: Ihr richtiger Name lautet Abigail Mannette, und sie ist mit einem Mann verheiratet, der sich nach der Hochzeit als Mörder herausstellte und nun lebenslänglich im Gefängnis sitzt. Nach dieser Lebensbeichte kehrt Jackie in ihren Nachtklub zurück, wo ihr inzwischen ausgebrochener Mann sie als Geisel nimmt. Er will sie wegen ihres Lebenswandels töten, wird aber von einem Polizisten erschossen, und Jackie kann sich mit ihrem Soldaten auf Silvester freuen. Gene Kelly einmal in einer bösen Rolle, die er ausgezeichnet meistert, während Deanna Durbin zu sehr auf ihrem Sänger- und Glamour-Image besteht, um eine wirklich verzweifelte Frau darstellen zu können.

CLASH BY NIGHT (Vor dem neuen Tag). RKO 1952. **R** Fritz Lang. **B** Alfred Hayes n. d. Stück v. Clifford Odets. **K** Nicholas Musuraca. **M** Roy Webb. **D** Barbara Stanwyck (Mae Doyle D'Amato), Paul Douglas (Jerry D'Amato), Robert Ryan (Earl Pfeiffer), Marilyn Monroe, J. Carrol Naish, Keith Andes. 105 Min. – Desillusioniert von ihrem Partyleben in der Großstadt kehrt Mae in ihr Heimatstädtchen Monterey zurück, wo sie zwei unterschiedliche Männer kennenlernt, zwischen denen sie schwankt. Sie entscheidet sich für den zuverlässigen, langweiligeren der beiden, den gutmütigen Fischer Jerry, und heiratet ihn. Bald wird sie ihres Ehealltags überdrüssig und beginnt mit dem Zyniker Earl eine Affäre. Sie besinnt sich dann wieder, kehrt zu ihrem Mann zurück und findet sich mit ihrem bescheidenen Schicksal ab. Lang unterschneidet die melodramatische Dreiecksgeschichte mit fast dokumentarischen Außenaufnahmen, die die »schwarze« Personenzeichnung konterkarieren.

CONFLICT (Konflikt/Tatort Springfield). WB 1945. **R** Curtis Bernhardt. **B** Arthur T. Horman, Dwight Taylor n. e. Originalstory v. Robert Siodmak u. Alfred Neumann. **K** Merritt Gerstad. **M** Frederick Hollander. **D** Humphrey Bogart (Richard Mason), Alexis Smith (Evelyn Turner), Sydney Greenstreet (Dr. Mark Hamilton), Rose Hobart, Charles Drake, Grant Mitchell. 86 Min. – Mason bringt seine Ehefrau um, weil er deren Schwester liebt und sie ihn nicht freigibt. Sein nahezu perfektes Verbrechen, als Autounfall getarnt, läßt ausgerechnet der mit ihm befreundete Psychoanalytiker Hamilton auffliegen, indem er Hinweise plaziert, die Mason glauben lassen, seine Frau habe überlebt oder er selbst habe den Verstand verloren. Angewandte Psychologie contra cleverer Killer: diesmal verliert Bogart gegen Sydney Greenstreet – die Rollen sind gegenüber THE MALTESE FALCON vertauscht. Bogart überzeugt nicht in dieser Rolle als Gattenmörder, und Warner Bros. hielten den Film nach seiner Fertigstellung fast zwei Jahre zurück.

CORNERED. RKO 1945. **R** Edward Dmytryk. **B** John Paxton. **K** Harry J. Wild. **M** Roy Webb. **D** Dick Powell (Gerard), Walter Slezak (Incza), Micheline Cheirel (Mme Jarnac), Nina Vale, Morris Carnovsky, Edgar Barrier. 102 Min. – Der kanadische Kriegsheimkehrer Gerard sucht den Mörder seiner jungen französischen Kriegsbraut – einen nazistischen Anhänger der Vichy-Regierung namens Jarnac. Gerard glaubt nicht an die offizielle Erklärung, Jarnac sei tot, und verfolgt hartnäckig dessen Spur, die ihn auch in die Schweiz und nach Buenos Aires führt. Dort arbeitet eine antifaschistische Gruppe, die ehemalige Nazis aufspüren hilft. Es kommt zu einem Zweikampf zwischen Garard und Jarnac, bei dem Gerard, durch einen Tranceanfall (ein Kriegsleiden) außer Kontrolle, seinen Gegner erschlägt. Dmytryk und sein Produzent Adrian Scott, später zwei der *Hollywood Ten* und Opfer des Konservatismus der 50er Jahre, zeigen hier einen zwar naiven Antifaschismus, der aber keineswegs den Film zu einem bloßen *message picture* geraten läßt.

CRACK-UP. RKO 1946. **R** Irving Reis. **B** John Paxton, Ben Bengal, Ray Spencer n. d. Short story *Madman's Holiday* v. Fredric Brown. **K** Robert de Grasse. **M** Leigh Harline. **D** Pat O'Brien (George Steele), Claire Trevor (Terry Cordeau), Herbert Marshall (Traybin), Ray Collins, Wallace Ford, Dean Harens. 93 Min. – Im Krieg war Steele bei der Armee Experte für Kunstfälschungen und hat nun einen Job beim New Yorker Metropolitan Museum. Er bekommt eine Amnesie, die irgendwie mit einem Zugunglück zusammenzuhängen scheint, das aber nie geschehen ist. Er wird von seiner Arbeit suspendiert und durchschaut erst allmählich das Komplott gegen ihn, das den heimlichen Austausch der Originale gegen Fälschungen verschleiern soll. Seine Freundin rettet ihn, nachdem er auch noch gekidnappt und mit Drogen vollgepumpt worden ist. Das Motiv der Abbildung von Realität in der Kunst ist hier explizit wie sonst nirgendwo im Film noir. Der Held ist für den Zugang der Massen zur Kunst, sein Gegenspieler für das Horten der (gestohlenen) Originale in Tresoren. Nebenbei wendet sich der Film gegen den Surrealismus, der damals mit unter den Pauschalverdacht des Linksintellektualismus fiel.

CRISS CROSS (Gewagtes Alibi). Uni 1949. **R** Robert Siodmak. **B** Daniel Fuchs n. d. Roman v. Don Tracy. **K** Franz F. Planer. **M** Miklos Rozsa. **D** Burt Lancaster (Steve Thompson), Yvonne De Carlo (Anna), Dan Duryea (Slim Dundee), Stephen McNally, Richard Long, Esy Morales. 87 Min. – Nach seiner Scheidung versucht Thompson, der als Wächter für eine Geldtransportfirma arbeitet, seine frühere Frau zurückzugewinnen. Mit seinem Nachfolger Dundee plant er einen Raubüberfall, um ihn dabei reinzulegen. Bei dem Überfall versuchen sämtliche Beteiligten, sich gegenseitig umzubringen, und auch Thompson wird schwer verletzt. Seine Exfrau ist mit der Beute verschwunden, und er setzt ihr nach. Am Schluß ist er tot, sein Nebenbuhler verhaftet, und die Frau hat das Geld. In Rückblenden und mit Off-Erzählung wird die Vergangenheit der Eheleute aufgefächert: Von Anfang an lief alles schief. Dies gilt auch für Thompsons Anstrengungen, mit List und Gewalt zu seinem Glück zu kommen. Der Held hat keine Chance, aber er riskiert alles.

THE CROOKED WAY (Herr der Unterwelt). UA 1949. **R** Robert Florey. **B** Richard H. Landau. **K** John Alton. **M** Louis Forbes. **D** John Payne (Eddie Rice), Sonny Tufts (Vince Alexander), Ellen Drew (Nina), Rhys Williams, Percy Helton. 90 Min. – Der Kriegsveteran Rice leidet an Amnesie und versucht in Los Angeles, wo er offenbar herstammt, seine Vergangenheit zu rekonstruieren. Er ist dort polizeibekannt und erfährt, daß er vor dem Krieg ein Gangster war. Er begleicht nun noch eine alte Rechnung mit seinem früheren Partner Alexander, beginnt dann mit seiner früheren Frau Nina ein neues, sauberes Leben. Der Kameramann John Alton schafft es auch in diesem schwächeren Film noir, den Originalschauplätzen eine düstere und beängstigende Stimmung abzugewinnen.

CROSSFIRE (Im Kreuzfeuer). RKO 1947. **R** Edward Dmytryk. **B** John Paxton n. d. Roman *The Brick Foxhole* v. Richard Brooks. **K** J. Roy Hunt. **M** Roy Webb. **D** Robert Young (Finlay), Robert Mitchum (Keeley), Robert Ryan (Montgomery), Gloria Grahame, Paul Kelly, Sam Levene. 86 Min. – Vier Kriegskameraden auf Urlaub; einer tötet einen Juden im Streit, ein anderer wird verdächtigt, der dritte vom ersten erschossen, der vierte als Köder für den Mörder benutzt. In erster Linie ein sozialkritischer Film gegen den Antisemitismus – trotz der Versuche Dmytryks und des Produzenten Adrian Scott, zwei der *Hollywood Ten*, ein wenig Noir-Stil hineinzubekommen.

CRY DANGER. RKO 1951. **R** Robert Parrish. **B** William Bowers. **K** Joseph F. Biroc. **M** Emil Newman, Paul Dunlap. **D** Dick Powell (Rocky), Rhonda Fleming

(Nancy), Richard Erdman (Delong), William Conrad, Regis Toomey, Jean Porter. 79 Min. – Rocky kommt nach fünf Jahren aus dem Knast, wo er unschuldig saß, sinnt nach Rache und sucht einen Unschuldsbeweis – auch für seinen Freund Danny, der noch im Gefängnis bleiben muß. Er spürt zwar den Schuldigen auf, aber die Sache wird kompliziert, als er sich in Dannys Frau Nancy, einst auch seine Freundin, erneut verliebt. Rocky kann sich rehabilitieren, aber sein Freund war tatsächlich bei dem Überfall dabei, und Nancy hütet die Hälfte der Beute. Ein verhältnismäßig aufrechter Held, der zwar von Freund und Freundin gewaltig enttäuscht wird, sich aber in seinem Plan von einem besseren und aufrechten Leben nicht irritieren läßt.

CRY OF THE CITY (Schrei der Großstadt). 20Fox 1948. **R** Robert Siodmak. **B** Richard Murphy n. d. Roman *The Chair for Martin Rome* v. Henry Edward Helseth. **K** Lloyd Ahern. **M** Alfred Newman. **D** Victor Mature (Lt. Candella), Richard Conte (Martin Rome), Fred Clark (Lt. Collins), Shelley Winters, Betty Garde, Barry Kroeger. 95 Min. – Zwei gemeinsam aufgewachsene Männer aus Little Italy: der eine Cop, der andere Räuber und Polizistenmörder. Beim finalen Zweikampf siegt der gute Candella über den bösen Rome. Siodmak war selbst unzufrieden mit seinem Versuch, Film noir und *semi-documentary* unter einen stilistischen Hut zu bringen. Nur in den Innenaufnahmen reicht er an die Qualität seiner anderen Films noirs heran.

THE DAMNED DON'T CRY (Im Solde des Satans). WB 1950. **R** Vincent Sherman. **B** Harold Medford, Jerome Weidman. **K** Ted McCord. **M** Daniele Amfitheatrof. **D** Joan Crawford (Ethel Whitehead/Lorna Hansen Forbes), David Brian (George Castleman), Steve Cochran (Nick Prenta), Kent Smith, Hugh Sanders, Selena Royle. 103 Min. – Nach dem Tod ihres Sohnes verläßt Ethel ihren armen Ölarbeiter-Mann und ihre Eltern und arbeitet in New York als Model und als »Begleiterin« von Geschäftsleuten. Sie gerät in Gangsterkreise und wird die Geliebte eines großen Mobsters. Als ein Mitglied der Gang, in das sie sich verliebt hat, trotz ihrer Bemühungen ermordet wird, flieht sie in ihr Elternhaus, wo sie aber aufgespürt wird. Bei ihrem Aufstieg aus dem Proletariat ist Ethel jedes Mittel recht, doch sie bleibt ohne Erfolg: Sie kehrt zurück in die sozialen Verhältnisse, die ihr anfänglich als Gefängnis erschienen und nun als Refugium dienen sollen. Selten erklärt ein Film noir Aufstiegsbemühungen und Geldgier derart deutlich mit einer armseligen Lebensperspektive.

DARK CITY (Stadt im Dunkel). Para 1950. **R** William Dieterle. **B** John Meredyth Lucas, Larry Marcus. **K** Victor Milner. **M** Franz Waxman. **D** Charlton Heston (Danny Haley), Lizabeth Scott (Fran), Viveca Lindfors (Victoria Winant), Dean Jagger, Don DeFore, Jack Webb. 88 Min. – Der Poker-Falschspieler Haley will von der Frau eines Mitspielers, der nach seinen beträchtlichen Verlusten vermutlich Selbstmord begangen hat, einen hohen Scheck eintreiben. Ein weiterer Spieler wird tot aufgefunden: eindeutig Mord. Haley sucht die Witwe des ersten Opfers auf, hilft ihr mit Geld aus und bringt ihren Schwager, einen psychopathischen Mörder, zur Strecke. Für einen echten Film noir scheinen die positiven Figuren zu zuversichtlich, daß sie aus ihrem Alptraum ungeschoren herauskommen werden. So ist DARK CITY eben nicht »noir City«.

THE DARK CORNER (Der weiße Schatten). 20Fox 1946. **R** Henry Hathaway. **B** Jay Dratler, Bernard Schoenfeld n. d. Short story von Leo Rosten. **K** Joseph MacDonald. **M** Cyril Mockridge. **D** Mark Stevens (Bradford Galt), Lucille Ball (Kathleen), Clifton Webb (Hardy Cathcart), William Bendix (White Suit), Kurt Kreuger, Cathy Downs. 99 Min. – Privatdetektiv Galt ist von seinem Partner hereingelegt worden und mußte eine Zeitlang im Gefängnis sitzen. Als er endlich frei ist, wird er von einem Mann in einem blütenweißen Anzug dauernd »beschattet«. Galts Expartner wird ermordet, und Galt gilt als der Verdächtige Nr. 1, zumal die Leiche unter seinem Bett gefunden wird. Unter Mithilfe von Kathleen stellt er den wahren Schuldigen, der ihn zu erschießen droht, daran aber von seiner Frau gehindert wird. Der entlassene Sträfling kämpft hier mit den gleichen Problemen wie der Kriegsheimkehrer. Auch er versucht, wieder in der Gesellschaft Fuß zu fassen, wird von anonymen Mächten bedroht, gegen die er kaum etwas unternehmen kann, und findet sich in einer »dunklen Ecke« wieder, aus der es kein Entrinnen gibt.

THE DARK MIRROR (Der schwarze Spiegel). Uni 1946. **R** Robert Siodmak. **B** Nunnally Johnson. **K** Milton Krasner. **M** Dimitri Tiomkin. **D** Olivia de Havilland (Terry Collins / Ruth Collins), Lew Ayres (Dr. Elliott), Thomas Mitchell (Detective Stevenson), Richard Long, Charles Evans, Garry Owen. 85 Min. – Das alte Expressionismus-Thema vom Doppelgänger wird von Siodmak im modernen psychologischen Gewand dargeboten: die gute und die böse Zwillingsschwester. Die gute wird des Mordes verdächtigt, die böse von einem Psychologen als Täterin entlarvt – gerade noch rechtzeitig, bevor die böse die gute umbringen und ihren Platz einnehmen kann. Was sonst im Film noir die beiden entgegengesetzten Charakterseiten ein und derselben Person darstellen, ist hier auf zwei Schwestern verteilt.

DARK PASSAGE (Die schwarze Natter / Das unbekannte Gesicht). WB 1947. **R** Delmer Daves. **B** Delmer Daves n. d. Roman v. David Goodis. **K** Sid Hickox. **M** Franz Waxman. **D** Humphrey Bogart (Vincent Parry), Lauren Bacall (Irene Jansen), Bruce Bennett (Bob), Agnes Moorehead, Tom D'Andrea, Clifton Young. 106 Min. – Parry, fälschlicherweise wegen Mordes an seiner Frau verurteilt, flieht aus San Quentin. Nach einer Gesichtsoperation findet er bei Irene Unterschlupf. Er entlarvt die wirkliche Mörderin, eine frühere Bekannte seiner Frau, aber sie springt aus dem Fenster, bevor er sie der Polizei übergeben kann. Parry setzt sich nach Peru ab, wohin ihm Irene folgt. Der Film ist ein visuelles Experiment: Das erste Drittel des Films (bis zur Operation) verwendet subjektive Kamera, das zweite Drittel zeigt den Helden völlig bandagiert, und erst im letzten Drittel kann man Bogie, den man bislang nur hörte, endlich auch sehen.

THE DARK PAST. Col 1948. **R** Rudolph Maté. **B** Philip MacDonald, Michael Blankfort, Albert Duffy n. d. Stück *Blind Alley* v. James Warwick. **K** Joseph Walker. **M** George Duning. **D** William Holden (Al Walker), Nina Foch (Betty), Lee J. Cobb (Dr. Collins), Adele Jergens, Stephen Dunne, Lois Maxwell. 75 Min. – Ein Psychiater, der sich der psychologischen Behandlung Krimineller verschrieben hat, wird mit seiner Familie und ein paar Bekannten von flüchtenden Verbrechern in seinem Haus als Geisel genommen. Der Psychiater kann die Motivation des brutalen Anführers durch Traumdeutung etc. freilegen und ihn zur Aufgabe beeinflussen. Eins der besten Beispiele der »Anwendung« trivialisierter Freudscher Psychologie im Film noir.

DEADLINE AT DAWN. RKO 1946. **R** Harold Clurman. **B** Clifford Odets n. d. Roman v. William Irish (Cornell Woolrich). **K** Nicholas Musuraca. **M** Hanns Eisler. **D**

Susan Hayward (June Goth), Paul Lukas (Gus), Bill Williams (Alex Winkley), Joseph Calleia, Osa Massen, Lola Lane. 83 Min. – Ein Seemann auf 24-Stunden-Urlaub erfährt, daß die Frau, mit der er eine Nacht verbracht hat, tot ist. Er befürchtet, daß er sie selbst in betrunkenem Zustand umgebracht hat. Im Wettlauf gegen die Zeit – er muß auf sein Schiff zurück – findet er mit Hilfe einer Tänzerin, die an seine Unschuld glaubt, den wahren Täter heraus. Woolrichs Romanvorlage liefert bereits ein New York voller verstörter Nachtgeschöpfe, das der Film in düstere, beklemmende Bilder überträgt.

DEAD RECKONING (Späte Sühne). Col 1947. **R** John Cromwell. **B** Oliver H. P. Garrett, Steve Fisher. **K** Leo Tover. **M** Marlin Skiles. **D** Humphrey Bogart (Rip Murdock), Lizabeth Scott (Coral Chandler), Morris Carnovsky (Martinelli), Charles Cane, William Prince, Marvin Miller. 100 Min. – Murdock alias Bogart weniger als Tough guy, sondern als der gejagte Jäger, der bei der Aufklärung des Mordes an einem Kriegskameraden von dessen ehemaliger Freundin Coral reingelegt und von einer Gangsterbande verfolgt wird. Am Schluß muß Coral, die dem geplagten Helden immer neue emotionale Fallen stellt, ihre Rolle als Femme fatale mit dem Leben bezahlen.

DECOY (Blonder Lockvogel). Mono 1946. **R** Jack Bernhard. **B** Ned Young. **K** L. W. O'Connell. **M** Edward J. Kay. **D** Jean Gillie (Margot Shelby), Edward Norris (Jim Vincent), Herbert Rudley (Dr. Lloyd Craig), Robert Armstrong, Sheldon Leonard, Marjorie Woodworth. 76 Min. – Die Anführerin einer Bande, Margot Shelby, wird neben einem von ihr erschossenen Arzt gefunden und erzählt ihre Geschichte: Margot rettete mit Hilfe des Arztes den Verbrecher Olins aus der Gaskammer, um den Ort eines Beuteverstecks zu erfahren. Sie tötete ein weiteres Bandenmitglied und schoß den Doktor nieder, der sich aber wieder erholte und rächte. An dieser Stelle des Geständnisses stirbt die Frau mit einem verzerrten Lächeln. Ein Polizist öffnet die Geldkassette, um die sich alles drehte, und findet darin nur einen Dollar und einen Zettel Olins', der ahnte, daß man ihn reinlegen und umbringen würde. Eine der bösesten Frauen des Film noir geht hier buchstäblich über Leichen und legt jeden rein, mit dem sie zu tun hat. Ihre Attraktivität ist wie eine Mordwaffe, und selbst ihr eigener Tod bedeutet ihr nichts.

DESPERATE (In der Klemme). RKO 1947. **R** Anthony Mann. **B** Harry Essex. **K** George E. Diskant. **M** Paul Sawtell. **D** Steve Brodie (Steve Randall), Audrey Long (Anne Randall), Raymond Burr (Walt Radak), Douglas Fowley, William Challee, Jason Robards Sr. 73 Min. – In einer verzweifelten Klemme steckt ein Frischverheirateter, der einen Warenhausdiebstahl zugeben soll, um einen Gangster zu entlasten. Anderenfalls wollen die Gangster sich an seiner Frau rächen. Das junge Ehepaar flieht auf eine abgelegene Farm, wo die Gangster sie aufstöbern. Im letzten Moment naht die Rettung. Noch auswegloser als die im Film noir häufige Flucht eines Unschuldigen vor der Polizei scheint hier die Flucht vor den zu allem entschlossenen Verbrechern zu sein – nebenbei eine zynische Parodie der Hochzeitsreise.

DETECTIVE STORY (Polizeirevier 21). Para 1951. **R** William Wyler. **B** Philip Yordan, Robert Wyler n. d. Stück v. Sidney Kingsley. **K** Lee Garmes. **D** Kirk Douglas (Jim McLeod), Eleanor Parker (Mary McLeod), William Bendix (Lou Brody), Cathy O'Donnell, George Macready, Horace MacMahon. 103 Min. – Ein New Yorker

Bulle zeigt sadistische Härte gegen eher bescheidene Kriminelle, vor allem gegen einen Engelmacher. Die persönlichen Gründe liegen bald klar auf der Hand: Bei eben diesem Doktor ließ die Polizistengattin einst ihr Kind abtreiben, was ihr Mann ihr nie verzeihen konnte, obwohl er sie über alles liebt. Diese *double bind*-Situation setzt ihm derart zu, daß er sich bei einem Feuergefecht mit Gangstern absichtlich niederschießen läßt. Er stirbt in den Armen seiner Frau voller Reue für sein Verhalten ihr gegenüber. Der Polizist im Film noir unterscheidet sich vom Verbrecher oft nur durch seine Position auf der richtigen Seite des Gesetzes, nicht durch die Wahl seiner Mittel.

DETOUR (Umleitung). PRC 1945. **R** Edgar G. Ulmer. **B** Martin Goldsmith. **K** Benjamin H. Kline. **M** Leo Erdody. **D** Tom Neal (Al Roberts), Ann Savage (Vera), Claudia Drake (Sue), Edmund MacDonald, Tim Ryan. 68 Min. – Der Pianist eines New Yorker Clubs trampt nach Kalifornien zu seiner Freundin. Ein Mann, der ihn ein Stück mitnimmt, stirbt plötzlich. Der Musiker bekommt Angst, wittert aber zugleich die Chance, zu Geld zu kommen und seine Freundin zurückzugewinnen. Er versteckt den Toten, nimmt sein Geld und sein Auto und setzt die Reise fort. Bei einem Streit tötet er unabsichtlich seine Freundin – und hat nun zwei Leichen am Hals und eine Story, die ihm wohl niemand abnimmt. Einer der ganz billigen Films noirs, aber bestimmt nicht der schlechteste und mit allem, was dazugehört: vernichtende Schicksalsschläge, ein Haufen Zufälle, Rückblenden, Visionen und ein erzählender Kommentar, der einem Geständnis gleichkommt.

D.O.A. (Opfer der Unterwelt). UA 1950. **R** Rudolph Maté. **B** Russell Rouse, Clarence Green. **K** Ernest Laszlo. **M** Dimitri Tiomkin. **D** Edmond O'Brien (Frank Bigelow), Pamela Britton (Paula Gibson), Luther Adler (Majak), Beverly Campbell, Lynn Baggett, William Ching. 83 Min. – Der Ermordete als sein eigener Rächer – das scheint unmöglich, geht aber so: Ein Mann ist durch radioaktives Material verseucht worden und hat nur noch ein paar Tage zu leben. Nach einer verwikkelten Jagd durch Los Angeles tötet er den Mörder und stirbt vor den Augen der verständnislosen Polizei, der er seine Geschichte darzulegen versuchte. Der Held gerät in eine Sackgasse, und es bleibt nicht einmal ein Funken Hoffnung auf ein gutes Ende. Der Rachegedanke dient in erster Linie als Betäubungsmittel gegen den Schrecken des nahenden Todes. Andererseits gibt die Suche nach dem »Sinn«, der hinter dem Mordanschlag stecken muß, den letzten Tagen des Helden einen Drive, den er sein Leben lang nie hatte. Die grausigste Erkenntnis für ihn ist, daß es keinen Sinn gibt – alles erfolgte aus nichtigem Anlaß. (D.O.A. bedeutet *Dead On Arrival*.)

DON'T BOTHER TO KNOCK (Versuchung auf 809). 20Fox 1952. **R** Roy Baker. **B** Daniel Taradash n. d. Roman *Mischief* v. Charlotte Armstrong. **K** Lucien Ballard. **M** Lionel Newman. **D** Richard Widmark (Jed Towers), Marilyn Monroe (Nell), Anne Bancroft (Lyn Leslie), Donna Corcoran, Jeanne Cagney, Lurene Tuttle, Elisha Cook Jr. 76 Min. – In einem drittklassigen Hotel lernt Flugkapitän Towers die gerade als Babysitter beschäftigte Nell kennen. Nell hält Towers für ihren in Wirklichkeit im Krieg gefallenen Verlobten. Towers versucht, dies der offensichtlich neurotischen Frau auszureden, aber sie erleidet einen gefährlichen Nervenzusammenbruch und droht, sich und/oder das Baby zu töten. Monroe stellt die neurotische Frau des Film noir dar, die von Nymphomanie wie von mörderischen Impulsen geprägt ist und vor der selbst Widmark, sonst selbst auf Neurotiker abonniert, zurückschreckt. Diese Film-noir-Version von GRAND HOTEL mit einer geistesgestörten potentiellen Kindsmörderin war für das breite Publikum offensichtlich inakzeptabel.

DOUBLE INDEMNITY (Frau ohne Gewissen). Para 1944. **R** Billy Wilder. **B** Raymond Chandler, Billy Wilder n. d. Roman v. James M. Cain. **K** John F. Seitz. **M** Miklos Rozsa, César Franck. **D** Fred MacMurray (Walter Neff), Barbara Stanwyck (Phyllis Dietrichson), Edward G. Robinson (Barton Keyes), Porter Hall, Jean Heather, Tom Powers. 106 Min. – Der Versicherungsvertreter Neff verliebt sich und befindet sich damit bereits mitten in einer tödlichen Falle: Phyllis, die Frau eines seiner Klienten, verführt ihn dazu, gemeinsam mit ihr ihren ältlichen Ehemann umzubringen und eine saftige Versicherungsprämie zu kassieren. Neff glaubt an Liebe, Phyllis denkt an Geld. Nach der Tat bleibt nur noch Mißtrauen übrig, wo vorher Eintracht herrschte. Die beiden erschießen sich gegenseitig, aber Neff kann seinem Freund und Vorgesetzten Keyes noch ein Geständnis auf Band sprechen. Der Prototyp des Film noir über die Frau als Femme fatale und einer der besten Filme Wilders, der der Vorlage Cains weit überlegen ist.

A DOUBLE LIFE (Ein Doppelleben / Mord in Ekstase). Uni 1948. **R** George Cukor. **B** Ruth Gordon, Garson Kanin. **K** Milton Krasner. **M** Miklos Rozsa. **D** Ronald Colman (Anthony John), Signe Hasso (Brita), Edmond O'Brien (Bill Friend), Shelley Winters, Ray Collins, Philip Loeb. 104 Min. – Ein Schauspieler, der Theater und Leben nicht recht auseinanderhalten kann, sollte nicht den Othello spielen, wenn er eine Freundin hat, die zu Eifersucht Anlaß bietet. Der unausweichliche Mord (im Leben) und seine Folgen führen zum Selbstmord auf offener Bühne – mit einem echten Dolch. Das Theater ist ein ungewöhnliches Milieu für einen Film noir, erklärt sich aber nicht zuletzt aus dem Bühnen-Background der Autoren und des Regisseurs. Daß der Film dennoch *noir* und nicht theaterhaft ist, geht wohl auf das Konto des exzellenten Kameramanns Milton Krasner.

EDGE OF DOOM (Auf des Schicksals Schneide). RKO 1950. **R** Mark Robson (einige Einstellungen v. Charles Vidor). **B** Philip Yordan n. d. Roman v. Leo Brady. **K** Harry Stradling. **M** Hugo Friedhofer. **D** Dana Andrews (Father Roth), Farley Granger (Martin Lynn), Joan Evans (Rita Conroy), Robert Keith, Paul Stewart, Mala Powers. 99 Min. – Ein Blumenlieferant sieht rot: Daß er nicht genug Geld hat, zu heiraten, ginge noch, daß er seiner Mutter kein pompöses Begräbnis geben kann, bringt ihn in Rage, und er erschlägt einen katholischen Priester mit einem Kruzifix. Vor der aufgebahrten Leiche seiner Mutter bekennt er seine Tat und betet zu Gott. Diese Geschichte benutzt ein Priester als Lektion für seinen jungen Kaplan: Gott sei in der Wandlung des Mörders zu spüren. Katholische Moral und Film noir ergeben nicht gerade einen vom Heiligen Geist erleuchteten Film, obwohl die visuellen Qualitäten nicht zu verachten sind.

THE ENFORCER (Der Tiger). WB 1951. **R** Bretaigne Windust (ungeklärte Mitarbeit von Raoul Walsh). **B** Martin Rackin. **K** Robert Burks. **M** David Buttolph. **D** Humphrey Bogart (Martin Ferguson), Zero Mostel (Big Babe Lazich), Ted de Corsia (Joseph Rico), Everett Sloane (Mendoza), Roy Roberts, Lawrence Tolan. 87 Min. – Der stellvertretende Staatsanwalt Ferguson verliert durch einen Unfall seinen einzigen Zeugen der Anklage kurz vor Beginn des Prozesses gegen den Boß eines Killersyndikats. Eine Nacht lang rekonstruieren er und ein Helfer noch einmal die Untersuchungsaktenakten des Falles und finden einen Hinweis auf einen anderen Zeugen. In dem Film mit doppelten Rückblenden finden sich zahlreiche dokumentarische Anklänge und aktuelle Bezüge zu den organisierten Verbrechen seiner Entstehungszeit.

FALLEN ANGEL. 20Fox 1946. **R** Otto Preminger. **B** Harry Kleiner n. d. Roman v. Marty Holland. **K** Joseph La Shelle. **M** David Raskin. **D** Alice Faye (June Mills), Dana Andrews (Eric Stanton), Linda Darnell (Stella), Charles Bickford, Anne Revere, Bruce Cabot. 97 Min. – In einem nordkalifornischen Städtchen macht Stanton der vermögenden June den Hof, um an ihr Geld zu gelangen und später seine wahre Liebe, eine attraktive Kellnerin, heiraten zu können. Als er dann dennoch June heiratet, wird am selben Tag die Kellnerin ermordet aufgefunden. Der verdächtigte Stanton flieht mit June und entdeckt, daß er sie liebt. Als Mörder stellt sich ein von der Kellnerin besessener Polizeidetektiv heraus, der Stanton belastet hatte. Der Held schwankt zwischen der attraktiven Frau und dem großen Geld und erhält am Schluß beides, Reichtum *und* Liebe, wo er doch nach Noir-Logik keins von beiden erhalten dürfte.

FEAR IN THE NIGHT. Para 1947. **R** Maxwell Shane. **B** Maxwell Shane n. d. Short story *Nightmare* v. William Irish (Cornell Woolrich). **K** Jack Greenhalgh. **D** Paul Kelly (Cliff Herlihy), De Forest Kelley (Vince Grayson), Ann Doran (Lil Herlihy), Kay Scott, Robert Emmett Keane. 72 Min. – Grayson gerät wie in Trance in einen völlig verspiegelten Raum, wo er einen Mann tötet. Dessen Komplizin verschwindet, ebenso auch Grayson. Am nächsten Morgen glaubt er an einen Alptraum, aber Hinweise häufen sich, daß der Vorgang Realität war. Sein Polizisten-Schwager hilft ihm bei der Wahrheitssuche: Es stellt sich heraus, daß Grayson hypnotisiert worden war, um einen Mord auszuführen. Die Verfilmung der Woolrich-Story macht geschickten Gebrauch von dem Spiegelzimmer und von Überblendungen zwischen Rahmenhandlung und Rückblenden-Erzählung. Man sieht dem Film zwar seinen geringen Etat an, er ist aber besser als das teurere Remake desselben Regisseurs im Jahre 1956: NIGHTMARE.

THE FILE ON THELMA JORDON (Strafsache Thelma Jordon). Para 1950. **R** Robert Siodmak. **B** Ketti Frings. **K** George Barnes. **M** Victor Young. **D** Barbara Stanwyck (Thelma Jordon), Wendell Corey (Cleve Marshall), Paul Kelly (Miles Scott), Joan Tetzel, Stanley Ridges, Richard Rober. 100 Min. – Ein Staatsanwalt beginnt eine Liebesaffäre mit einer attraktiven Frau und ist bald in eine komplizierte Mord- und Raubgeschichte verwickelt, bei der er von der Frau und ihrem Komplizen schändlich ausgenutzt wird. Das Verbrecherpärchen flieht, aber die Frau bekommt Skrupel und steuert ihren Wagen absichtlich in einen Abgrund. Bevor sie stirbt, legt sie noch ein reuevolles Geständnis ab, kann aber die Karriere des Staatsanwaltes dadurch nicht retten. Die Femme fatale verliebt sich in ihr Opfer und wird weich. Ihr ansonsten stilkonformer Untergang ist dafür etwas weniger grausam als sonst: Anstatt ermordet zu werden, darf sie ihrem Leben selbst ein Ende setzen.

FORCE OF EVIL (Die Macht des Bösen). MGM 1948. **R** Abraham Polonsky. **B** Abraham Polonsky, Ira Wolfert n. ihrem Roman *Tucker's People*. **K** George Barnes. **M** David Raskin. **D** John Garfield (Joe Morse), Beatrice Pearson (Doris Lowry), Thomas Gomez (Leo Morse), Howland Chamberlin, Roy Roberts, Marie Windsor. 78 Min. – Morse ist Anwalt eines Glücksspielsyndikats und hilft, kleinere Konkurrenten zu »übernehmen«. Nur sein eigener Bruder will selbständig bleiben – was ihn das Leben kostet. Morse übt für den Tod seines Bruders Rache an dem Gangsterboß, dem er aber andererseits auch seinen Aufstieg verdankt. Der Film verbindet die psychologische Darstellung des Dilemmas des Helden zwischen Bruder und Gönner mit der Kritik am organisierten Verbrechen, das hier als nur eine von vielen Spielarten des normalen Kapitalismus erscheint.

THE GANGSTER. AA 1947. **R** Gordon Wiles. **B** Daniel Fuchs n. seinem Roman *Low Company*. **K** Paul Ivano. **M** Louis Gruenberg. **D** Barry Sullivan (Shubunka), Belita (Nancy Starr), Joan Lorring (Dorothy), Akim Tamiroff, Henry Morgan, John Ireland. 84 Min. – Der psychopathische Gangster Shubunka hat keinen Spaß mehr an seinem »Geschäft«. Für ein paar Dollar verraten und getrennt von der Frau, die er liebt, wird er von Rivalen erschossen. Ein eher schwacher Film noir mit einem starken Dauerregen: Bei einem Regenschauer beginnt die erzählende Rückblende, bei einem Regensturm stirbt der Gangster und kehrt buchstäblich in die Gosse zurück, aus der er einst emporgestiegen ist. Das Interessanteste an diesem Film ist, wie hier – anders als bei den Aufstiegs- und Untergangsfabeln des Gangstergenres – anstelle der Action die Melancholie des Gangsters dargestellt wird.

GILDA (Gilda). Col 1946. **R** Charles Vidor. **B** Marion Parsonnet n. e. Originalstory v. E. A. Ellington. **K** Rudolph Maté. **M** Morris Stoloff. **D** Rita Hayworth (Gilda), Glenn Ford (Johnny Farrell), George Macready (Ballin Mundson), Joseph Calleia, Steven Geray, Joe Sawyer. 110 Min. – Farrell, ein glückloser Spieler in Buenos Aires, wird von dem mysteriösen Mundson aus einer Notlage befreit und zum Nachtclubmanager gemacht. Mundsons Frau Gilda ist Farrells ehemalige Geliebte, und zwischen ihr und Farrell entsteht eine ambivalente Spannung, zumal Gilda mit ihren Extravaganzen beiden Männern das Leben schwer macht. Mundson hat Schwierigkeiten mit einer Nazibande und taucht unter, täuscht dabei einen tödlichen Unfall vor. Farrell heiratet Gilda, um sie bestrafen zu können – aber die vergangene Liebe zwischen den beiden keimt neu auf. Als Mundson eines Tages zurückkehrt und seinen alten Platz wieder einnehmen will, wird er von einem seiner Angestellten erschossen. Gilda ist mehr bad good Girl als Femme fatale; wenn man ihr auch die Schuld an allem geben soll – wozu sie voller Ironie in ihrem Song *Put the Blame on Mame* auffordert –, so stellt sie sich am Ende doch als loyal gegenüber Farrell heraus. Im ersten Teil des Films verbindet die beiden Männer eine subtil homoerotische Beziehung, die es Farrell schwermacht, sich zwischen seiner Exgeliebten und seinem Freund zu entscheiden.

THE GLASS KEY (Der gläserne Schlüssel). Para 1942. **R** Stuart Heisler. **B** Jonathan Latimer n. d. Roman v. Dashiell Hammett. **K** Theodor Sparkuhl. **M** Victor Young. **D** Brian Donlevy (Paul Madvig), Veronica Lake (Janet Henry), Alan Ladd (Ed Beaumont), Bonita Granville, Joseph Calleia, Richard Denning. 85 Min. – Als Detektiv fungiert in dieser zweiten (und diesmal gelungenen) Verfilmung des Hammett-Romans Ed Beaumont, der alles andere als zimperliche Assistent eines ebensolchen Politikers. Politik und Verbrechen bilden zusammen einen fast undurchdringlichen Dschungel von Bestechung, Erpressung und Mord, in dem sich auch noch eine romantische Liebesbeziehung behaupten muß. Zwar keine sehr werkgetreue, aber nach THE MALTESE FALCON die wohl interessanteste Umsetzung einer Hammett-Vorlage.

THE GUILTY. Mono 1947. **R** John Reinhardt. **L** Robert B. Presnell Jr. n. d. Short story *Two Men in a Furnished Room* v. William Irish (Cornell Woolrich). **K** Henry Sharp. **M** Rudy Schrager. **D** Bonita Granville (Estelle/Linda Mitchell), Don Castle (Mike Carr), Wally Cassell (Johnny Dixon), Regis Toomey, Jon Litel. 70 Min. – Mike Carr kehrt in seine Heimatgegend zurück und erzählt einem Barmann, warum er vor einem Jahr verschwand: Linda wurde ermordet, und Carr löste den Fall (der Mörder wollte nicht Linda, sondern deren böse Zwillingsschweser Estelle, die er begehrte, töten), kehrte anschließend der Gegend den Rücken. Nachdem Carr seinen Bericht beendet hat, verläßt er die Bar, begibt sich zum Ort des damaligen Verbrechens und wird verhaftet aufgrund neuer Indizien. Er ist der wirkliche Mörder Lindas. Auch er wollte eigentlich Estelle töten, weil sie seine Beziehung zu Linda zu hintertreiben trachtete. Woolrichs Story birgt einige überraschende Verdrehungen: Die sympathische Hauptfigur Carr stellt sich als Mörder heraus, die böse Schwester überlebt, während die vielgeliebte gute sterben muß.

GUILTY BYSTANDER. Film Classics 1950. **R** Joseph Lerner. **B** Don Ettlinger n. d. Roman v. Wade Miller. **K** Gerald Hirschfeld. **M** Dimitri Tiomkin. **D** Zachary Scott (Max Thursday), Faye Emerson (Georgia), Mary Boland (Smitty), Sam Levene, J. Edward Bromberg. 92 Min. – Ein wegen Alkohols geschaßter Cop, Thursday, ist nun Hoteldetektiv. Seine Exfrau bringt ihm die Nachricht, daß ihr Sohn von ihrem Bruder gekidnappt worden ist. Dahinter steckt Dr. Elder, der ermordet wird, woraufhin Thursday in Verdacht gerät. Thursday wird später verwundet und will fast aufgeben, doch er entlarvt den Kopf der Verbrecherbande – eine skrupellose Frau. Der Film zeigt fast ausschließlich Verlierer unterschiedlichster Art. Trotz geschickten Gebrauchs heruntergekommener New Yorker Schauplätze vermittelt der Film allzuviel über Dialog und hat ein nicht überzeugendes Happy-End.

GUN CRAZY (Gefährliche Leidenschaft). UA 1950. **R** Joseph H. Lewis. **B** MacKinlay Kantor, Millard Kaufman. **K** Russell Harlan. **M** Victor Young. **D** Peggy Cummins (Annie Laurie Starr), John Dall (Bart Tare), Berry Kroeger (Packett), Morris Carnovsky, Anabel Shaw, Harry Lewis. 86 Min. – Ein aus der Armee entlassener Waffennarr trifft auf eine Kunstschützin, und gemeinsam bilden sie ein Räuberpärchen à la Bonnie & Clyde – doch im Gegensatz zu dem 17 Jahre später gedrehten Film spielt GUN CRAZY die sexuelle Abhängigkeit des Mannes von der weitaus gewalttätigeren Frau voll aus. Als sie getrennt fliehen müßten, erweist sich ihr Amour fou als stärker: Sie gehen lieber gemeinsam in den Tod, als alleine zu überleben. Die Durchführung eines Überfalls metaphorisiert stets den Sexualakt, was das Schlußbild noch einmal deutlich zeigt: Von Kugeln durchsiebt, fallen die beiden Körper zu Boden und umarmen sich ein letztes Mal – für immer.

HE RAN ALL THE WAY (Steckbrief 7-73). UA 1951. **R** John Berry. **B** Guy Endore, Hugo Butler n. d. Roman v. Sam Ross. **K** James Wong Howe. **M** Franz Waxman. **D** John Garfield (Nick Robey), Shelley Winters (Peg Dobbs), Wallace Ford (Mr. Dobbs), Selena Royle, Bobby Hyatt, Gladys George. 77 Min. – Ein Lohnräuber auf der Flucht lernt Peg, eine junge Frau, kennen und versteckt sich bei ihrer Familie. Von den Eltern fühlt er sich durchschaut und nimmt sie als Geiseln. Er traut nur Peg und will mit ihr fliehen, aber als ihr Vater und der Räuber miteinander kämpfen, entscheidet sie sich für ihren Vater und erschießt den Verbrecher. Im Gegensatz zu THE DESPERATE HOURS (1955) oder THE DARK PAST, wo Geisel und Geiselnehmer auch soziale Unterschiede trennen, sind Opfer und Täter hier aus ein und derselben

Gesellschaftsschicht – so schwankt der Räuber zwischen Zuneiung zu der Familie (die ja auch die seines Mädchens ist) und ihrer Bedrohung.

HE WALKED BY NIGHT (Schritte in der Nacht). Eagle-Lion 1949. **R** Alfred Werker, Anthony Mann (im Vorspann nicht aufgeführt). **B** John C. Higgins, Crane Wilbur. **K** John Alton. **M** Leonid Raab. **D** Richard Basehart (Morgan), Scott Brady (Sgt. Brennan), Roy Roberts (Capt. Breen), Whit Bissell, Jimmy Cardwell, Jack Webb. 79 Min. – Ein Polizistenmörder flüchtet vor der Polizei in die Abwässerkanäle von Los Angeles, in denen er sich besser auskennt als seine Jäger in den Straßen darüber. Doch in diesem weitgehend dokumentarischen Film muß die Polizei mit ihrem Apparat Sieger bleiben über den misanthropischen Einzelkämpfer, der nur einen kleinen Hund als Begleiter hat.

HIGH WALL. MGM 1947. **R** Curtis Bernhardt. **B** Sydney Boehm, Lester Cole n. d. Roman u. d. Stück v. Alan R. Clark u. Bradbury Foote. **K** Paul Vogel. **M** Bronislau Kaper. **D** Robert Taylor (Steven Kenet), Audrey Totter (Dr. Ann Lorrison), Herbert Marshall (Willard I. Whitcombe), Dorothy Patrick, H. B. Warner, Warner Anderson. 99 Min. – Ein unter Amnesien und Anfällen leidender entlassener Armeepilot wird bewußtlos neben seiner erwürgten Frau aufgefunden und landet hinter den hohen Mauern einer psychiatrischen Klinik. Er flieht aus der Anstalt und kommt, durch Mithilfe einer ihm zugeneigten Ärztin, dem wahren Täter auf die Spur, der die Tat unter einer von der Ärztin injizierten Droge gesteht. Ein bißchen Melodram, ein bißchen romantische Liebesgeschichte und Film noir hauptsächlich wegen der in Rückblende erzählten Mordtat und durch die Figur des Mörders, der ironischerweise ein Verleger von Religionsbüchern ist.

HIS KIND OF WOMAN (Ein Satansweib). RKO 1951. **R** John Farrow. **B** Frank Fenton, Jack Leonard. **K** Harry J. Wild. **M** Leigh Harline. **D** Robert Mitchum (Dan Milner), Jane Russell (Lenore Brent), Vincent Price (Mark Cardigan), Tim Holt, Charles McGraw, Marjorie Reynolds. 120 Min. – Der Spieler Milner soll 50 000 Dollar bekommen, wenn er, ohne zu fragen, einen Trip nach Mexiko macht. Dort trifft er die Sängerin Leonore, mit der er zu einem noblen Ferienort fährt. Milners Leben gerät in Gefahr: Er soll ermordet werden, damit ein Mafioso aus Neapel unter seiner Identität wieder in die USA einreisen kann. Die Handlung spielt fast ausschließlich nachts, hat aber Verfolgungsjagden, die dem Slapstick nahekommen, und gelegentlich witzige Dialoge. Man bleibt unschlüssig, ob dies ein besonders elaborierter Film noir ist oder bereits eine Parodie.

THE HITCH-HIKER. RKO 1953. **R** Ida Lupino. **B** Collier Young, Ida Lupino n. e. unveröffentlichten Story v. Daniel Mainwaring. **K** Nicholas Musuraca. **M** Leith Stevens. **D** Edmond O'Brien (Ray Collins), Frank Lovejoy (Gilbert Bowen), William Talman (Emmett Myers), José Torvay, Sam Hayes, Wendell Niles. 71 Min. – Der einzige Film noir, den eine Frau gemacht hat: Ida Lupino zeigt einen psychopathischen Autostopper, der seine Mitreisenden auszurauben und umzubringen pflegt. Auf der Flucht vor der Polizei wird er Geiselnehmer zweier harmloser Angler, die er nicht nur als Fluchthelfer benutzt, sondern auch noch sadistisch quält. Ein später Film noir, der den seelisch gestörten Killer auch physisch deformiert zeigt; erratische Gefahr, die jedem droht – auch dem, der prinzipiell keine Tramper mitnimmt.

HOUSE BY THE RIVER. Republic 1950. **R** Fritz Lang. **B** Mel Dinelli n. d. Roman v. A. P. Herbert. **K** Edward Cronjager. **M** George Antheil. **D** Louis Hayward (Stephen Byrne), Lee Bowman (John Byrne), Jane Wyatt (Marjorie Byrne), Dorothy Patrick, Ann Shoemaker, Jody Gilbert. 88 Min. – Der erfolglose Schriftsteller Stephen Byrne erwürgt ein Hausmädchen, das seine Avancen zurückweist. Sein Bruder John hilft, die Leiche zu verbergen. John will ein Geständnis ablegen, und Stephen versucht, auch ihn zu töten – erfolgreich, wie er glaubt. Unbewußt verrät er sich in seinem Buchmanuskript, das seine Frau liest, und so will er auch sie umbringen. John kehrt zurück, Stephen glaubt an eine Halluzination und stürzt zu Tode. Der Film ist zwar in der viktorianischen Zeit angesiedelt, doch er zeigt einen Noir-Helden, der sich, um seine anfänglich geringfügige Verfehlung zu vertuschen, in immer weitere Verbrechen verstrickt. Andererseits schafft Byrne im Leben, was er als Schriftsteller nicht fertigbringt: die Darstellung und Ausführung einer dramatischen Entwicklung – der seines eigenen Lebens.

HOUSE OF STRANGERS (Blutsfeindschaft). 20Fox 1949. **R** Joseph L. Mankiewicz. **B** Philip Yordan n. d. Roman *I'll Never Go There Again* v. Jerome Weidman. **K** Milton Krasner. **M** Daniele Amfitheatrof. **D** Edward G. Robinson (Gino Monetti), Susan Hayward (Irene Bennett), Richard Conte (Max Monetti), Luther Adler, Paul Valentine, Efrem Zimbalist Jr. 101 Min. – Eine Rückblende erzählt, wie die italo-amerikanische Familie, ansonsten Hort der intakten Beziehung zwischen den Generationen, zerfällt: Der Vater macht einen Fehler und ruiniert seine Bank, sein Lieblingssohn Max muß dafür ins Gefängnis, und dessen feindliche Brüder haben den Profit. Als Max den schlimmsten seiner Brüder Jahre später aus Rache töten will, erledigt dies ein anderer Bruder, und Max kann an der Seite seiner Ehefrau ein neues Leben beginnen. Eine Geschichte wie aus der Bibel, mit Robinson als Patriarch, der einen seiner Söhne bevorzugt und den Neid der anderen provoziert.

HUMAN DESIRE (Lebensgier). Col 1954. **R** Fritz Lang. **B** Alfred Hayes n. d. Roman *La Bête humaine* v. Émile Zola. **K** Burnett Guffey. **M** Daniele Amfitheatrof. **D** Glenn Ford (Jeff Warden), Gloria Grahame (Vicki Buckley), Broderick Crawford (Carl Buckley), Edgar Buchanan, Kathleen Case, Diane DeLaire. 90 Min. – Der alternde Eisenbahner Buckley möchte, daß sich seine Frau Vicky bei seinem Chef für den gefährdeten Job einsetzt. Doch daß sie gleich mit diesem schläft, ist zuviel des Guten, und er bringt den Nebenbuhler um. Warden hat ihn und seine Frau wegen des Mordes im Verdacht, doch er schweigt, weil er Vicky mag. Sie will, daß Warden den lästigen Ehemann ermordet, was Warden ablehnt. Buckley erfährt von dem Plan gegen ihn und tötet Vicky. Aus der Vorlage von Zola hatte Jean Renoir bereits 1938 (unter dem Originaltitel) ein Meisterwerk des Poetischen Realismus gemacht, das die Thematik weitaus offener darstellte, als Lang es sich erlauben konnte.

IN A LONLEY PLACE (Ein einsamer Ort). Col 1950. **R** Nicholas Ray. **B** Andrew Solt n. d. Roman v. Dorothy B. Hughes. **K** Burnett Guffey. **M** George Antheil. **D** Humphrey Bogart (Dixon Steele), Gloria Grahame (Laurel Gray), Frank Lovejoy (Brub Nicolai), Carl Benton Reid, Art Smith, Jeff Donnell. 94 Min. – Der zu Gewalttätigkeiten neigende und alkoholkranke Drehbuchautor Steele wird des Mordes an einer Frau verdächtigt, doch eine junge Nachbarin, in die er sich verliebt, entlastet ihn. Steele fängt sich und beginnt wieder zu schreiben, doch der

Schatten eines Verdachtes bleibt. Durch neue Wutausbrüche ruiniert er die Beziehung, obwohl sich seine Unschuld endlich bestätigt. Der Zuschauer weiß bis zum Schluß nicht, ob Steele unschuldig ist, und ebenso ergeht es den Figuren der Story und auch Steele selbst. Die so romantisch beginnende Liebesbeziehung der beiden Hauptfiguren ist nicht nur von Zweifeln durchsetzt, sondern wird zunehmend melancholisch.

I, THE JURY (Der Richter bin ich). UA 1953. **R** Harry Essex. **B** Harry Essex n. d. Roman v. Mickey Spillane. **K** John Alton (in 3 D). **M** Franz Waxman. **D** Biff Elliot (Mike Hammer), Preston Foster (Capt. Chambers), Peggie Castle (Charlotte Manning), Margaret Sheridan, Alan Reed, Frances Osborne. 87 Min. – Der Reigen der Privatdetektive des Film noir, der sich mit dem ambivalenten Sam Spade eröffnete, endet mit der plakativen Schnüfflerfigur von Spillane: Mike Hammer, der so vorgeht, wie er heißt – er zerschlägt die Gordischen Knoten, die Spade noch mühsam zu entwirren versuchte. Obwohl die platten Sadismen der Vorlage entschärft sind, hapert es nach wie vor an der Psychologie der Figuren. Das Noir-Element bringt noch am ehesten Kameramann John Alton mit hinein, obwohl er durch die 3-D-Technik abgelenkt scheint.

I WAKE UP SCREAMING. 20Fox 1942. **R** H. Bruce Humberstone. **B** Dwight Taylor n. d. Roman v. Steve Fisher. **K** Edward Cronjager. **M** Cyril J. Mockridge. **D** Betty Grable (Jill Lynn), Victor Mature (Frankie Christopher), Carole Landis (Vicky Lynn), Laird Cregar, William Gargan, Alan Mowbray. 82 Min. – Der Sportveranstalter Christopher soll sich wegen Mordes an der Nachwuchsschauspielerin Vicky Lynn verantworten. Der besessene Polizeidetektiv Cornell verfolgt ihn unnachgiebig, obwohl er von dessen Unschuld weiß. Christopher bringt den Mörder selbst zur Strecke, den Cornell deckte, weil er Christopher haßt. Ein früher Film noir, der bereits den ausgeflippten Cop thematisiert, Andeutungen auf sexuelle Eigenarten macht und bereits einen ausgeprägten Noir-Stil bietet.

I WALK ALONE (Vierzehn Jahre Sing-Sing). Para 1948. **R** Byron Haskin. **B** Charles Schnee n. d. Stück *Beggars are Coming to Town* v. Theodore Reeves. **K** Leo Tover. **M** Victor Young. **D** Burt Lancaster (Frankie Madison), Lizabeth Scott (Kay Lawrence), Kirk Douglas (Noll Turner), Wendell Corey, Kristine Miller, George Rigaud. 98 Min. – Der Strafgefangene Madison wird nach 14 Jahren entlassen und versucht, bei seinem früheren Partner Turner seinen Anteil einzutreiben. Sein Bruder arbeitet nun für Turner, hält aber zu Madison und wird von Turner erschossen. Madison bekommt am Ende seinen Anteil und Turners Freundin obendrein. Madison erscheint in dem Film als anachronistische Figur aus der Prohibitionsära, die mit ihren Faustkampfmethoden in einer Welt, in der Verbrecherorganisationen wie legale Konzerne geführt werden, keinen Platz mehr hat. Wie der Kriegsveteran schlägt sich der Ex-Strafgefangene mit dem Problem der sozialen Anpassung an veränderte Zustände herum.

JOHNNY O'CLOCK (Johnny O'Clock). Col 1947. **R** Robert Rossen. **B** Robert Rossen. **K** Burnett Guffey. **M** George Duning. **D** Dick Powell (Johnny O'Clock), Evelyn Keyes (Nancy Hobbs), Lee J. Cobb (Inspector Koch), Ellen Drew, Nina Foch, Thomas Gomez. 95 Min. – O'Clock hat seinen festen Platz in einem New Yorker Spielcasino und steht eines Tages unter Mordverdacht. Gemeinsam mit Nancy, der Schwester der Ermordeten, löst er den Fall, wird dabei aber nicht nur von der

Polizei und seinem Gangsterboß gejagt, sondern auch die Frau des Gangsters setzt ihm nach. Anstatt weiter auf der Flucht zu sein, stellt er sich lieber den Behörden. Verglichen mit seinen späteren Werken wirkt Rossens erster Film – trotz dessen Erfahrungen als Drehbuchautor – nur wie eine Fingerübung.

JOURNEY INTO FEAR (Von Agenten gejagt). RKO 1943. **R** Norman Foster, Orson Welles (im Vorspann nicht aufgeführt). **B** Joseph Cotten, Orson Welles n. d. Roman v. Eric Ambler. **K** Karl Struss. **M** Roy Webb. **D** Joseph Cotten (Howard Graham), Dolores Del Rio (Josette Martel), Orson Welles (Col. Haki), Ruth Warrick, Agnes Moorehead, Everett Sloane, Jack Moss. 71 Min. – Der amerikanische Waffenexperte Graham flieht vor einer Naziorganisation mit Hilfe des türkischen Polizeioffiziers Haki auf einem Schiff aus der Türkei. An Bord gerät Graham in ein Pandämonium obskurer Figuren, darunter auch zwei Killer. Beim Showdown in einem Hotel erledigt er seine Verfolger. Trotz der Agententhriller-Story ein Film noir – am deutlichsten in der Schlußsequenz bei strömendem Regen und auf dem labyrinthhaften Schiff, wo der Held zwischen Vertrauen und Mißtrauen zu den anderen Personen hin und her schwankt.

KANSAS CITY CONFIDENTIAL (Der vierte Mann). UA 1952. **R** Phil Karlson. **B** George Bruce, Harry Essex. **K** George E. Diskant. **M** Paul Sawtell. **D** John Payne (Joe Rolfe), Coleen Gray (Helen), Preston Foster (Timothy Foster), Dona Drake, Jack Elam, Lee Van Cleef. 98 Min. – Ein geschaßter Cop bessert seine Pension durch Erpressung von drei Verbrechern auf: Er zwingt sie zu einem Raubüberfall, um sie später zu »entlarven« und eine Belohnung zu kassieren. Der Exsträfling Rolfe gerät unter falschen Verdacht und verfolgt die wahren Täter, wobei er die Tochter des korrupten Polizisten kennenlernt, die ihm hilft. Die ambivalenten Hauptfiguren, der Exbulle und der Exverbrecher, sind eindeutig noir, ansonsten finden sich zahlreiche dokumentarische Stilelemente.

KEY LARGO (Hafen des Lasters/Gangster in Key Largo). WB 1948. **R** John Huston. **B** Richard Brooks, John Huston n. d. Stück v. Maxwell Anderson. **K** Karl Freund. **M** Max Steiner. **D** Humphrey Bogart (Frank McCloud), Edward G. Robinson (Johnny Rocco), Lauren Bacall (Nora Temple), Lionel Barrymore, Claire Trevor, Thomas Gomez. 101 Min. – Der entlassene Offizier McCloud sucht ein heruntergekommenes Hotel auf Key Largo auf, um die Besitzer vom Tod seines Kriegskameraden zu informieren. Die einzigen Gäste sind ein paar Gangster, die ihn zwingen, sie mit einem Boot nach Kuba zu bringen. McCloud spielt sie auf dem Boot aus und tötet einen nach dem anderen. Seine Rückkehr wird von der Witwe seines Kameraden sehnsüchtig erwartet. Interessant die Konstellation von Robinson als anachronistische klassische Gangsterfigur und Bogart als desillusionierter, scheinbar feiger Kriegsheimkehrer, der sich unter dem Druck der Ereignisse noch einmal als harter Bursche entpuppt.

THE KILLERS (Rächer der Unterwelt/Die Killer). Uni 1946. **R** Robert Siodmak. **B** Anthony Veiller n. d. Short story v. Ernest Hemingway. **K** Woody Bredell. **M** Miklos Rozsa. **D** Edmond O'Brien (Riordan), Ava Gardner (Kitty Collins), Albert Dekker (Colfax), Sam Levene, John Miljan, Burt Lancaster (Swede). 105 Min. – Swede erwartet in Ruhe seine beiden Killer, ohne auch nur den Versuch einer Gegenwehr zu machen. Eine Figur des Film noir, die noch resignierter ist als sonst bereits üblich: Swede weiß, daß die Vergangenheit ihn einholen wird, wenn nicht heute, dann morgen – wozu also davonlaufen? Der Versicherungsagent Riordan, der (in ausgefuchsten Rückblenden) der Vergangenheit Swedes nachforscht, erhält auch keine befriedigende Antwort, und seine Jagd auf die Killer scheint absurd und purer Selbstzweck.

KILLER'S KISS (Der Tiger von New York). UA 1955. **R** Stanley Kubrick. **B** Stanley Kubrick. **K** Stanley Kubrick. **M** Gerald Fried. **D** Frank Silvera (Vincent Rapallo), Jamie Smith (Davy Gordon), Irene Kane (Gloria Price), Jerry Jarret, Mike Dana. 67 Min. – Ein junger Boxer und eine Nachtklubtänzerin wollen ein neues Leben beginnen, aber ihr Boß hat andere Pläne mit ihr. Als alles nichts hilft, kidnappt er sie und lauert dem Boxer auf, der ihn tötet und mit der Frau die Stadt verläßt. Kubricks zweiter Film hatte nur ein kleines Budget, zeigt aber bereits das enorme Talent des totalen Filmemachers Kubrick: Produktion, Regie, Drehbuch, Kamera und Schnitt.

THE KILLING (Die Rechnung ging nicht auf/Killing). UA 1956. **R** Stanley Kubrick. **B** Stanley Kubrick n. d. Roman *The Clean Break* v. Lionel White. **K** Lucien Ballard. **D** Sterling Hayden (Johnny Clay), Coleen Gray (Fay), Vince Edwards (Val Cannon), Jay C. Flippen, Marie Windsor, Ted de Corsia, Elisha Cook Jr. 83 Min. – Eine Handvoll eher bescheidener Verbrecher plant den Coup ihres Lebens, den Zwei-Millionen-Dollar-Raubüberfall auf das Wettbüro einer Pferderennbahn. Die Schießerei um die Beute überlebt nur der Anführer Clay, aber auch er wird vom Schicksal um den Lohn betrogen. Der Film erzählt die Handlung in Bruchstücken mit Rück- und Vorausblenden aus der jeweiligen Perspektive der Beteiligten, manche Ereignisse mehrfach aus unterschiedlichem Blickwinkel. Dieses verzwickte Puzzle stellt ein sehens- und bewundernswertes formales Experiment dar.

KISS ME DEADLY (Rattennest). UA 1955. **R** Robert Aldrich. **B** A. I. Bezzerides n. d. Roman v. Mickey Spillane. **K** Ernest Laszlo. **M** Frank DeVol. **D** Ralph Meeker (Mike Hammer), Albert Dekker (Dr. Soberin), Paul Stewart (Carl Evello), Maxine Cooper, Gaby Rodgers, Wesley Addy. 105 Min. – Privatdetektiv Mike Hammer versucht in eigenem Auftrag, einen rätselhaften Mordanschlag aufzuklären, und gerät immer tiefer in eine komplizierte Geschichte, in der zahlreiche Personen – auf Hammers und auf der Gegenseite – sterben müssen. Am Schluß stellt sich heraus, daß es um einen Kasten mit radioaktivem Material (praktisch eine Mini-Atombombe) geht, hinter dem feindliche Agenten her sind. Hammer wie stets der roboterhafte Detektiv, der am Ende der Film-noir-Periode ambivalentere Charaktere verdrängt. In einer Welt, die mit der A-Bombe leben muß, scheinen subtile Töne keinen Platz mehr zu haben.

KISS OF DEATH (Der Todeskuß). 20Fox 1947. **R** Henry Hathaway. **B** Ben Hecht, Charles Lederer. **K** Norbert Brodine. **M** David Buttolph. **D** Victor Mature (Nick Bianco), Brian Donlevy (D'Angelo), Coleen Gray (Nettie), Richard Widmark, Karl Malden, Taylor Holmes. 98 Min. – Ein glückloser Ganove erledigt seine Weihnachtseinkäufe, indem er einen Juwelier ausraubt, wird erwischt und gerät bald zwischen sämtliche Stühle: Er wird eingelocht, zu Spitzeldiensten erpreßt und von Gangstern gejagt. Die Hoffnung am Schluß, ein neues Leben beginnen zu können, bleibt vage. Interessant ist Richard Widmarks Leinwanddebüt als sadistischer, neurotischer Killer, auf den er im Film noir rasch abonniert war. Einige Hathawaysche Dokumentarfilm-Elemente schwächen die desperate Story, die diesmal von der Frau des Ganoven durch Off-Kommentar erzählt wird – eine Frau als Erzähler ist im Film noir ungewöhnlich.

KISS TOMORROW GOODBYE (Den Morgen wirst du nicht erleben). WB 1950. **R** Gordon Douglas. **B** Harry Brown n. d. Roman von Horace McCoy. **K** J. Peverell Marley. **M** Carmen Dragon. **D** James Cagney (Ralph Cotter), Barbara Payton (Holiday Carleton), Helena Carter (Margaret Dobson), Ward Bond, Luther Adler, Barton MacLane. 102 Min. – Zwei Häftlinge, Cotter und Raynor, brechen aus und schlüpfen in einer Kleinstadt unter, wo sie zwei korrupte Cops erpressen. Cotter treibt seine kriminelle Karriere weiter voran, ohne sich um ein paar Tote zu scheren. Seine abgelegte Geliebte sinnt auf Rache und bringt ihn schließlich um. Beim Prozeß gegen die Frau beginnt der Film und blendet auf Cotters Aufstieg und Untergang zurück. Wie in WHITE HEAT ist Cagney wiederum der Psycho-Killer, dessen kaputter Charakter hier jedoch zu eindimensional dargestellt ist und unverständlich bleibt.

THE LADY FROM SHANGHAI (Die Lady von Shanghai). Col 1948. **R** Orson Welles. **B** Orson Welles n. d. Roman *If I Die Before I Wake* v. Sherwood King. **K** Charles Lawton Jr. **M** Heinz Roemheld. **D** Rita Hayworth (Elsa Bannister), Orson Welles (Michael O'Hara), Everett Sloane (Arthur Bannister), Glenn Anders, Ted de Corsia, Erskine Sanford. 86 Min. – O'Hara heuert auf der Yacht des Millionärs Bannister an, weil er sich in dessen schöne Frau Elsa verliebt hat. Er gerät in ein Komplott, als er für 5000 Dollar ein falsches Mordgeständnis unterschreibt. Er flieht aus dem Gerichtssaal und löst die Fäden des Falles, in dem alle gleich schlecht sind und jeder O'Hara als Werkzeug benutzen will, auch die verführerische Elsa. In der berühmten Schlußszene in einem Spiegelkabinett kommt es zwischen Elsa und Bannister zu einem für beide tödlichen Schußwechsel. O'Hara vermag erst jetzt (die nun sterbende) Elsa zu verlassen, was er vorher trotz mehrerer Ansätze nie geschafft hatte. Ein ungewöhnlicher Film noir, der zum Großteil in der Karibik spielt, der aber dennoch für O'Haras Verstrickung metaphorische Bilder von großer Ausdruckskraft findet und in seiner verwickelten Logik einem Alptraum gleichkommt.

LADY IN THE LAKE (Die Dame im See). MGM 1947. **R** Robert Montgomery. **B** Steve Fisher n. d. Roman *The Lady in the Lake* v. Raymond Chandler. **K** Paul C. Vogel. **M** David Snell. **D** Robert Montgomery (Philip Marlowe), Lloyd Nolan (Lt. DeGarmo), Audrey Totter (Adrienne Fromsett), Tom Tully (Capt. Kane), Leon Ames, Jayne Meadows, Morris Ankrum. 103 Min. – Privatschnüffler Marlowe wird in einen gewohnt komplizierten Fall verwickelt: Zuerst soll er nur die verschwundene Frau eines Verlegers suchen; daraus entsteht ein Mordfall, dann folgen gleich ein paar weitere Morde, und am Schluß hat er auch noch eine Frau, die zu ihm hält. Das bei weitem Interessanteste an dem Film ist der einmalige Versuch, einen ganzen Film mit subjektiver Kamera zu erzählen: Regisseur Montgomery, der den Detektiv darstellt oder besser: spricht, ist nur im Prolog zu sehen, höchstens einmal in einem Spiegel oder einer Fensterscheibe, ansonsten nimmt die Kamera den Platz des Detektivs ein. Sie folgt jeder Bewegung der Personen, in sie hinein starren die Gesprächspartner Marlowes, sie wird geküßt, sie raucht und kriegt gelegentlich einen Fausthieb vor die Linse. Ein Experiment, das nur beweisen konnte, was man bereits vorher ahnte: Es funktioniert nicht.

LAURA (Laura). 20Fox 1944. **R** Otto Preminger. **B** Jay Dratler, Samuel Hoffenstein, Betty Reinhardt n. d. Roman v. Vera Caspary. **K** Joseph La Shelle. **M** David Raskin. **D** Gene Tierney (Laura Hunt), Dana Andrews (Mark McPherson), Clifton Webb (Waldo Lydecker), Vincent Price, Judith Anderson, Dorothy Adams. 88 Min. – Ein Detektiv soll das Leben und den Mord an der schönen Laura rekonstruieren. In der Mitte des Films fühlt sich der Detektiv bei der Betrachtung des Porträts der Frau wie benommen und gerät völlig in dessen Bann – wenig später öffnet sich die Tür und Laura spaziert herein und erklärt ihre Abwesenheit. Der Detektiv verliebt sich in die Frau wie zuvor in ihr Porträt und kämpft um sie mit ihrem »Gönner« Lydecker, wobei die Aufklärung des Verbrechens immer mehr in den Hintergrund gerät. Dabei bleibt offen, ob von der »Benommenheit« des Detektivs an alles nur ein Traum war ... Die überwiegend hellausgeleuchteten Bilder des Films sind zwar nicht im Noir-Stil, aber die Stimmung und die Figuren entsprechen der Ambivalenz des Film noir und stehen in seltsamem Widerspruch zu der Oberflächeneleganz der Schauplätze.

LEAVE HER TO HEAVEN (Todsünde). 20Fox 1945. **R** John M. Stahl. **B** Jo Swerling n. d. Roman v. Ben Ames Williams. **K** Leon Shamroy (Technicolor). **M** Alfred Newman. **D** Gene Tierney (Ellen Berent), Cornel Wilde (Richard Harland), Jeanne Crain (Ruth Berent), Vincent Price, Mary Philips, Ray Collins. 110 Min. – Eine besitzergreifende Frau liebt einen Mann, der ihrem verstorbenen Vater ähnelt. Um ihn ganz für sich zu haben, bringt sie seinen verkrüppelten Bruder um und tötet ihr ungeborenes Kind, indem sie sich eine Treppe hinunterstürzt. Als der Mann sie verlassen will, begeht sie Selbstmord, den sie wie eine von ihrem Mann und ihrer Schwester begangene Mordtat erscheinen läßt. Das wohl schwärzeste Porträt der negativen Frau im Film noir, die selbst über ihren Tod hinaus noch Böses verbreiten will. Der technicolorbunte Film erscheint als Paradoxon von schwarzen Charakteren mit psychischen Defekten und ihrer Einbettung in die sonnige Landschaft der Wüste von New Mexico und den Wäldern von Maine, die ihren Liebreiz aber rasch verlieren.

THE LONG WAIT (Das lange Warten). UA 1954. **R** Victor Saville. **B** Alan Green, Lesser Samuels n. d. Roman v. Mickey Spillane. **K** Franz F. Planer. **M** Mario Castlenuova-Tedesco. **D** Anthony Quinn (Johnny McBride), Charles Coburn (Gardiner), Gene Evans (Servo), Peggie Castle, Mary Ellen Kay, Shawn Smith. 93 Min. – McBride leidet seit einem Verkehrsunfall an Amnesie und steht unter Mordverdacht. Bis er diesen widerlegen kann, wirbelt er eine ganze Kleinstadt durcheinander, legt ein paar Gangster um, lernt eine Frau kennen und entlarvt einen Gangsterboß. Das beliebte Amnesie-Thema ist diesmal im Kleinstadtmilieu angesiedelt, und die Figuren sind dementsprechend etwas weniger gewitzt als die der Großstadt-Films-noirs.

THE LOST WEEKEND (Das verlorene Wochenende). Para 1945. **R** Billy Wilder. **B** Billy Wilder, Charles Brackett n. d. Roman v. Charles R. Jackson. **K** John F. Seitz. **M** Miklos Rozsa. **D** Ray Milland (Don Birnam), Jane Wyman (Helen St. James), Howard da Silva (Nat), Philip Terry, Doris Dowling, Frank Faylen. 101 Min. – Drei Tage mit dem an einem einsamen Wochenende rückfällig werdenden Alkoholiker Birnam, einem gescheiterten Schriftsteller, der – so will es das unglaubwürdige, dem Regisseur aufgezwängte Happy-End – seine Sucht kompensiert, indem er darüber ein Buch verfaßt. Bei (fast) jedem anderen Regisseur wäre daraus ein rührendes Sozialdrama geworden, Wilders Zynismen lassen daraus einen Film noir entstehen über einen verzweifelten Helden in der Sackgasse seines Lebens. Wilder überzeichnete das Ende derart, daß es ihm eh niemand abnimmt.

M (M). Col 1951. **R** Joseph Losey. **B** Norman Reilly Raine, Leo Katcher n. d. Drehbuch v. Thea von Harbou. **K** Ernest Laszlo. **M** Michel Michelet. **D** David Wayne (M), Howard da Silva (Carney), Martin Gabel (Marshall), Luther Adler, Steve Brodie, Glenn Anders. 88 Min. – Ein fünffacher Kindermörder in Los Angeles wird, da die Polizei erfolglos bleibt, von der organisierten Verbrecherwelt der Stadt gejagt. Nachdem er von denVerbrechern gefaßt worden ist, machen sie ihm den Prozeß. Die Polizei greift ein und verhaftet ihn. Dieses Remake von Fritz Langs gleichnamigem Film aus dem Jahre 1931 war eine Brotarbeit, die Losey eigentlich nicht übernehmen wollte und ihm offensichtlich nicht lag. Der Stoff ließ sich auch nicht so einfach von Berlin nach Los Angeles transponieren, und das Ergebnis ist bescheiden.

THE MALTESE FALCON (Die Spur des Falken/Der Malteser Falke). WB 1941. **R** John Huston. **B** John Huston n. d. Roman v. Dashiell Hammett. **K** Arthur Edeson. **M** Adolph Deutsch. **D** Humphrey Bogart (Sam Spade), Mary Astor (Brigid O' Shaughnessy), Gladys George (Iva Archer), Peter Lorre (Joel Cairo), Sydney Greenstreet (Kasper Gutman), Elisha Cook Jr. (Wilmer Cook). 100 Min. – Privatdetektiv Sam Spade sucht den Mörder seines Partners Archer, lernt dabei die attraktive Intrigantin Brigid O'Shaughnessy alias Miss Wonderly kennen. Von nun an dreht sich alles um eine kostbare Falkenstatuette: Ein skrupelloser, fetter Sammler, sein unerfahrener Laufbursche, ein nervöser Killer, die schöne Brigid und schließlich Spade jagen nach dem Falken, der sich am Ende als plumpe Fälschung herausstellt. Spade liefert Brigid, die sich als die Mörderin seines Partners entpuppt, von ihren Liebesbeteuerungen ungerührt der Polizei aus. Der Film, mit dem alles anfing: der Film noir (jedenfalls beinahe), Hustons Regielaufbahn, Bogarts Star- und Greenstreets Filmkarriere und die Reihe der Private Eyes auf der Leinwand – bis hin zu Jack Nicholsons J. J. Gittes.

THE MASK OF DIMITRIOS. WB 1944. **R** Jean Negulesco. **B** Frank Gruber n. d. Roman *A Coffin for Dimitrios* v. Eric Ambler. **K** Arthur Edeson. **M** Adolph Deutsch. **D** Sydney Greenstreet (Mr. Peters), Zachary Scott (Dimitrios), Faye Emerson (Irana Preveza), Peter Lorre, George Tobias, Victor Francen. 95 Min. – Ein Krimischreiber rekonstruiert das Leben Dimitrios', eines international gesuchten Kriminellen, der in Istanbul ermordet worden ist. Peters, eins von Dimitros' Opfern, hilft ihm dabei; er bekommt heraus, daß Dimitrios in Wirklichkeit lebt. Peters versucht, Dimitrios – mit Hilfe des Krimiautors – zu erpressen. In einem Kampf erschießen sich die beiden Gegner. Zwar hat der Film die typische Erzählstruktur und den üblichen visuellen Stil des Film noir, weniger aber dessen pessimistische Grundstimmung der Charaktere, zumal die Darsteller Greenstreet und Lorre ein eher komisches Gespann abgeben.

MILDRED PIERCE (Solange ein Herz schlägt). WB 1945. **R** Michael Curtiz. **B** Ranald MacDougall n. d. Roman von James M. Cain. **K** Ernest Haller. **M** Max Steiner. **D** Joan Crawford (Mildred Pierce), Jack Carson (Wally Fay), Zachary Scott (Monte Beragon), Eve Arden, Ann Blyth, Bruce Bennett. 111 Min. – Der Mord an dem wohlhabenden Beragon ist der Anlaß, in einer langen Rückblende vom Aufstieg

Mildred Pierces zu erzählen: erst Hausfrau, dann Kellnerin, zuletzt vermögende Besitzerin einer Restaurantkette. Die Motivation ihrer Karrierebemühungen ist, ihrer Tochter Veda jeglichen Luxus zu verschaffen. Dafür nimmt sie das Scheitern ihrer Ehe und selbst den Tod ihrer anderen Tochter in Kauf. Ihr zweiter Mann Beragon verursacht den Bankrott der Restaurants und verführt Veda, die ihn später tötet. Mildred will den Mord auf sich nehmen, aber das gelingt nicht. Der Film verschmilzt zwei Film-noir-Themen: die geschäftlich erfolgreiche und unabhängige Frau, die ihr »männliches« Verhalten sonst meist mit dem Tod bezahlt, und die neurotische Mutter, deren Liebe ihre Tochter ebenso wie sich selbst gefangennimmt. Der der Vorlage weit überlegene Film wird zum Schlüsselfilm des Film noir durch die Diskreditierung amerikanischer Frauenideale von Heirat, Mutterliebe und Häuslichkeit und des American Dream, der dem Strebsamen Geschäftserfolg *und* Liebesglück verspricht.

MINISTRY OF FEAR (Ministerium der Angst). Para 1945. **R** Fritz Lang. **B** Seton I. Miller n. d. Roman v. Graham Greene. **K** Henry Sharp. **M** Victor Young. **D** Ray Milland (Stephen Neale), Marjorie Reynolds (Carla Hilfe), Carl Esmond (Willi Hilfe), Hillary Brooke, Percy Waram, Dan Duryea. 85 Min. – London während des 2. Weltkrieges: Auf einem Wohltätigkeitsbasar wird Neale versehentlich ein Kuchen ausgehändigt, der für einen Naziagenten bestimmt war und einen Mikrofilm enthält. Die Nazis versuchen, ihm den Kuchen abzujagen, und nach einem Mord ist auch die Polizei hinter ihm her. Eine Frau hilft ihm, den Spionagering zu knacken, dem auch ihr eigener Bruder angehört, den sie tötet. Obwohl Lang den Film nicht besonders mochte, gehört er zu den besten seiner Films noirs. Die Orientierungslosigkeit des Helden, der als Spielball unbekannter Mächte in einer Welt verborgener Identitäten seine eigene Identität sucht, stellt Lang mit äußerster formaler Geschlossenheit dar.

MURDER, MY SWEET. RKO 1944. **R** Edward Dmytryk. **B** John Paxton n. d. Roman *Farewell, My Lovely* v. Raymond Chandler. **K** Harry J. Wild. **M** Roy Webb. **D** Dick Powell (Philip Marlowe), Claire Trevor (Velma/Mrs. Grayle), Anne Shirley (Ann), Otto Kruger, Mike Mazurki, Miles Mander. 95 Min. – Privatdetektiv Marlowe erzählt der Polizei, wie er die verschollene Freundin eines grobschlächtigen Exsträflings gesucht hat und in einen Fall mit immer größeren Dimensionen geraten ist. Zeitweise geht es um einen (scheinbar) anderen Fall, um gestohlenen Schmuck und um ein paar Tote, dann wird Marlowe zusammengeschlagen und unter Drogen gesetzt, bis sich herausstellt, daß die Gesuchte mit Marlowes zwischenzeitlicher Auftraggeberin identisch ist und ein paar Morde begangen hat. Obwohl Dick Powell als Marlowe natürlich im Schatten von Bogarts Darstellung in THE BIG SLEEP steht, sah Chandler in dem verletzlichen Marlowe Powells die genaueste Umsetzung seiner Romanfigur. Die Drogensequenz zeigt deutliche Anlehnung an den deutschen Expressionismus, und insgesamt ist der Film einer der visuell geschlossensten Films noirs.

MY NAME IS JULIA ROSS (Mein Name ist Julia Ross). Col 1945. **R** Joseph H. Lewis. **B** Muriel Roy Bolton n. d. Roman *The Woman in Red* v. Anthony Gilbert. **K** Burnett Guffey. **M** Mischa Bakaleinikoff. **D** Nina Foch (Julia Ross), Dame May Whitty (Mrs. Hughes), George Macready (Ralph Hughes), Roland Varno, Anita Bolster, Doris Lloyd. 65 Min. – Julia Ross stellt sich als Privatsekretärin bei einer älteren Dame vor. Dort verabreicht man ihr heimlich Drogen und redet ihr, als sie wieder erwacht, ein, sie sei die geistesgestörte Frau des Sohnes der älteren Dame – sie soll als »Ersatz« für die ermordete Ehefrau herhalten, um deren Tod zu verschleiern. Durch eine versteckte Nachricht informiert sie ihren Freund und kommt frei, gerade bevor ihre Bewacher ihren »Selbstmord« inszenieren können. JULIA ROSS ist der erste einer Reihe von Films noirs dieses Regisseurs, der damit seinen Aufstieg von den Billigfilmen erreichte.

MYSTERY STREET. MGM 1950. **R** John Sturges. **B** Sydney Boehm, Richard Brooks. **K** John Alton. **M** Rudolph G. Kopp. **D** Ricardo Montalban (Lt. Peter Morales), Sally Forrest (Grace Shanway), Bruce Bennett (Dr. McAdoo), Elsa Lanchester, Marshall Thompson, Jan Sterling. 93 Min. – Eine Barkellnerin hat eine Affäre mit einem verheirateten, wohlhabenden Mann und wird, nachdem sie schwanger ist, von ihm umgebracht. Als ihr Skelett nach Monaten aus dem Meer gezogen wird, versucht Polizeidetektiv Morales (!), dem Verbrechen auf den Grund zu gehen, und entlarvt letztlich den »ehrbaren« Bürger. Der Film bekommt aus der Konstellation hochanständiger hispanoamerikanischer Polizist contra verbrecherischer WASP-Amerikaner und dadurch, daß der Täter dem Zuschauer von Anfang an bekannt ist, teilweise den Charakter eines sozialkritischen Films über Polizeiarbeit.

THE NARROW MARGIN (Um Haaresbreite). RKO 1952. **R** Richard Fleischer. **B** Earl Felton. **K** George E. Diskant. **D** Charles McGraw (Walter Brown), Marie Windsor (Mrs. Neil), Jacqueline White (Ann Sinclair), Gordon Gebert, Queenie Leonard, David Clarke. 70 Min. – Ein Polizeidetektiv soll eine wichtige Zeugin, die dubiose Frau eines Gangsters, bei ihrer Zugfahrt zum Gericht beschützen. Rasch entwikkelt er gegen sie eine tiefe Abneigung und kümmert sich lieber um eine sympathische Mitreisende. Sein Schützling wird von Gangstern getötet, und es stellt sich heraus, daß sie eine Polizistin war, die die Stelle der Zeugin eingenommen hatte. Die wirkliche Gangsterfrau ist die sympathische Mitreisende, und der Polizist wird in seinen Vorurteilen beschamt. Der Film zeigt seine (bescheidene) Qualität einzig in den Sequenzen im engen Zugabteil.

NIAGARA (Niagara). 20Fox 1953. **R** Henry Hathaway. **B** Charles Brackett, Walter Reisch, Richard Breen. **K** Joseph MacDonald (Technicolor). **M** Sol Kaplan. **D** Marilyn Monroe (Rose Loomis), Joseph Cotten (George Loomis), Jean Peters (Polly Cutler), Casey Adams, Denis O'Dea, Richard Allan. 89 Min. – Eine attraktive junge Frau wohnt mit ihrem älteren Mann George Loomis, einem psychisch kranken und cholerischen Kriegsveteranen, in einem Hotel bei den Niagarafällen. Rose Loomis hat einen heimlichen Geliebten, der ihren Mann töten soll. Der Plan mißlingt, und Loomis bringt beide um, flüchtet dann mit einer anderen Frau als Geisel in einem Motorboot, das die Wasserfälle hinabzustürzen droht. Er opfert sein Leben, um das der Frau zu retten. Der Film beutet die Attraktionen gleich zweier Weltwunder aus: Die Monroe (als unaufhaltsam aufsteigender Star) und die Niagarafälle (wie stets gewaltig in die Tiefe stürzend). Für eine Femme fatale des Film noir ist Marilyn jedoch reichlich naiv und unschuldig, das Technicolor der illuminierten Fälle bei Nacht ein wenig zu bunt.

NIGHT AND THE CITY (Die Ratte von Soho). 20Fox 1950. **R** Jules Dassin. **B** Jo Eisinger n. d. Roman v. Gerald Kersh. **K** Max Greene. **M** Franz Waxman. **D** Richard Widmark (Harry Fabian), Gene Tierney (Mary Bristol), Googie Withers

(Helen Nosseross), Hugh Marlowe, Francis L. Sullivan, Herbert Lom. 95 Min. – Harry Fabian ist ganz unten und will nach ganz oben: sein Plan ist, als Promoter in den Ringsport einzusteigen. Er linkt ein paar Leute, große wie kleine, und bald ist er nur noch auf der Flucht durch Soho, und am Ende liegt er tot in der Themse. Widmark ist neurotisch-hektisch wie eh und je und ziemlich noir, doch Dassins Interesse liegt (wie fast immer) etwas zu sehr beim Dokumentarischen.

THE NIGHT HAS A THOUSAND EYES (Die Nacht hat tausend Augen). Para 1948. **R** John Farrow. **B** Barre Lyndon, Jonathan Latimer n. d. Roman v. George Hopley (Cornell Woolrich). **K** John F. Seitz. **M** Victor Young. **D** Edward G. Robinson (John Triton), Gail Russell (Jean Courtland), John Lund (Elliott Carson), Virginia Bruce, William Demarest, Richard Webb. 81 Min. – John Triton besitzt übersinnliche Fähigkeiten und vermag den Tod anderer vorauszusagen. Er trifft auf eine junge Frau, die einen Suizidversuch hinter sich hat, und ihren Freund und erzählt seine Lebensgeschichte: Er ist der ehemalige Verlobte der Mutter der jungen Frau, die er vor langer Zeit verlassen hat. Er rettet das Mädchen vor einem Mordanschlag und kommt kurz darauf selbst durch einen Zufall um – in seiner Tasche steckt ein Zettel, auf dem er seinen Tod beschreibt. Die besondere »Gabe« des Hellsehers wird ihm nicht nur zur Last, letztlich auch zum Verhängnis. Obendrein fühlt er sich schuldig – schuldig an den ausschließlich tragischen Ereignissen, die er voraussieht. Trotz der Mystery-Story, die nie rationalisiert wird, ist der Film dank der Determiniertheit der Hauptfigur und durch die visuelle und narrative Gestaltung ein Film noir.

NIGHTMARE (Im Dunkel der Nacht). UA 1956. **R** Maxwell Shane. **B** Maxwell Shane n. d. Short story v. William Irish (Cornell Woolrich). **K** Joseph F. Biroc. **M** Herschel Burke Gilbert. **D** Edward G. Robinson (René Bressard), Kevin McCarthy (Stan Grayson), Connie Russell (Gina), Virginia Christine, Rhys Williams, Gage Clarke. 89 Min. – Der Jazzmusiker Grayson hat einen seltsamen Traum, in dem er in einem Spiegelkabinett einen Mann ermordet. Am nächsten Morgen weiß er nicht, ob es nur ein Traum oder Realität war. Durch einen Zufall entdeckt er ein Haus, in dem sich das Spiegelzimmer seines Traums befindet. Sein Polizisten-Schwager hilft ihm bei der Lösung der seltsamen Geschichte: Grayson wurde von einem Nachbarn hypnotisiert, um den Mord zu begehen. Shane hatte den Stoff bereits 1947 einmal verfilmt (FEAR IN THE NIGHT), woraus sich die 1956 anachronistische Film-noir-Story erklärt.

NIGHTMARE ALLEY (Der Scharlatan). 20Fox 1947. **R** Edmund Goulding. **B** Jules Furthman n. d. Roman v. William Lindsay Gresham. **K** Lee Garmes. **M** Cyril Mockridge. **D** Tyrone Power (Stanton Carlisle), Joan Blondell (Zeena), Coleen Gray (Molly), Helen Walker, Taylor Holmes, Mike Mazurki. 111 Min. – Carlisle, ein kleiner Jahrmarktarbeiter, steigt mit Hilfe von drei Frauen, die er nacheinander ausnutzt, zum Gedankenleser in einem noblen Nachtklub auf. Eine Psychologin, mit der er reiche Patienten ausnimmt, betrügt ihn um seinen Anteil und ruiniert obendrein seine Reputation. Gebrochen kehrt er zu seinen miesen Kirmesjobs zurück. Die Story klingt harmloser, als sie im Film ist. Für die zeitgenössischen Zuschauer wirkte sie wie ein Schock: Nahezu alle Personen sind entweder krankhaft erfolgsbesessen oder ebenso krankhaft abergläubisch, und der romantische Held Tyrone Power zeigt hier die Schattenseiten des Lady's man.

THE NIGHT OF THE HUNTER (Die Nacht des Jägers). UA 1955. **R** Charles Laughton. **B** James Agee n. d. Roman v. Davis Grubb. **K** Stanley Cortez. **M** Walter Schumann. **D** Robert Mitchum (Harry Powell), Shelley Winters (Willa Harper), Lillian Gish (Rachel), Billy Chapin, Peter Graves, Sally Jane Bruce. 93 Min. – Der verrückte Prediger Powell hat im Gefängnis von einer Bankräuberbeute erfahren, kennt aber nicht deren genaues Versteck. Er heiratet die Witwe des hingerichteten Bankräubers und tötet sie, da sie den Ort der Beute nicht weiß, quält anschließend ihre Kinder, bis eins das Versteck verrät. Die daraufhin fliehenden Kinder verfolgt der Prediger, aber eine alte Frau hindert ihn daran, die Kinder zu töten. Laughtons einzige Regiearbeit ist reiner Expressionismus, den die Zuschauer nicht zu goutieren bereit waren. Für Cinéasten ist die Konstellation Mitchum als das fanatische Böse und Lillian Gish als das resolute Gute nicht ohne Reiz.

NOCTURNE. RKO 1946. **R** Edwin L. Marin. **B** Jonathan Latimer. **K** Harry J. Wild. **M** Leigh Harline. **D** George Raft (Joe Warne), Lynn Bari (Frances Ransom), Virginia Houston (Carol Page), Joseph Pevney, Myrna Dell, Edward Ashley. 88 Min. – Ein Komponist wird tot aufgefunden, offiziell Selbstmord. Der Detektiv Warne glaubt eher an die Tat einer der abgelegten Geliebten des Musikers, und er recherchiert auf eigene Faust weiter. Das kostet ihn seinen Job, aber er gibt nicht auf, und als eine der unter Druck gesetzten Frauen endlich gestehen will, bekennt sich ein Pianist namens Fingers zu dem Mord. Der Polizist zeigt hier eine große Faszination für den Lebensstil des Opfers sowie für dessen potentielle Mörderinnen. Er gibt sich weniger dem Ziel – den Täter zu finden – als vielmehr dem Prozeß seiner Recherchen hin, und der Abschluß des Falles ist für ihn ein kleiner Tod.

NORA PRENTISS (Nora Prentiss). WB 1947. **R** Vincent Sherman. **B** Richard Nash. **K** James Wong Howe. **M** Franz Waxman. **D** Ann Sheridan (Nora Prentiss), Kent Smith (Dr. Richard Talbot), Bruce Bennett (Dr. Joel Merriam), Robert Alda, Rosemary DeCamp, John Ridgely. 111 Min. – Der erfolgreiche, aber von seinem Leben angeödete Arzt Talbot beginnt eine Affäre mit der Nachtklubsängerin Nora Prentiss, läßt sich aber nicht scheiden. Nora geht nach New York, und Talbot nutzt den plötzlichen Tod seines Partners, um dessen Identität anzunehmen und Nora folgen zu können. Talbots »Tod« wird als Mord verfolgt, und Talbot gilt als der flüchtige Mörder. Talbot gerät unter ein Auto, und eine Operation wegen einer Brandwunde im Gesicht verändert sein Aussehen völlig. Als er wegen des »Mordes« verhaftet wird, erkennt ihn niemand, und er selbst schweigt, um sich und seiner Familie die Schande zu ersparen, und geht in den Tod. Die Frau, ungewöhnlich für einen Nachkriegs-Film-noir, wird hier stets als loyal dem entfremdeten Helden gegenüber geschildert, den die Ironie des Schicksals zum mit dem Tod bestraften Mörder seiner selbst werden läßt.

ODDS AGAINST TOMORROW (Wenig Chancen für morgen). UA 1959. **R** Robert Wise. **B** John O. Killens, Nelson Gidding n. d. Roman v. William P. McGivern. **K** Joseph Brun. **M** John Lewis. **D** Harry Belafonte (Johnny Ingram), Robert Ryan (Earl Slater), Gloria Grahame (Helen), Shelley Winters, Ed Begley, Will Kuluva. 95 Min. – Ein Exsträfling und ein Exbulle planen einen Bankraub in einer Kleinstadt, ein schwarzer Sänger kommt hinzu. Aber alles läuft schief: Einer wird verwundet und tötet sich selbst, zwischen dem Sänger und dem Exsträfling entstehen plötzlich Rassenprobleme, und sie jagen einander auf einen Öltank, der durch die Schießerei in die Luft fliegt. Der Film dürfte als letzter der Nachzügler des Film-noir-Zyklus gelten; in ihm mischen sich unter die Noir-Motive bereits spätere Themen – Rassenkonflikte und Probleme mit Homosexualität. Die visuelle Gestaltung ist über weite Strecken in Low-key-Ausleuchtung gehalten, und das Schlußbild erinnert an Cagneys Ende in WHITE HEAT.

ON DANGEROUS GROUND. RKO 1952. **R** Nicholas Ray. **B** A. I. Bezzerides, Nicholas Ray n. d. Roman *Mad With Much Heart* v. Gerald Butler. **K** George E. Diskant. **M** Bernard Herrmann. **D** Ida Lupino (Mary Malden), Robert Ryan (Jim Wilson), Ward Bond (Walter Brent), Charles Kemper, Anthony Ross, Ed Begley. 82 Min. – Wilson, ein New Yorker Cop, führt ein einsames, verbittertes Leben, woraus sich seine Brutalität gegenüber Verbrechern ableitet. Man gibt ihm einen Fall außerhalb der Stadt: Ein gestörter Halbwüchsiger hat ein Mädchen getötet. Der Täter flieht durch die tiefverschneite Landschaft und stürzt einen Felsen hinab. Der Polizist muß dies der blinden, älteren Schwester des Jungen schonend beibringen, und zwischen beiden entsteht eine emotionale Bindung. Er kehrt nicht mehr nach New York zurück. Der Konflikt zwischen verdrängter Emotionalität und der jobbedingten Gewalt überwiegt gegenüber dem Thriller-Charakter, wobei der Kontrast zwischen der düsteren Stadt und der Schneelandschaft zur Entwicklung des Helden die Entsprechung liefert.

THE OTHER WOMAN. 20Fox 1954. **B** Hugo Haas. **B** Hugo Haas. **K** Eddie Fitzgerald. **M** Ernest Gold. **D** Hugo Haas (Darmen), Cleo Moore (Sherry), Lance Fuller (Ronnie), Lucille Barkley, Jack Macy. 81 Min. – Ein nach Hollywood eingewanderter Regisseur wird von einer Schauspielerin mit einem K.-o.-Drink betäubt und anschließend erpreßt – er soll sie während seines »Anfalls« geschwängert haben. Wenn sein Schwiegervater, ein Filmproduzent, Wind von der Sache bekommen sollte, ist seine Karriere gefährdet, also beschließt er, das Starlet zu töten. Sein Alibi-Trick mißlingt, und am Ende befindet er sich in einer (echten) Gefängniszelle, die der nachgebauten ähnelt, in der er zu Beginn der Story eine Filmszene probte. Der tschechische Emigrant Haas verarbeitete wohl auch seine persönlichen Angstphantasien in dem Stoff.

OUT OF THE PAST (Goldenes Gift). RKO 1947. **R** Jacques Tourneur. **B** Geoffrey Homes (Daniel Mainwaring) n. seinem Roman *Build My Gallows High*. **K** Nicholas Musuraca. **M** Roy Webb. **D** Robert Mitchum (Jeff Bailey), Jane Greer (Kathie Moffett), Kirk Douglas (Whit Sterling), Rhonda Fleming, Richard Webb, Steve Brodie. 97 Min. – Aus der Vergangenheit taucht Baileys früheres Leben als Privatdetektiv wieder auf: Er verliebte sich damals in die Gangsterbraut Kathie und brannte mit ihr durch. Er beichtet nun alles seiner neuen Freundin Ann, als der Gangster ihn in seiner Kleinstadt zu sprechen verlangt. An dessen Stelle trifft er jedoch auf Kathie, die ihn erpreßt. Bailey gerät obendrein unter Mordverdacht, flieht mit Kathie und wird gemeinsam mit ihr erschossen. Ann muß mit der Ungewißheit fertig werden, ob Bailey sie oder Kathie geliebt hat. Mitchum als der zum Scheitern verurteilte Held und Jane Greer als seine Femme fatale geben ein schönes Gespann ab, und Tourneur zeigt in seinem Film noir die gleiche bedrohliche Grundstimmung wie in seinen berühmteren Horrorfilmen der frühen 40er.

PANIC IN THE STREETS (Unter Geheimbefehl). 20Fox 1950. **R** Elia Kazan. **B** Richard Murphy. **K** Joseph MacDonald. **M** Alfred Newman. **D** Richard Widmark (Dr. Reed), Paul Douglas (Capt. Warren), Barbara Bel Geddes (Nancy Reed),

Walter (= Jack) Palance, Zero Mostel, Dan Riss. 96 Min. – Ein Mordopfer mit einer tödlichen ansteckenden Krankheit wird in New Orleans aufgefunden, und es bleiben 48 Stunden für die Jagd nach den Tätern, um eine Epidemie zu verhindern. Der Arzt Dr. Reed – für einen echten Film noir ein viel zu positiver Held – nimmt, zunächst gegen den Willen der Polizei, die Suche selbst in die Hand und hat letztlich Erfolg. Die Kamera ist stets in Bewegung, findet bizarre, schräge Einstellungswinkel, vor allem bei den heruntergekommenen Schauplätzen, den Hafenkais, Docks und Lagerschuppen, doch wie stets bei Kazan überwiegt das sozialkritische Anliegen – hier das in den 50er Jahren so populäre Thema der Bedrohung der Gesellschaft von äußeren, unbekannten »Mächten«, das zur Zeit des Kalten Krieges die Kommunistenangst metaphorisiert.

PHANTOM LADY (Zeuge gesucht). Uni 1944. **R** Robert Siodmak. **B** Bernard C. Schoenfeld n. d. Roman v. William Irish (Cornell Woolrich). **K** Woody Bredell. **M** Hans J. Salter. **D** Franchot Tone (Jack Marlow), Ella Raines (Carol »Kansas« Richman), Alan Curtis (Scott Henderson), Aurora, Fay Helm, Elisha Cook Jr. 87 Min. – Der junge Geschäftsmann Henderson steht unter dem Verdacht, seine Frau ermordet zu haben. Sein Alibi ist schwach: Er gibt vor, zur Tatzeit mit einer ihm unbekannten Frau eine Show besucht zu haben. Der einzige Anhaltspunkt ist der ungewöhnliche Hut der anonymen Lady. Henderson wird verurteilt und soll in 18 Tagen gehenkt werden. Ein Inspektor und Hendersons Sekretärin finden nach einer komplizierten Jagd nicht nur die Phantom-Lady, sondern auch den Mörder: Hendersons besten Freund und heimlichen Liebhaber seiner Frau. Der Film ist Siodmaks Einstieg in den Film noir, der ihm die geeignetsten Ausdrucksmöglichkeiten für seine Themen bot. Der hard-boiled Roman Woolrichs und Siodmaks Anleihen beim Expressionismus erweisen sich als eine geglückte Kombination.

PICKUP ON SOUTH STREET (Polizei greift ein/Lange Finger – harte Fäuste). 20Fox 1953. **R** Samuel Fuller. **B** Samuel Fuller. **K** Joseph MacDonald. **M** Leigh Harline. **D** Richard Widmark (Skip McCoy), Jean Peters (Candy), Thelma Ritter (Moe), Murvyn Vye, Richard Kiley, Willis B. Bouchey. 83 Min. – Ein New Yorker Taschendieb macht einen Fang, den er noch bereuen wird: Er stiehlt der Geliebten eines kommunistischen Agenten einen Mikrofilm. Ein Polizist, ein FBI-Agent und die Bestohlene wollen ihm den Film abjagen. Er verliebt sich in die Frau, die angeschossen wird, und gemeinsam mit den Polizisten knackt er den Agentenring. Ein wenig Antikommunismus am Rande, aber die »aufrechten« Amerikaner des Films sind auch nicht allererste Wahl: ein Taschendieb, ein Flittchen und ein Spitzel, so daß vom Patriotismus nur noch ein schäbiger Rest übrigbleibt, vor allem, da die persönlichen Motive überwiegen. Ein Film noir vom äußersten (rechten) Rand, wenn auch mit doppeltem Boden.

PITFALL. UA 1948. **R** André De Toth. **B** Karl Kamb n. d. Roman v. Jay Dratler. **K** Harry J. Wild. **M** Louis Forbes. **D** Dick Powell (John Forbes), Lizabeth Scott (Mona Stevens), Jane Wyatt (Sue Forbes), Raymond Burr, John Litel, Byron Barr. 84 Min. – Ein Versicherungsvertreter und ein Privatdetektiv suchen die Beute eines Raubüberfalls. Beide verlieben sich in die Freundin des Räubers. Als sein Konkurrent bei der Frau Erfolg hat, macht der Privatschnüffler den entlassenen Räuber so eifersüchtig, daß dieser dem Versicherungsagenten auflauert. Der Vertreter tötet in Notwehr den Gangster und wenig später die Frau den Detektiv. Der Vertreter erzählt alles seiner Ehefrau, die ihm halbherzig verzeiht. Die beiden

Beteiligten an der illegitimen Affäre, der Versicherungsvertreter und die Räuberbraut, töten je einen Menschen, werden aber unterschiedlich bestraft: Die Frau muß sich vor Gericht verantworten, der Mann nur vor seiner Ehefrau. Was die »Fallgrube« des Titels ist, bleibt offen – wahrscheinlich die Fortsetzung der Ehe für den Mann.

POSSESSED (Hemmungslose Liebe). WB 1947. **R** Curtis Bernhardt. **B** Silvia Richards, Ranald MacDougall n. d. Kurzroman *One Man's Secret* von Rita Weiman. **K** Joseph Valentine. **M** Franz Waxman. **D** Joan Crawford (Louise Howell Graham), Van Heflin (David Sutton), Raymond Massey (Dean Graham), Geraldine Brooks, Stanley Ridges, John Ridgely. 108 Min. – Louise, eine wohlhabende, offensichtlich halluzinierende Frau, wird in Los Angeles aufgegriffen und in ein Krankenhaus eingeliefert, wo man ihre Geschichte rekonstruiert: Sie liebte einen Ingenieur, der sie verließ, woraufhin sie einen reichen Witwer heiratete. Ihre Stieftochter begann eine Affäre mit dem Ingenieur, den Louise in Eifersucht erschoß. Auf die Tat folgte ihr psychischer Zusammenbruch. Durch die Rückblende aus der Perspektive der seelisch verwirrten Frau nivelliert sich für den Zuschauer der Unterschied zwischen Realität und Einbildung, und er wird gezwungen, sich ganz in die emotionale Verzweiflung der Frau hineinzuversetzen.

THE POSTMAN ALWAYS RINGS TWICE (Im Netz der Leidenschaften). MGM 1946. **R** Tay Garnett. **B** Harry Ruskin, Niven Busch n. d. Roman v. James M. Cain. **K** Sidney Wagner. **M** George Bassman. **D** Lana Turner (Cora Smith), John Garfield (Frank Chambers), Cecil Kellaway (Nick Smith), Hume Cronyn, Leon Ames, Audrey Totter. 113 Min. – Chambers kommt zufällig in ein kleines Rasthaus und ist gleich von der attraktiven Cora, der Frau des ältlichen Besitzers Smith, besessen. Er nimmt einen Job in der Kneipe an. Cora und er beschließen Smith umzubringen. Erst der zweite Anschlag gelingt, doch nur durch die Tricks eines gerissenen Anwalts können sie den starken Tatverdacht gegen sich abschütteln. Bei einem Autounfall kommt Cora um, und wieder gerät Frank in Mordverdacht. Er wird zum Tode verurteilt und schreibt in der Todeszelle seinen Lebensbericht. Der recht häufig verfilmte Roman Cains (bislang viermal) ergibt hier einen der besten Films noirs – trotz des streckenweise unpassenden MGM-Glamors. Aber die Personenzeichnung, die fatale Leidenschaft der Mörder und die Ironie des Schicksals machen ihn zu einem Schlüsselfilm der Bewegung. Vor allem zeigen sich hier die dramatischen Möglichkeiten der Rückblendenerzählung: Der negative Held rekapituliert aus einer hoffnungslosen Situation heraus mit schonungsloser Offenheit die Entwicklung des Amour fou, sieht nun seine Fehler und Schwächen ein und kann an dem Geschehen dennoch nichts mehr ändern: Die Zeit ist verloren.

PRIVATE HELL 36 (Hölle 36). Filmakers 1954. **R** Don Siegel. **B** Collier Young, Ida Lupino. **K** Burnett Guffey. **M** Leith Stevens. **D** Ida Lupino (Lilli Marlowe), Steve Cochran (Cal Bruner), Howard Duff (Jack Farnham), Dean Jagger, Dorothy Malone. 81 Min. – Zwei unzufriedene L.A.-Cops, Bruner und Farnham, sind hinter einer hübschen Summe Geld aus einem Überfall her. Als sie es endlich in die Finger kriegen, werden sie schwach und behalten es für sich – Farnham wegen seiner Familie, Bruner einer Sängerin wegen. Irgend jemand beginnt, sie zu erpressen. Farnham will sich stellen, wird von Bruner angeschossen, der daraufhin durch eine Polizeikugel stirbt. Der angebliche Erpresser war im übrigen der mißtrauische Vorgesetzte der beiden. Was sonst innerhalb der typischen Film-noir-Figur angelegt ist, der Kampf von Gut und Böse, ist hier – vor allem in der zweiten Hälfte des ‚Films – auf die beiden Polizisten verteilt. Für Action-Spezialist Siegel ist die Darstellung eines moralischen Konflikts ein inadäquater Stoff.

THE PROWLER (Dem Satan singt man keine Lieder). UA 1951. **R** Joseph Losey. **B** Hugo Butler. **K** Arthur Miller. **M** Lyn Murray. **D** Van Heflin (Webb Garwood), Evelyn Keyes (Susan Gilvray), John Maxwell (Bud Crocker), Katherine Warren, Emerson Tracy, Madge Blake. 92 Min. – Der Polizist Garwood lernt in Los Angeles Susan Gilvray kennen, die mit einem älteren Radioentertainer verheiratet ist. Er tötet den Ehemann, heiratet die Witwe und kauft mit ihrem Geld ein Hotel in Las Vegas. Durch Susans Schwangerschaft droht Garwoods Entlastungsaussage vor Gericht als Lüge entlarvt zu werden, er flieht mit Susan in eine Geisterstadt in die Wüste, wird entdeckt und von der Polizei erschossen. Garwood verkörpert die negative Seite des amerikanischen Aufstiegstraums, und er scheitert nicht aus Mangel an Fleiß oder Umsicht, sondern weil er die anfangs gezeigte Härte nicht durchhält und Gefühle für die Frau entwickelt.

PUSHOVER (Schachmatt). Col 1954. **R** Richard Quine. **B** Roy Huggins n. d. Roman *The Night Watch* v. Thomas Walsh u. d. Roman *Rafferty* v. William S. Ballinger. **K** Lester H. White. **M** Arthur Morton. **D** Fred MacMurray (Paul Sheridan), Kim Novak (Leona McLane), Phil Carey (Rick McAllister), Dorothy Malone, E. G. Marshall, Allen Nourse. 88 Min. – Sheridan soll Leona, die Freundin eines Bankräubers, observieren, um an diesen und dessen Beute ranzukommen. Er verliebt sich in sie, und die beiden planen, mit der Beute des Räubers zu verschwinden. Sheridan bringt den Räuber und einen Polizistenkollegen um, aber die Flucht endet für ihn mit einer Schußwunde. MacMurrays Sheridan erinnert an seinen Neff in DOUBLE INDEMNITY: Beide Figuren gehen umsichtig vor, dann doch wieder unüberlegt emotional; beide erliegen dem Plan einer verführerischen Frau. Das Thema des korrupten Bullen wird damit um das der Femme fatale erweitert.

RAILROADED. PRC 1947. **R** Anthony Mann. **B** John C. Higgins. **K** Guy Roe. **M** Alvin Levin. **D** John Ireland (Duke Martin), Sheila Ryan (Rosa Ryan), Hugh Beaumont (Mickey Ferguson), Jane Randolph, Ed Kelly. 71 Min. – Steve Ryan wird von einem sterbenden Gangster völlig unzutreffend als Komplize denunziert. Seine Schwester und ihr Polizistenfreund versuchen Ryans Unschuld zu beweisen. Dummerweise verliebt sich die Schwester vorübergehend in den wirklichen Killer, aber am Schluß ist dieser tot, Ryan frei und das Liebespaar wieder vereint. Einer der ganz billigen Films noirs; die Story wird ohne Umwege erzählt, der gesuchte Mörder ist früh bekannt, und das einzige, worauf die Macher sich konzentriert haben, ist die Stilisierung des Killers, der seine Kanone auf Hochglanz bringt und seine Kugeln parfümiert, bevor er abdrückt.

RAW DEAL (Flucht ohne Ausweg). Eagle-Lion 1948. **R** Anthony Mann. **B** Leopold Atlas, John C. Higgins. **K** John Alton. **M** Paul Sawtell. **D** Dennis O'Keefe (Joe Sullivan), Claire Trevor (Pat), Marsha Hunt (Ann Martin), John Ireland, Raymond Burr. 79 Min. – Sullivan flieht, von seiner Freundin unterstützt, aus dem Gefängnis, kidnappt die Sozialarbeiterin Ann und begibt sich mit ihr nach San Francisco, wo er an einem Gangsterboß Rache üben will. Unterwegs verliebt er sich in seine Geisel und führt sie in die Welt des Verbrechens ein. Anthony Mann kehrt das Thema der Femme fatale einmal um, hier ist es der Mann, der fatal für die

Frau ist, sie zur Verbrecherin macht und ihre Gefühlsbindung an ihn mißbraucht.

THE RECKLESS MOMENT (Schweigegeld für Liebesbriefe). Col 1949. **R** Max Ophüls. **B** Henry Garson, Robert W. Soderberg. **K** Burnett Guffey. **M** Hans J. Salter. **D** James Mason (Martin Donnelly), Joan Bennett (Lucia Harper), Geraldine Brooks (Bea Harper), Henry O'Neill, Shepperd Strudwick, David Bair. 82 Min. – Die Hausfrau Mrs. Harper findet eine Leiche in der Nähe ihres Hauses und glaubt fälschlicherweise, ihre Tochter habe den Mann ermordet, der der Freund des Mädchens war, gleichzeitig aber auch die Familie unter Druck zu setzen versuchte. Sie verbirgt die Leiche, aber jetzt geht die Erpressung erst richtig los. Donnally, der neue Erpresser, verliebt sich in die Frau, will aussteigen und tötet seinen Boß. Er verunglückt und nimmt alles auf sich, bevor er stirbt. Als der ahnungslose Mr. Harper von Brüssel aus zu Hause anruft, ist mit der Familie wieder alles okay. Die typische bürgerliche Hausfrau kämpft wie eine Löwin um den Erhalt der Familie und übersteht den Trip in die Niederungen der Gesellschaft offenbar ohne tiefere Verstörung.

RED LIGHT (Rotes Licht). UA 1950. **R** Roy Del Ruth. **B** George Callahan. **K** Bert Glennon. **M** Dimitri Tiomkin. **D** George Raft (John Torno), Virginia Mayo (Carla North), Gene Lockhart (Warni Hazard), Barton MacLane, Henry Morgan, Raymond Burr. 83 Min. – Ein katholischer Kaplan kehrt aus dem Krieg zu seinem Bruder John Torno, dem skrupellosen Besitzer einer Transportfirma, zurück. Ein entlassener Angestellter der Firma will sich rächen und tötet den Kaplan, der noch einen Hinweis auf den Mörder hinterlassen kann, und zwar in einer Bibel. Torno stellt den Täter, verzichtet aber im Angedenken an seines Bruders Güte auf Selbstjustiz, doch der Mörder stirbt durch einen Unfall. Die klare religiös-moralische Aussage, nicht Rache zu üben, überstrahlt den Film-noir-Charakter, der sich nur in ein, zwei Szenen behaupten kann und am ehesten noch in der Person Raymond Burrs als Mörder.

RIDE THE PINK HORSE (Reite auf dem rosa Pferd). Uni 1947. **R** Robert Montgomery. **B** Ben Hecht, Charles Lederer n. d. Roman von Dorothy B. Hughes. **K** Russell Metty. **M** Frank Skinner. **D** Robert Montgomery (Gagin), Thomas Gomez (Pancho), Rita Conde (Carla), Iris Flores, Wanda Hendrix, Grandon Rhodes. 101 Min. – Gagin, ehemaliger Soldat und Erpresser, kommt während der Fiesta in eine Kleinstadt in New Mexico, um den Gangster Frank Hugo auszunehmen. Ein FBI-Agent versucht, Gagin das Belastungsmaterial gegen Hugo abzujagen, und beobachtet, wie Gagin von dem Gangster niedergestochen wird. Der Agent tötet daraufhin Hugo. Noch desperater als sonst erscheint hier der Kriegsheimkehrer, den nur der Gedanke an die Abrechnung aufrechterhält, nur sie verspricht ihm seine Identität zurückzugeben – alles andere ist ihm gleich, auch ob er sich auf das rosarote Pferd des Karussels setzt oder auf ein anderes. Das Karussell wird zur Metapher für ein Refugium in der Noir-Welt, das Gagin aber für seinen Rachefeldzug aufgibt – eine konsequente, aber unglückliche Entscheidung.

RUTHLESS (Ohne Erbarmen). Eagle-Lion 1948. **R** Edgar G. Ulmer. **B** S. K. Lauren, Gordon Kahn n. d. Roman *Prelude to Night* v. Dayton Stoddart. **K** Bert Glennon. **D** Zachary Scott (Horace Vendig), Sydney Greenstreet (Buck Mansfield), Louis Hayward, Diana Lynn, Martha Vickers. 104 Min. – Der Aufstieg zu Reichtum und Ehre bringt Vendig keine wirkliche Befriedigung, seine Besessenheit läßt ihm keine Ruhe. Doch die Nemesis für seine Skrupellosigkeit naht bereits in Gestalt eines ausgetricksten Geschäftspartners, dem Vendig obendrein auch noch die Frau ausgespannt hat und der sich nun tödlich rächt. Ulmer hatte diesmal eine solide Riege von renommierten Darstellern zur Verfügung, aber er erreichte nicht die Qualität seines billigeren DETOUR. Es scheint, als ob sich Ulmers (relative) Meisterschaft erst in der Beschränkung der Produktionsmittel zeigt.

SCARLET STREET (Straße der Versuchung). Uni 1945. **R** Fritz Lang. **B** Dudley Nichols n. d. Roman u. d. Stück *La Chienne* v. Georges de la Fouchardière. **K** Milton Krasner. **M** Hans J. Salter. **D** Edward G. Robinson (Christopher Cross), Joan Bennett (Kitty March), Dan Duryea (Johnny Prince), Jess Barker, Margaret Lindsay, Rosalind Ivan. 102 Min. – Dieselben Beteiligten und fast die gleiche Konstellation wie in dem ein Jahr zuvor gedrehten THE WOMAN IN THE WINDOW: Chris Cross, ein älterer Biedermann, sieht eine Frau, verliebt sich in sie und malt von ihr ein Bild. Angestiftet von ihrem Liebhaber, betrügt die Frau den Amateurmaler um seine Bilder, gibt sie als ihre aus und hat prompt einen Riesenerfolg. Als Cross hinter den Betrug und hinter die Affäre der Frau kommt, bringt er sie um. Ihr Liebhaber wird wegen des Mordes gefangengenommen und gehenkt. Cross bleibt zwar unbehelligt, wird aber aus seinem Job gefeuert, kann nicht mehr malen und erleidet einen psychischen Zusammenbruch. Wie häufig im Film noir endet der Versuch, die geordneten und eingefahrenen Lebensbahnen zu verlassen, mit dem Untergang; hier ist es nicht der Tod, sondern – schlimmer – das Weiterleben-Müssen. Der Film setzt nicht nur die Handlung des vorangehenden Lang-Films fort, er ist auch ein Remake von Jean Renoirs LA CHIENNE (1932), eines Schlüsselfilms des Poetischen Realismus.

THE SET-UP (Ring frei für Stoker Thompson). RKO 1949. **R** Robert Wise. **B** Art Cohn. **K** Milton Krasner. **M** Constantin Bakaleinikoff. **D** Robert Ryan (Stoker Thompson), Audrey Totter (Julie), George Tobias (Tiny), Alan Baxter, Wallace Ford, Percy Helton. 72 Min. – Ein Boxer jenseits seines Zenits will einen Kampf gewinnen, obwohl mit der Gegenseite alles für eine Niederlage und ein paar saftige Wettgewinne arrangiert ist. Er gewinnt auch, dafür aber brechen ihm die betrogenen Betrüger die Hände. Geschlagen, aber nicht vernichtet kehrt er zu seiner wartenden Freundin zurück. Eine Boxerparabel, die jedoch in den wirklichen Niederungen dieses »Sports« angesiedelt ist und nichts Heroisches an sich hat. Der Boxer kein Held, sondern ein Verzweifelter.

SHADOW OF A DOUBT (Im Schatten des Zweifels). Uni 1943. **R** Alfred Hitchcock. **B** Thornton Wilder, Sally Benson, Alma Reville. **K** Joseph Valentine. **M** Dimitri Tiomkin. **D** Teresa Wright (Young Charlie), Joseph Cotten (Uncle Charlie Oakley), Macdonald Carey (Jack Graham), Henry Travers, Patricia Collinge, Hume Cronyn. 108 Min. – Charlie Oakley besucht ein paar Verwandte in der Provinz. Seine Nichte »Young« Charlie verehrt ihn, merkt jedoch bald, daß er ein gesuchter Witwenmörder ist. Anstatt ihn zu verraten, warnt sie ihn; Oakley versucht, sie umzubringen, verunglückt dabei aber selber tödlich. Charlie behält ihr Geheimnis für sich, und Oakley wird in allen Ehren beerdigt. Die stereotype Hitchcock-Obsession vom unschuldigen Verdächtigten ist hier umgedreht: Der Verbrecher erscheint als ehrbarer Bürger. Die Wahrheit erfährt der Zuschauer früh, und er blickt gespannt auf die Auswirkungen des Schattens des Zweifels auf Charlie, die Familie und die klatschsüchtigen Kleinstadtbewohner.

SHAKEDOWN (Ohne Skrupel). Uni 1950. **R** Joseph Pevney. **B** Alfred Lewis Levitt, Martin Goldsmith. **K** Irving Glassberg. **M** Joseph Gershenson. **D** Howard Duff (Jack Early), Brian Donlevy (Nick Palmer), Peggy Dow (Ellen Bennett), Lawrence Tierney (Coulton), Bruce Bennett, Anne Vernon. 80 Min. – Jack Early ist ein ebenso karrierebesessener wie skrupelloser Fotoreporter, der seine Anziehungskraft auf Frauen geschickt einsetzt und verschiedene Verbrecher gegeneinander ausspielt, um so an die besten Fotos zu kommen. Als sich der von ihm reingelegte Coulton rächt, macht Early das aufregendste und gleichzeitig letzte Foto seines Lebens, das von seinem eigenen Mörder im Augenblick des Schusses. Wie mehrfach im Film noir wird hier die Macht der Presse kritisiert und die amerikanische Erfolgs(sehn)sucht ironisch überspitzt.

THE SHANGHAI GESTURE (Im Banne von Shanghai/Casino in Shanghai). UA 1941. **R** Josef von Sternberg. **B** Josef von Sternberg, Karl Vollmoeller, Geza Herczeg, Jules Furthman n. d. Stück v. John Colton. **K** Paul Ivano. **M** Richard Hageman. **D** Gene Tierney (Poppy), Walter Huston (Sir Guy Charteris), Victor Mature (Dr. Omar), Ona Munson (Mother Gin Sling), Phyllis Brooks, Albert Bassermann. 106 Min. – Mother Gin Sling hat ein zweifelhaftes »Casino« in Shanghai, das auf Betreiben des Briten Sir Guy geschlossen werden soll. Mother Gin erpreßt Sir Guy mit den Spielschulden seiner Tochter, wobei sich herausstellt, daß Mother Gin die frühere Frau Sir Guys und die Mutter des Mädchens ist. Das Mädchen ist mit der neuen alten Mutter nicht einverstanden, wird dafür von ihr erschossen. Die Vorliebe des Regisseurs für exotische Schauplätze ändert nichts an dem Bezug zu Amerika. Die eigentliche tragische Figur ist das Mädchen, das unter dem Konflikt der Eltern zu leiden hat und in ein Milieu gerät, das es gleichermaßen anzieht wie abstößt.

SIDE STREET. MGM 1950. **R** Anthony Mann. **B** Sydney Boehm. **K** Joseph Ruttenberg. **M** Lennie Hayton. **D** Farley Granger (Joe Norson), Cathy O'Donnell (Ellen Norson), James Craig (Georgie Garsell), Paul Kelly, Edmond Ryan, Paul Harvey. 83 Min. – Ein Postbote in Geldnöten stiehlt aus einem Büro einen Umschlag, der – wie er nicht weiß – Schweigegeld für einen Erpresser enthält. Dann will er den Großteil des Geldes wieder zurückgeben, aber man leugnet die Existenz des Umschlags, und schon bald wird der reuige Dieb von den Erpressern und der Polizei gejagt. Letztere befreit ihn aus den Fängen der ersteren nach einer wilden Autojagd durch New York. Die »Crime doesn't pay«-Moral verwischt ein wenig die sonst überzeugende Verzweiflung des kleinen Mannes in der Welt des großen Verbrechens.

SO DARK THE NIGHT. Col 1946. **R** Joseph H. Lewis. **B** Martin Berkeley, Dwight Babcock. **K** Burnett Guffey. **M** Morris W. Stoloff, Hugo Friedhofer. **D** Steven Geray (Henri Cassin), Micheline Cheirel (Nanette Michaud), Eugene Borden (Pierre Michaud), Ann Codee, Egon Brecher. 71 Min. – Cassin, ein mittelalter Detektiv der Pariser Sûreté, fährt im Urlaub aufs Land und verliebt sich in eine junge Frau, die genau wie ihr Exverlobter bald ermordet aufgefunden wird. Cassin hilft bei der Untersuchung und entlarvt sich selbst als Mörder. Trotz des ungewöhnlichen Schauplatzes: in der Personenzeichnung, dem verwickelten Plot und dem bemüht expressionistischen Stil ein Film noir.

SOMEWHERE IN THE NIGHT (Irgendwo in der Nacht). 20Fox 1946. **R** Joseph L. Mankiewicz. **B** Howard Dimsdale, Joseph L. Mankiewicz. **K** Norbert Brodine. **M**

David Buttolph. **D** John Hodiak (George Taylor), Nancy Guild (Christy Smith), Lloyd Nolan (Lt. Kendall), Richard Conte, Josephine Hutchinson, Fritz Kortner. 110 Min. – Der Kriegsheimkehrer Taylor leidet an Amnesie – der einzige Anhaltspunkt für seine Identität ist ein von einem Cravat unterzeichneter Brief. Taylor versucht den Aufenthaltsort dieses Cravat herauszubekommen, der wegen Mordes gesucht wird. Letztendlich muß er feststellen, daß er selbst Cravat ist, den Mord aber nicht begangen hat, sondern ein anderer, den er entlarvt. Eine Variante des Veteran-mit-Amnesie-Themas, die recht geschickt Gebrauch macht von dem nächtlichen Los Angeles mit schäbigen Nightclubs, Hafenkais und Obdachlosenasylen. Der anfänglich sympathische Held stellt sich im Lauf seiner Nachforschungen als immer mieser heraus, was nicht zuletzt ihn selbst entsetzt. Kortner in einer Schurkenrolle spielt so manchen an die Wand.

SORRY, WRONG NUMBER (Du lebst noch 105 Minuten). Para 1948. **R** Anatole Litvak. **B** Lucille Fletcher n. ihrem Hörspiel. **K** Sol Polito. **M** Franz Waxman. **D** Barbara Stanwyck (Leona Stevenson), Burt Lancaster (Henry Stevenson), Ann Richards (Sally Hunt), Wendell Corey, Harold Vermilyea, Ed Begley. 89 Min. – Durch eine Fehlschaltung erfährt die invalide Leona Stevenson von einem Mordkomplott gegen eine Frau – ihr dämmert allmählich, daß sie selbst das vorgesehene Opfer ist. Rückblenden rekapitulieren ihr Leben: Als reiche Erbin mit einem Vaterkomplex heiratete sie einen wenig standesgemäßen Mann, der sie verließ, woraufhin sie durch eine Herzkrankheit invalide wurde. Ihr Mann gerät in kriminelle Kreise und beschließt, sie ihres Geldes wegen zu töten. Der Film basiert auf einem 22minütigen Hörspiel, das etwas gewaltsam auf anderthalb Stunden gedehnt worden ist. Häufige kreisförmige Kamerafahrten zeigen die hermetische Welt des Apartments der Frau, das Refugium und Falle zugleich ist.

THE SPIRAL STAIRCASE (Die Wendeltreppe). RKO 1946. **R** Robert Siodmak. **B** Mel Dinelli n. d. Roman *Some Must Watch* v. Ethel Lina White. **K** Nicholas Musuraca. **M** Roy Webb. **D** Dorothy McGuire (Helen Capel), George Brent (Prof. Warren), Ethel Barrymore (Mrs. Warren), Kent Smith, Rhonda Fleming, Gordon Oliver. 83 Min. – Helen ist seit einem Kindheitsschock stumm und lebt als Gesellschafterin bei Mrs. Warren und ihren beiden erwachsenen Söhnen. In der Kleinstadt sind bereits mehrere Frauen mit Gebrechen ermordet worden, und auch im Haus der Warrens wird eine Frau ermordet. Helen verdächtigt einen der beiden Brüder, doch der andere versucht, sie zu töten, aber seine Mutter erschießt ihn. In Panik greift Helen zum Telefon und vermag wieder zu sprechen. Die Handlung ist zwar nicht ganz film-noir-gemäß in den 10er Jahren angesiedelt, aber Siodmak und sein Kameramann machen ausgiebig Gebrauch von flackernden Kerzen, tiefen Schatten, sich langsam öffnenden Türen, Windstößen, Gewitter und nicht zuletzt von dem Treppenhaus, so daß die simple Psychologie bei Täter und Opfer nicht weiter stört.

THE STRANGE AFFAIR OF UNCLE HARRY/UNCLE HARRY (Onkel Harrys seltsame Affäre). Uni 1945. **R** Robert Siodmak. **B** Stephen Longstreet n. d. Stück *Uncle Harry* v. Thomas Job. **K** Paul Ivano. **M** Hans J. Salter. **D** George Sanders (John Quincy), Geraldine Fitzgerald (Lettie Quincy), Ella Raines (Deborah Brown), Sara Allgood, Moyna MacGill, Samuel S. Hinds. 80 Min. – Harry ist Junggeselle und lebt mit zwei alten Jungfern, seinen Schwestern Lettie und Hester, zusammen. Als er eines Tages doch noch eine junge Frau kennenlernt, will Lettie, die ihren Bruder abgöttisch liebt, eine Heirat verhindern. Harry versucht sie zu vergiften, tötet aber versehentlich Hester. Der Verdacht fällt auf Lettie, die die Tat auf sich nimmt. Ein Epilog entschärft die Geschichte – alles war nur ein Traum. Im Zentrum steht die quasi inzestuöse Schwester-Bruder-Beziehung, bei der die Schwester derart besitzergreifend ist, daß sie ihren Tod in Kauf nimmt in der Gewißheit, damit ihren Bruder für immer an sich gebunden zu haben.

THE STRANGE LOVE OF MARTHA IVERS. Para 1946. **R** Lewis Milestone. **B** Robert Rossen. **K** Victor Milner. **M** Miklos Rozsa. **D** Barbara Stanwyck (Martha Ivers), Van Heflin (Sam Masterson), Lizabeth Scott (Toni Marachek), Kirk Douglas (Walter O'Neil), Judith Anderson, Roman Bohnen. 117 Min. – Die Millionenerbin Martha Ivers, die als Kind den Tod ihrer Erbtante verschuldet hat, trifft eines Tages Sam, einen Jugendfreund von ihr und ihrem Mann Walter, wieder. Der schwache und alkoholkranke Walter versucht seinen Nebenbuhler zu vergraulen. Martha plant, mit ihrem Freund ihren Mann umzubringen, aber Sam verläßt das zerstrittene Ehepaar, das gemeinsam Selbstmord begeht. Die Nemesis der Vergangenheit ist stärker als die Verführungskraft der Frau, die ihren Freund nicht zum Gattenmord anzustiften vermag. Dieser dritte im Bunde, der schon bei Marthas Mord in der Kindheit rechtzeitig davonlief, schafft auch beim zweitenmal den Absprung.

THE STRANGER (Die Spur des Fremden). RKO 1946. **R** Orson Welles. **B** Anthony Veiller, John Huston u. Orson Welles (beide im Vorspann nicht aufgeführt). **K** Russell Metty. **M** Bronislau Kaper. **D** Edward G. Robinson (Wilson), Loretta Young (Mary Longstreet), Orson Welles (Franz Kindler/Prof. Charles Rankin), Philip Merivale, Billy House, Richard Long. 95 Min. – An seinem Hochzeitstag wird der in einer amerikanischen Kleinstadt als Charles Rankin untergeschlüpfte Kommandant eines deutschen Konzentrationslagers von einem anderen Exnazi aufgesucht, der als Lockvogel dienen soll. Rankin ermordet seinen Mitwisser, aber Inspektor Wilson kreist Rankin ein und informiert dessen Ehefrau. Rankin versucht, seine Frau zu töten, kommt dabei aber im Glockenturm der Stadt durch eine Turmfigur um. Eine zumal für Welles ziemlich lineare Story mit einigen unübersehbaren Schwächen. Der Regisseur hielt selbst nicht viel von seinem verstümmelten Werk, das finanziell aber erfolgreich war.

STRANGER ON THE THIRD FLOOR. RKO 1940. **R** Boris Ingster. **B** Frank Partos. **K** Nicholas Musuraca. **D** Peter Lorre (Stranger), John McGuire (Mike Ward), Margaret Tallichet (Jane), Charles Waldron, Elisha Cook Jr., Charles Halton. 64 Min. – Ein Zeitungsreporter ermöglicht durch seine Aussage die Verurteilung eines Mörders, von dessen Unschuld er jedoch überzeugt ist. Eines Nachts sieht er vor seiner Wohnung einen Fremden. Er träumt, er sei wegen Mordes an seiner Nachbarin unschuldig zum Tode verurteilt. Als er erwacht, stellt er fest, daß die Nachbarin tot ist. Mit Hilfe seiner Verlobten wird der Fremde aufgespürt – er war auch der Täter in dem ersten Mordfall. Dieser Film ist offenbar der erste Film noir, noch VOR THE MALTESE FALCON, und er verwendet bereits die wichtigsten narrativen und stilistischen Elemente: der unschuldig Verurteilte, die Jagd nach dem Mörder, der paranoide, klaustrophobische Traum – ausgesprochen expressionistisch in Szene gesetzt –, die komplexe Zeitstruktur, die Off-Erzählung, die ausweglose Situation des Helden, der psychopathische Verbrecher (Peter Lorre als »Stranger«) und die Verwicklung von Traum und Realität.

STRANGERS ON A TRAIN (Verschwörung im Nordexpreß / Der Fremde im Zug). WB 1951. **R** Alfred Hitchcock. **B** Raymond Chandler, Czenzi Ormonde n. d. Roman v. Patricia Highsmith. **K** Robert Burks. **M** Dimitri Tiomkin. **D** Farley Granger (Guy Haines), Ruth Roman (Anne Morton), Robert Walker (Bruno Antony), Leo G. Carroll, Patricia Hitchcock, Laura Elliot. 101 Min. – Während einer Zugfahrt wird dem Tenniscrack Haines, dessen Frau sich nicht scheiden lassen will, ein bizarres Angebot gemacht: Ein neurotischer Fremder will Haines' Frau töten, wenn dieser dafür Antonys Vater umbringt. Haines lehnt ab, aber seine Frau wird dennoch ermordet. Antony verlangt die Gegenleistung, droht, anderenfalls Haines zu belasten. Ein Wettlauf zwischen den beiden Männern endet auf einem Karussell, das zusammenbricht und Antony unter sich begräbt. Natürlich ein meisterhafter Film im Aufbau von Suspense, aber als Film noir entsprechend Hitchcocks moralischer Obsession der Trennung von Gut und Böse schwächer als die Romanvorlage, in der beispielsweise auch der zweite Mord ausgeführt wird.

SUDDEN FEAR (Maskierte Herzen). RKO 1952. **R** David Miller. **B** Lenore Coffee, Robert Smith n. d. Roman v. Edna Sherry. **K** Charles B. Lang **M** Elmer Bernstein. **D** Joan Crawford (Myra Hudson), Jack Palance (Lester Blaine), Gloria Grahame (Irene Neves), Bruce Bennett, Virginia Huston. 110 Min. – Der Schauspieler Blaine heiratet die reiche Erbin und Autorin Myra und beschließt, sie wegen ihres Geldes umzubringen. Myra erfährt davon, will sich wehren, vermag aber ihren Mann nicht zu erschießen. Bei einer Autojagd kommen Blaine und seine Geliebte jedoch um. Selten kommt die Heldin in einem Film noir so gut weg: Sie bleibt Siegerin, ohne selbst schuldig geworden zu sein – dies ist der Lohn für ihre rasche Bereitschaft, sich zu wehren und nicht gebannt ihren Mörder zu erwarten.

SUNSET BOULEVARD (Boulevard der Dämmerung). Para 1950. **R** Billy Wilder. **B** Charles Brackett, Billy Wilder, D. M. Marshman Jr. **K** John F. Seitz. **M** Franz Waxman. **D** William Holden (Joe Gillis), Gloria Swanson (Norma Desmond), Erich von Stroheim (Max von Mayerling), Nancy Olson, Fred Clark, Lloyd Gough, Cecil B. DeMille, Hedda Hopper, Buster Keaton, Anna Q. Nilsson. 110 Min. – Zufällig gerät der erfolglose Drehbuchautor Gillis in das Heim des vergessenen Stummfilmstars Norma Desmond, die mit Max von Mayerling – Exehemann, Exregisseur und jetziger Hausdiener – in einer nostalgischen Phantasiewelt lebt. Gillis soll das Buch zu ihrem Comeback schreiben; er zieht in den verfallenden Palast ein und wird bald wie ein Gefangener gehalten. Als er sich absetzen will, bringt der Exstar ihn um. Bei ihrer Verhaftung schreitet Norma – von Reportern und Wochenschaukameras umzingelt – ihre breite Treppe hinab und wähnt sich bei den Dreharbeiten zu ihrem Comeback-Film. Erzählt wird die Geschichte in einer Rückblende aus der Perspektive des tot im Pool des Stars dümpelnden Gillis. Wilders Film ist ein Geniestreich: einer der besten Films noirs mit schwarzem Humor, der Schwanengesang auf den Stummfilm und voller Respekt vor dem alten und dem – damals – neuen Hollywood.

SWEET SMELL OF SUCCESS (Dein Schicksal in meiner Hand). Mono 1957. **R** Alexander Mackendrick. **B** Clifford Odets n. d. Short story *Tell Me About It Tomorrow* v. Ernest Lehman. **K** James Wong Howe. **M** Elmer Bernstein. **D** Burt Lancaster (J. J. Hunsecker), Tony Curtis (Sidney Falco), Susan Harrison (Susan Hunsecker), Martin Milner, Sam Levene, Barbara Nichols. 96 Min. – Der Broadway-Kolumnist Hunsecker engagiert den PR-Agenten Falco, der die Affäre von

Hunseckers Schwester Susan mit einem Jazzmusiker verhindern soll. Der Musiker wird als Drogenabhängiger und Kommunist diffamiert, dann aber schlägt sich Falco auf Susans Seite. Hunseckers Rache: Falco wird zusammengeschlagen und verhaftet. Ein Nachzügler-Film-noir, der die Polizei und die Broadway-Glitzerwelt kritisiert, gleichzeitig auch als schickes Ambiente benutzt.

THEY LIVE BY NIGHT (Sie leben bei Nacht). RKO 1948. **R** Nicholas Ray. **B** Charles Schnee n. d. Roman *Thieves Like Us* v. Edward Anderson. **K** George E. Diskant. **M** Leigh Harline. **D** Cathy O'Donnell (Keechie), Farley Granger (Bowie), Howard da Silva (Chickamaw), Jay C. Flippen, Helen Craig, Will Wright. 95 Min. – Zwei ältere und ein junger, naiver Krimineller namens Bowie fliehen aus dem Gefängnis, rauben eine Bank aus und ziehen sich in ein Versteck zurück, wo Bowie ein Mädchen und durch sie einen anderen Lebensentwurf kennenlernt. Bowie setzt sich mit dem Mädchen ab, nachdem seine Kumpane getötet worden sind. Ihr Glück währt nur kurz, bis die Polizei sie aufstöbert und Bowie erschießt. Nick Rays Debüt umreißt bereits zu Beginn des Films in einer über eine idyllische Szene des Liebespaares geblendeten Schrift die Unausweichlichkeit dessen Schicksals, schildert die beiden als Ausgestoßene, deren Liebe gegen die Welt der Gewalt keine Chance hat.

THIEVES' HIGHWAY (Gefahr in Frisco). 20Fox 1949. **R** Jules Dassin. **B** A. I. Bezzerides n. seinem Roman *Thieves' Market*. **K** Norbert Brodine. **M** Alfred Newman. **D** Richard Conte (Nick Garcos), Valentina Cortese (Rica), Lee J. Cobb (Figlia), Barbara Lawrence (Polly), Jack Oakie, Millard Mitchell, Joseph Pevney. 94 Min. – Der Kriegsheimkehrer Garcos findet seinen Vater – durch einen mysteriösen Lastwagenunfall zum Krüppel geworden – wieder. Er wird selbst Trucker und läßt sich mit einem Syndikat ein, das unliebsame Fahrer per »Unfall« ausschaltet, so auch seinen Vater. Garcos rächt sich an dem Drahtzieher und übergibt ihn der Polizei. Dassin vermischt wie stets sozialkritische und dokumentarische Elemente mit dem Film noir. So hat der Veteran hier nicht die sonstigen Identitätsprobleme, sondern folgt einer Rachemission, die seinem Leben ein klares Ziel gibt. Nicht mit der Vergangenheit muß er sich auseinandersetzen, sondern mit der Gegenwart und mit seiner persönlichen Zukunft.

THIS GUN FOR HIRE (Die Narbenhand/Killer zu vermieten). Para 1942. **R** Frank Tuttle. **B** Albert Maltz, W. R. Burnett n. d. Roman *A Gun For Sale* v. Graham Greene. **K** John F. Seitz. **M** Frank Loesser, Jacques Press. **D** Alan Ladd (Phillip Raven), Veronica Lake (Ellen Graham), Robert Preston (Michael Crane), Laird Cregar, Tully Marshal, Marc Lawrence. 80 Min. – Der »engelgesichtige« Raven ist ein professioneller Killer, der für einen Auftrag mit »heißem« Geld bezahlt worden ist und nun seine Auftraggeber verfolgt, die als Spione arbeiten. Die Sängerin Ellen, mit einem Cop befreundet und nebenbei für den Geheimdienst tätig, lernt Raven bei einer Zugfahrt kennen. Raven benutzt sie als Geisel und flieht mit ihr vor der Polizei, tötet später die Agenten und wird selbst erschossen. Einer der Schlüsselfilme des frühen Film noir, vor allem wegen der Figur des ungerührten, einsamen Killers und der emanzipierten Frau, die attraktiv, selbstbewußt und willensstark ist, wenn auch im Gewand der Patriotin. Die Schattenspiele des Kameramanns Seitz waren ebenso stilbildend und vorbildlich für die späteren Filme wie die vulgärpsychologische Motivierung des Killers – als er ein Kind war, zerschlug ihm seine Stiefmutter mit einem Bügeleisen die Hand, und er tötete sie.

T-MEN (Geheimagent T). Eagle-Lion 1948. **R** Anthony Mann. **B** John C. Higgins. **K** John Alton. **M** Paul Sawtell. **D** Dennis O'Keefe (Dennis O'Brien), Alfred Ryder (Tony Genaro), Mary Meade (Evangeline), Wallace Ford, June Lockhart, Charles McGraw. 92 Min. – Die Steuerfahnder O'Brien und Genaro haben sich in einen Fälscherring eingeschlichen. O'Brien muß hilflos mit ansehen, wie sein entlarvter Kamerad von den Gangstern getötet wird, und auch O'Brien droht die Entdekkung. Der Film begründete die fruchtbare Zusammenarbeit von Mann und Kameramann Alton, die eine Reihe Films noirs zusammen machten. Von der Story her gehört T-MEN nur zum Rande des Film noir, bis auf zwei besondere Szenen: die Mordszene in einem Dampfbad und das Showdown auf einem unbeleuchteten Schiff im Hafen von Los Angeles.

TOUCH OF EVIL (Im Zeichen des Bösen). Uni 1958. **R** Orson Welles. **B** Orson Welles n. d. Roman *Badge of Evil* v. Whit Masterson. **K** Russell Metty. **M** Henry Mancini. **D** Charlton Heston (Ramon Miguel »Mike« Vargas), Janet Leigh (Susan Vargas), Orson Welles (Hank Quinlan), Joseph Calleia, Akim Tamiroff, Marlene Dietrich, Mercedes McCambridge, Zsa Zsa Gabor, Joseph Cotten. Verschiedene Fassungen mit Längen zwischen 93 und 111 Min.; Länge der deutschsprachigen Fassung 97 Min. – Der Sprengstoffanschlag auf einen Millionär in einem mexikanisch-amerikanischen Grenzstädtchen löst die Zusammen- und Gegeneinander-Arbeit des mexikanischen Rauschgiftfahnders Vargas und des Sheriffs Quinlan aus. Vargas entdeckt bald die Korrumpierbarkeit des Sheriffs. Die sehr verwikkelte Abfolge der Ereignisse, in deren Verlauf auch die Ehefrau des Detektivs gefährdet ist, dieser sich zeitweise mit Gaunern einläßt und Quinlan einen Mitwisser tötet, endet mit einem Schußwechsel, bei dem Quinlan umkommt. Ein Pandämonium skurriler Nebenfiguren umfaßt Marlene Dietrich als Hure und Wahrsagerin, den Anführer einer Motorradbande und einen halbverrückten Hotelrezeptionisten. Der Film schließt den Zyklus des Film noir, resümiert noch einmal dessen wichtigste narrativen und visuellen Ausdrucksmittel und bringt in der Darstellung Welles' das Thema des korrupten Cops bis hart an die Grenze zur Parodie.

UNION STATION (Menschen ohne Seele). Para 1950. **R** Rudolph Maté. **B** Sydney Boehm. **K** Daniel L. Fapp. **M** Irvin Talbot. **D** William Holden (Lt. William Calhoun), Nancy Olson (Joyce Willecombe), Barry Fitzgerald (Inspector Donnelly), Lyle Bettger (Joe Beacom), Jan Sterling, Allene Roberts. 80 Min. – Auf dem Bahnhof von Chicago kidnappt ein Verbrecher namens Beacom ein blindes Mädchen und flüchtet. Um den Aufenthaltsort des Geiselnehmers herauszubekommen, setzt die Polizei zwei seiner mutmaßlichen Komplizen brutal unter Druck. Die Jagd endet in einem Tunnel mit Hochspannungsleitungen, wo Beacom von Lt. Calhoun erschossen wird und das zuvor für das Mädchen gezahlte Lösegeld wild umherflattert. Maté zeigt, daß sich die Methoden der Gangster und der Polizisten nur in Nuancen unterscheiden; der Kampf gegeneinander macht die Kontrahenten zu gefühllosen Maschinen, denen ein Menschenleben nicht viel bedeutet.

THE UNSUSPECTED (Der Unverdächtige). WB 1947. **R** Michael Curtiz. **B** Ranald MacDougall n. d. Roman v. Charlotte Armstrong. **K** Woody Bredell. **M** Franz Waxman. **D** Joan Caulfield (Matilda Frazier), Claude Rains (Alexander Grandison), Audrey Totter (Althea Keane), Constance Bennett, Hurd Hatfield, Michael North. 103 Min. – Der Radioentertainer Grandison ermordet eine seiner Angestellten und täuscht deren Selbstmord vor. Als der Exfreund der Frau aus der Armee zurückkehrt und ihren Tod klären will, erpreßt Grandison einen Verbrecher dazu, ihm den Mann vom Hals zu schaffen. Dies gelingt aber ebensowenig wie ein weiterer Mordversuch Grandisons an seiner Nichte. Die Plotschwächen überspielt Curtiz mühelos durch Stil – die berühmteste Szene zeigt den erpreßten Verbrecher rauchend auf seinem Hotelbett, und als einzige Lichtquelle dient ein teilweise verdecktes, blinkendes Neonzeichen, das den Schriftzug »KILL« in den Raum wirft.

WHERE THE SIDEWALK ENDS (Faustrecht der Großstadt). 20Fox 1950. **R** Otto Preminger. **B** Ben Hecht n. d. Roman *Night Cry* v. William L. Stuart. **K** Joseph LaShelle. **M** Cyril Mockridge. **D** Dana Andrews (Mark Dixon), Gene Tierney (Morgan Taylor), Gary Merrill (Scalise), Bert Freed, Tom Tully, Karl Malden. 95 Min. – Der notorisch brutale Polizist Dixon tötet bei einem Verhör einen Verdächtigen und inszeniert daraus einen Fememord. Beschuldigt wird der Vater einer Freundin des Getöteten, in die sich Dixon im Lauf der Untersuchung verliebt. Dixon schiebt nun den »Mord« einem Gangsterboß in die Schuhe, woraus eine Schießerei entsteht, bei der der Gangster umkommt. Alles scheint in Ordnung, bis Dixon Skrupel bekommt und den anfänglichen Totschlag gesteht. Die überraschende Wendung der Geschichte und die Anwandlung von Moral bei dem Cop unterscheiden den Film von den zahlreichen anderen mit ähnlicher Thematik. Der Polizist ist hier mehr eine Figur, die in eine moralische Falle tappt und sich zwischen ihrem harten Job und der Liebe einer Frau entscheiden muß.

WHILE THE CITY SLEEPS (Die Bestie). RKO 1956. **R** Fritz Lang. **B** Casey Robinson n. d. Roman *The Bloody Spur* v. Charles Einstein. **K** Ernest Laszlo. **M** Herschel Burke Gilbert. **D** Dana Andrews (Edward Mobley), Rhonda Fleming (Dorothy Kyne), George Sanders (Mark Lovin), Howard Duff, Thomas Mitchell, Vincent Price. 100 Min. – Ein Sexualmörder terrorisiert eine Stadt, und der Erbe eines Medienkonzerns nutzt den Aufruhr, um einen Wettkampf um den Chefredakteursposten unter den vier Kandidaten zu veranstalten: Wer den Mörder entlarvt, kriegt den Job. Jeder der vier spannt jemand anderen ein. Mobley benutzt sogar seine Freundin als Köder, was sie fast das Leben kostet. Er fängt den Mörder in einem U-Bahn-Schacht, aber den Job bekommt ein anderer. Lang kritisiert den Sensationsjournalismus, indem er die vier Karrieristen fast als schlimmer als den bedauernswerten Mörder – allein das Opfer seiner Psyche – schildert, und übt damit (ungewollt?) auch Kritik an der Sensationslust des Films und an sich selbst. Ein Jahr später und einen Film weiter kehrte er Amerika den Rücken.

WHITE HEAT (Sprung in den Tod/Maschinenpistolen). WB 1949. **R** Raoul Walsh. **B** Ivan Goff, Ben Roberts. **K** Sid Hickox. **M** Max Steiner. **D** James Cagney (Cody Jarrett), Virginia Mayo (Verna Jarrett), Edmond O'Brien (Hank Fallon/Vic Pardo), Margaret Wycherly, Steve Cochran, John Archer. 114 Min. – Der Gangster Jarrett zieht sich nach einem Zugüberfall mit seiner Gang und seiner Mutter in eine Berghütte zurück. Er leidet unter Migräneanfällen, die nur seine Mutter lindern kann. Um einen Mordverdacht abzuschütteln, geht er für eine minderschwere Tat ins Gefängnis. Dort erfährt er von dem Mord an seiner Mutter. Er bricht aus dem Knast aus, tötet den Täter, flüchtet später vor der Polizei auf einen Gastank, den er mit den Worten »Made it, Ma. Top of the world!« in die Luft jagt. WHITE HEAT ist das Epitaph des klassischen Gangsterfilms. Anstelle der Schilderung sozialer Ursachen für Verbrechen wird hier quasi auf Freud als Coautor gesetzt. Nie wurde eine neurotische Mutterfixierung plakativer ausgespielt, und Jarrett ist auch in der Welt der Film-noir-Neurotiker ein besonderer klinischer Fall. Nur Cagney ist es zu verdanken, daß die Figur nicht zur Karikatur wurde.

THE WINDOW (Das unheimliche Fenster). RKO 1949. **R** Ted Tetzlaff. **B** Mel Dinelli n. d. Erzählung *The Boy Cried Murder* v. Cornell Woolrich. **K** William Steiner. **M** Roy Webb. **D** Barbara Hale (Mrs. Woodry), Bobby Driscoll (Tommy), Arthur Kennedy (Mr. Woodry), Paul Stewart, Ruth Roman. 73 Min. – Der kleine Tommy lebt mit seinen Eltern in einem New Yorker Mietshaus, wo er eines Nachts einen Mord beobachtet. Als er davon seinen Eltern erzählt, glaubt man dem phantasiebegabten Knaben nicht, und er muß sich sogar bei dem Mörderehepaar entschuldigen. Er gerät dadurch in größte Gefahr und wird über Feuertreppen, Hinterhöfe und Hausdächer gejagt, bis ein einstürzendes Bauwerk seinen Verfolger erschlägt. Tetzlaff hatte in seiner Zeit als Hitchcock-Kameramann offensichtlich gelernt, und sein Film wurde einer der erfolgreichsten des Jahres 1949. Die klare Warnung an alle Erwachsenen: Nicht alles Phantastische entspringt der Phantasie.

THE WOMAN IN THE WINDOW (Gefährliche Begegnung/Die Frau im Fenster). RKO 1945. **R** Fritz Lang. **B** Nunnally Johnson n. d. Roman *Once Off Guard* v. J. H. Wallis. **K** Milton Krasner. **M** Arthur Lange. **D** Edward G. Robinson (Richard Wanley), Joan Bennett (Alice Reed), Raymond Massey (Frank Lalor), Edmond Breon, Dan Duryea, Thomas E. Jackson. 99 Min. – Ein mittelalter Biedermann, der Collegeprofessor Wanley, dessen Familie in den Ferien weilt, verliebt sich in ein Frauenporträt und rasch auch in dessen Modell, zu dem er Bekanntschaft sucht. Bei einem Besuch in ihrer Wohnung ersticht er in Notwehr den eifersüchtigen Freund der Frau, versucht anschließend die Tat zu vertuschen, schluckt jedoch Gift, bevor ihn ein Anruf erreichen kann, daß der Verdacht gegen ihn nicht mehr besteht. Dann war alles nur ein Traum, und Wanleys Bedarf an Strohwitwer-Abenteuern ist vorerst gedeckt. Weniger versöhnt durch die Traum-»Lösung« am Schluß fühlt sich der Zuschauer – was Langs Ziel war – als vielmehr düpiert: In dem sehr ähnlichen SCARLET STREET wiederholte Lang diese »Erklärung« nicht mehr. Deutlich wird dennoch die Brüchigkeit der bürgerlichen Existenz: Ein kleiner Schritt vom Wege, und alles endet in Totschlag und Suizid. Die Familie dient als Repressionsmittel erotischer Wünsche – kaum ist sie abwesend, bricht der Damm.

THE WRONG MAN (Der falsche Mann). WB 1956. **R** Alfred Hitchcock. **B** Maxwell Anderson, Angus MacPhail. **K** Robert Burks. **M** Bernard Herrmann. **D** Henry Fonda (Manny Balestrero), Vera Miles (Rose Balestrero), Anthony Quayle (O'Connor), Harold J. Stone, Esther Miniciotti, Charles Cooper. 105 Min. – Der Musiker Balestrero wird für einen gesuchten Räuber gehalten und bleibt nur durch Kaution auf freiem Fuß. Verzweifelt sucht er nach Alibizeugen, aber die sind entweder verstorben oder bleiben unauffindbar. Seine Frau bricht psychisch zusammen und muß in eine Anstalt. Als Balestrero resigniert aufgeben will, wird der wahre Täter erwischt. Hitchcock verzichtet diesmal auf sein Standard-Happy-End; selbst er scheint unter dem Einfluß des Film noir pessimistischere Filme zu drehen: Zwar ist der Held von seinem Verdacht befreit, aber für seine Frau kommt die Wendung zu spät – sie bleibt vom Schicksal gezeichnet.

Anmerkungen

Kapitel 1

1 Robert Warshow, »The Gangster as Tragic Hero«, in: ders., *The Immediate Experience*, New York 1962, S. 128 ff.
2 Nino Frank, »Un nouveau genre ›policier‹: l'aventure criminelle«, in: *L'Écran Français* no. 61, Paris 1946, S. 8 ff.
3 Raymond Borde, Etienne Chaumeton, *Panorama du film noir américain (1941–1953)*, Paris 1955, 1979.
4 Paul Schrader, »Notes On Film Noir«, in: *Film Comment* no. 1, New York 1972.
5 Übersetzung zitiert nach: *Filmkritik* Nr. 238, München 1976, S. 464.
6 Charles Higham, Joel Greenberg, »Black Cinema«, in: dies., *Hollywood in the Forties*, New York, London 1968, S. 19–36.
7 Raymond Durgnat, »Paint it Black. The Family Tree of the Film Noir«, in: *Cinema* no. 6/7, Cambridge 1970.
8 Schrader, in: *Filmkritik* a. a. O., S. 464.
9 Andrew Tudor, *Film-Theorien*, Frankfurt am Main 1977, S. 92. Hervorhebung im Original.
10 Janey Place, »Women in film noir«, in: E. Ann Kaplan (Ed.), *Women in Film Noir*, London 1980, S. 35–67.
11 A. a. O., S. 37.
12 Andrew Tudor, »Cinema and Society: Film Movements«, in: ders., *Image and Influence. Studies in the Sociology of Film*, London 1974, S. 152–179, vor allem S. 167 ff.
13 George A. Huaco, *The Sociology of Film Art*, New York, London 1965.
14 Place, a. a. O., S. 39.

Kapitel 2

1 Raymond Chandler, *Die simple Kunst des Mordes*, Zürich 1975, S. 341.
2 Martha Wolfenstein, Nathan Leites, *Movies. A Psychological Study*, New York 1970, S. 27.
3 Victor Dallaire, »The American Woman? Not for This G. I.«, in: *New York Times Magazine*, New York (10.3.) 1946, zitiert nach: Marjorie Rosen, *Popcorn Venus. Women, Movies & the American Dream*, London 1975, S. 205.
4 Betty Friedan, *The Feminine Mystique*, New York 1963, dt.: dies., *Der Weiblichkeitswahn oder Die Mystifizierung der Frau*, Reinbek 1966, bzw. *Der Weiblichkeitswahn oder Die Selbstbefreiung der Frau*, Reinbek 1973.

Kapitel 3

1 Peter Bogdanovich, *The Cinema of Howard Hawks*, New York 1962, S. 25.
2 Hans C. Blumenberg, *Die Kamera in Augenhöhe. Begegnungen mit Howard Hawks*, Köln 1979, S. 45.

Kapitel 4

1 Raymond Chandler, *Die simple Kunst des Mordes*, Zürich 1975, S. 337.
2 A. a. O., S. 167.
3 Joyce Carol Oates, »Man Under Sentence of Death: The Novels of James M. Cain«, in: David Madden (Ed.), *Tough Guy Writers of the Thirties*, Carbondale, Edwardsville, London, Amsterdam 1968, S. 128.

Kapitel 6

1 Siegfried Kracauer, *Von Caligari zu Hitler. Eine psychologische Geschichte des deutschen Films,* Frankfurt am Main 1979, S. 73.
2 Rudolf Kurtz, *Expressionismus und Film*, Berlin 1926, S. 62.

Kapitel 8

1 Raymond Chandler, *Die simple Kunst des Mordes*, Zürich 1975, S. 272f.

Literaturhinweise

Lawrence Alloway, *Violent America: The Movies 1946–1964*, New York 1971.
Alfred Appel Jr., »Film Noir: The Director: Fritz Lang's American Nightmare«, in: *Film Comment* no. 6, New York 1974.
John Baxter, *Hollywood in the Thirties*, New York, London 1968.
John Baxter, *The Hollywood Exiles*, London 1976.
Raymond Borde, Etienne Chaumeton, *Panorama du film noir américain (1941 bis 1953)*, Paris 1955, 1979.
Peter Brunette, Gerald Peary, »Tough Guy. James M. Cain Interview«, in: *Film Comment* no. 3, New York 1976.
Raymond Chandler, *Die simple Kunst des Mordes*, Zürich 1975.
Al Clark, *Raymond Chandler in Hollywood*, London 1982, New York 1983.
Mitchell S. Cohen, »Film Noir: The Actor: Villains and Victims«, in: *Film Comment* no. 6, New York 1974.
Raymond Durgnat, »Paint it Black. The Family Tree of the Film Noir«, in: *Cinema* no. 6/7, Cambridge 1970.
Raymond Durgnat, »Film Noir: The Family Tree of Film Noir«, in: *Film Comment* no. 6, New York 1974.
Richard Dyer, »Homosexuality and Film Noir«, in: *Jump Cut* no. 16, Chicago (November) 1977.
Lotte H. Eisner, *Die dämonische Leinwand*, Frankfurt am Main 1975, 1980.
Stephen Farber, »Film Noir: The Society: Violence and the Bitch Goddess«, in: *Film Comment* no. 6, New York 1974.
Tom Flinn, »Three Faces of Film Noir«, in: *The Velvet Light Trap* no. 5, Madison 1971, nachgedruckt in: siehe Todd McCarthy, Charles Flynn.
Nino Frank, »Un nouveau genre ›policier‹: l'aventure criminelle«, in: *L'Écran Français* no. 61, Paris 1946.
Gordon Gow, *Hollywood in the Fifties*, New York, London 1971.
Larry Gross, »Film Après Noir«, in: *Film Comment* no. 4, New York 1976.
Miriam Gross (Ed.), *The World of Raymond Chandler*, New York 1977.
François Guérif, *Le film noir américain*, Paris 1979.
Peter Hankoff, »Film Noir, Life Noir«, in: *Film Comment* no. 4, New York 1976.
Molly Haskell, *From Reverence to Rape. The Treatment of Women in the Movies*, New York 1974.
Charles Higham, *Hollywood Cameramen: Sources of Light*, London 1970.
Charles Higham, Joel Greenberg, *Hollywood in the Forties*, New York, London 1968.
Foster Hirsch, *The Dark Side of the Screen: Film Noir*, San Diego, New York, London 1981.
George A. Huaco, *The Sociology of Film Art*, New York, London 1965.

Richard T. Jameson, »Film Noir: Today: Son of Noir«, in: *Film Comment* no. 6, New York 1974.

Paul Jensen, »Film Noir: The Writer: Raymond Chandler and the World You Live In«, in: *Film Comment* no. 6, New York 1974.

E. Ann Kaplan (Ed.), *Women in Film Noir*, London 1978, 1980.

Amir Massoud Karimi, *Toward a Definition of the American Film Noir (1941 bis 1949)*, Ph. D. dissertation, New York 1976.

Siegfried Kracauer, *Von Caligari zu Hitler. Eine psychologische Geschichte des deutschen Films,* Frankfurt am Main 1979.

Rudolf Kurtz, *Expressionismus und Film*, Berlin 1926, Zürich 1965.

Richard Layman, *Shadow Man. The Life of Dashiell Hammett*, London 1981.

Todd McCarthy, Charles Flynn (Ed.), *Kings of the Bs. Working Within the Hollywood System. An Anthology of Film History and Criticism*, New York 1975.

Frank MacShane, *The Life of Raymond Chandler*, New York 1976, dt.: ders., *Raymond Chandler. Sein Leben und Werk*, Zürich 1984.

David Madden (Ed.), *Tough Guy Writers of the Thirties*, Carbondale, Edwardsville, London, Amsterdam 1968.

David Madden, *James M. Cain*, New York 1970.

Stephen Neale, *Genre*, London 1980.

Robert Ottoson, *A Reference Guide to the American Film Noir: 1940–1958*, Metuchen, London 1981.

Janey A. Place, Lowell S. Peterson, »Some Visual Motifs of Film Noir«, in: *Film Comment* no. 1, New York 1974.

Robert G. Porfirio, »No Way Out. Existential Motifs in the Film Noir«, in: *Sight and Sound* (Autumn), London 1976.

Marjorie Rosen, *Popcorn Venus. Women, Movies & the American Dream*, London 1975.

Hans Scheugl, *Sexualität und Neurose im Film. Die Kinomythen von Griffith bis Warhol*, München 1974, 1978.

Paul Schrader, »Notes On Film Noir«, in: *Film Comment* no. 1, New York 1972, dt.: ders., »Notizen zum Film Noir«, in: *Filmkritik* Nr. 238, München 1976.

Jack Shadoian, *Dreams and Dead Ends. The American Gangster/Crime Film*, Cambridge (Mass.), London 1977.

Alain Silver, Elizabeth Ward (Ed.), *Film Noir. An Encyclopedic Reference to the American Style*, Woodstock 1979.

Andrew Tudor, *Image and Influence. Studies in the Sociology of Film*, London 1974.

Andrew Tudor, *Theories of Film*, London 1974, dt.: ders., *Film-Theorien*, Frankfurt am Main 1977.

Parker Tyler, *Magic and Myth of the Movies*, New York 1947, London 1971.

Robert Warshow, »The Gangster as Tragic Hero«, in: ders., *The Immediate Experience*, New York 1962, 1970.

Martha Wolfenstein, Nathan Leites, *Movies. A Psychological Study*, Glencoe 1950, New York 1970.

Titelregister

Filmtitel sind gewöhnlich, Roman- und andere Literaturtitel kursiv, Musiktitel in Anführungszeichen gesetzt.
L vor Seitenzahl verweist auf Eintrag im »Lexikon des Film noir«.

Personenregister

Fiktive Figuren kursiv

Fischer Cinema

Die Geschwister Oppermann
Band 3685

Georges Sadoul
Geschichte der Filmkunst
Band 3677

Adolf Heinzlmeier/
Bernd Schulz
Happy-End
Berühmte Liebespaare der Leinwand
Band 3668

Marilyn Monroe
Meine Story
Band 3663

Joe Hyams
Humphrey Bogart und Lauren Bacall
Band 3691

Sheridan Morley
Marlene Dietrich
Band 3652

Groucho Marx
Schule des Lächelns
Band 3667

Die Groucho-Letters
Briefe von und an Groucho Marx.
Band 3693

John Russell Taylor
Die Hitchcock-Biographie
Band 3680

Lotte H. Eisner
Die dämonische Leinwand
Band 3660

André Bazin
Jean Renoir
Band 3662

Paul Werner
Roman Polanski
Band 3671

Film noir
Die Schattenspiele der »schwarzen Serie«
Band 4452

Hans-Jürgen Kubiak
Die Oscar-Filme
Die besten Filme der Jahre 1927–1983
Band 4451

Wolfram Schütte (Hrsg.)
Klassenverhältnisse
Von Danièle Huillet und Jean-Marie Straub.
Band 4455

Kurt Pinthus (Hrsg.)
Das Kinobuch
Band 3688

Thomas Brandlmeier
Filmkomiker
Die Errettung des Grotesken
Band 3690

Percy Adlon
Die Schaukel
Nach dem Roman von Annette Kolb
Band 3695

Gabriele Seitz (Hrsg.)
Der Zauberberg
Band 3676

Doktor Faustus
Ein Film von Franz Seitz nach dem Roman von Thomas Mann
Band 3681

Michael Verhoeven
Liebe Melanie
Hintergründe zu dem ZDF-Fernsehfilm
Band 3696

Michael Verhoeven/
Mario Krebs
Die Weiße Rose
Band 3678

Fischer Taschenbuch Verlag

fi 269/3